农村扶贫资源传递过程研究

童 宁 著

人民出版社

责任编辑:陈寒节

责任校对:湖 催

图书在版编目(CIP)数据

农村扶贫资源传递过程研究/童宁著

—北京:人民出版社,2009.12

ISBN 978 - 7 - 01 - 008445 - 9

Ⅰ.农… Ⅱ.童… Ⅲ.不发达地区 - 农业经济 - 经济发展 - 研究 - 中国 Ⅳ.F323.8

中国版本图书馆 CIP 数据核(2009)第 203427 号

农村扶贫资源传递过程研究

NONGCUN FUPIN ZIYUAN CHUANDI GUOCHENG YANJIU

童 宁 著

人 民 出 版 社 出版发行

(100706 北京朝阳门内大街 166 号)

北京龙之冉印务有限公司印刷 新华书店经销

2009 年 12 月第 1 版 2009 年 12 月北京第 1 次印刷

开本:710 毫米×1000 毫米 1/16 印张:14

字数:207 千字 印数:1—2500 册

ISBN 978 - 7 - 01 - 008445 - 9 定价:27.50 元

邮购地址:100706 北京朝阳门内大街 166 号

人民东方图书销售中心 电话:(010)65250042 65289539

目　录

导　论

一、贫困与反贫困的一般理论

贫困是当今著名的"三 P"（Pollution，Population，Poverty）问题之一，无论是古代还是现代，无论是整个世界还是一个国家、一个民族，贫困问题都不同程度的存在。我们对贫困问题的认知是逐步加深的。在物质并不丰富的古代，人类对贫困的感知可能较为简单，衣不遮体、食不果腹、屋不遮雨，等等，这是贫困在物质意义上的直接反映，主要是指人类由于不能获得基本的物质生活条件，以至于不能维持基本生存的状态。随着人类物质生产力的提高，物质愈发丰裕，贫困的内涵与外延也在不断扩展。贫困的代际传承、发展中的贫困、贫困与分配、贫困与权利以及富裕中的贫困已经成为人类社会面临的巨大挑战。

（一）贫困的历史进程

如果以人类历史作为考察对象，人类史可以说是一部与贫困斗争的历史。人类在与贫困斗争的漫长过程中，累积了大批的实践经验和丰富的理论。早在中国古代，就留下了大批有关贫困的诗句和描述："鸟穷则啄，兽穷则触，人穷则诈"（《淮南子》）；"贫，财分少也"（《说文》）；"贫，乏也，少也"（《广韵·真韵》）；"大体贫穷相类，细言穷困于贫，贫者家少财货，穷谓全无家业"（《左传·昭公十四年》）；"多有之者富，少有之者为贫，至无有者为穷"（《荀子·大略》），等等。总的说来，中国古代由于物质生产力的不足,导致贫困问题在短期内无法解决,因而在对贫困问题的认知上,虽然看到了贫困的消极后果,但并没有深入探究其内在的原因。仅有的一些也大多是从贫与穷的角度把贫困简单理解为财货的匮乏。从贫困的应对方式来看,无论是道家的安天乐命,还是佛家的不修今生修来世等,基本上都是以一种隐忍的姿态对待贫困这个主题,试图通过伦理的固化与约束,通过对心灵的超越与满足,以一种出世的态度来达到政治与社会稳定的目的。这在物质相对匮乏的古代,通过"不患寡而患不均"(《论语·季氏》)这一分配原则的协调以及强有力的中央政权的保障,确实起到了维护社会稳定的目的,但这对贫困问题的解决产生了巨大的消极影响。一方面表现为对整个国家政策导向上的消极影响。由于对贫困采取了这种隐忍的姿态,国家对待贫困基本上采取了无为而治的态度。"以农为本,故常厚之;以商为末,故常抑之"(《明太祖实录》卷12),通过重农抑商,不断强化农业以维持最基本的需求。"限民名田,以澹(赡)不足"(《限民名田疏》),通过特有的农田分配制度,达到最基本的公平需求。另一方面这种看似积极,实为消极的方式直接造成了对财富的不尊重和鄙视感,在哲学上和文化上对人的价值观和心灵也产生了影响。从某种程度上说,有时候贫困似乎并不是需要去解决的一个社会问题,而是衡量品德高下的标尺,甚至成为某种荣耀的象征。

　　相对于中国古代围绕着君主治国安邦的需要展开的贫困观,古代西方的贫困观则更加注重从经济活动本身的分析及其对人的精神生活的影响上去对贫困进行阐述①。古希腊立法家来库古已经注意到了贫困与财富集中的现象,"财富则完全集中于少数人的手里"②。就经济活动本身而言,来库古提出通过重新分配土地以解决目前存在的不平等现象,通过分析贫困的原因、土地的集中占有,并且"说服国人把他们所有的土地放在一起,然后

---

　　① 参见王大庆在《中国农史》上发表《古希腊人的"本"、"末"观平议》,他从农业和商业角度对中西方的差异进行了仔细的论述。

　　② [希]普鲁塔克:《来库古传》,厉以平、郭小凌编译:《古代希腊、罗马经济思想资料选辑》第8卷,商务印书馆1990年版,第18页。

重新分配"①，以解决贫困与不平等问题。对贫困给人的精神生活造成的影响，来库古主张消除对于财富的欲望。亚里士多德也认为需要平均的并非财富，而是人类的欲望。亚里士多德在《政治学》第一卷，谈到了"家庭管理"（household management），其中讲到"致富术"（art of getting wealth），文中仔细地分析了自然与正当的财富所得和非自然与非正当的财富所得的区别。正当的财富所得靠的是劳动，靠着自己天赋的能力所得，这种财富的获得是有限度的。而非正当的财富是凭靠经验和技术所得，是没有限度的。当这种财富的活动方式最终演化为以直接获得金钱为目的时，人类的欲望已经无法阻止。因此，亚氏从伦理的角度关注了财富获得的正当性，主张消除人类的欲望，以解决人类社会的不平等与贫困现象。

　　这些论述与中西方在人性观上的差异是一致的。中国古代信奉性善论，认为人的本性可以克服财富带来的负面影响，贫困是明志的催化剂，这就导致了对财富的鄙视感和对贫困的尊重感。淡泊明志是对这种价值取向的最好概括。西方则信奉性恶论，认为人的本性克服不了财富带来的负面影响。亚氏显然对第二种财富的获得方式进行了谴责，但是他已经注意到了从纯粹的农业生产到商业社会演进的必然历史发展过程，这与以后西方的社会演化过程是一致的。

　　总的来说，中国古代的贫困观对封建国家的财政政策造成了巨大的影响，而西方从经济活动本身的内涵来理解贫困，并没有对城邦的经济政策产生影响②。在古希腊，无论是柏拉图还是亚里士多德，都主张重农抑商，认为农业是高贵的，工商业是下贱的，认为土地是国家最宝贵的财富，这从客观上对普遍贫困的事实产生了影响。但这种理性的经济活动分析对财富的正当获得并没有横加指责，只是对非正当财富的获得提出了批评。虽然这种批评被奥古斯丁和阿奎那几乎原封不动地接受了，并造就了欧洲中世纪的一段黑暗时期，但是最终在新教的改革之下，改变了这种意识形态领域的

---

① ［希］普鲁塔克：《来库古传》，厉以平、郭小凌编译：《古代希腊、罗马经济思想资料选辑》第9卷，商务印书馆1990年版，第19页。

② 参见王大庆：《古希腊人的"本"、"末"观平议》，《中国农史》2004年第1期。

影响。这方面马克斯·韦伯已经给出了自己的精辟见解。在《新教伦理与资本主义精神》一书中,以马丁·路德在 16 世纪发起的改革为起点,通过"因信称义"说和"选民"说,将出世的宗教与入世的现实需要有机地结合在一起,确立了资本主义的内在精神:诚实、守信、对财富的追求与热爱。追求财富就是追求上帝,在这种新教伦理的影响之下,造就了基督教鄙视贫穷的传统。贫困是一种耻辱,贫困等于不良,这种内在的道德观念深深影响了西方世界此后对待贫困的看法与实践。甚至,由于资本主义本身是强者的逻辑,为了社会稳定而制定的国家济贫制度也深深地刻上了鄙视贫困的烙印。

1601 年,英国颁布《济贫法》(Poor Law,俗称旧济贫法,这部法也被带入后来的美国),以其"惩诫性"、"恩赐性"著称于世。接受济贫者不仅受到了许多限制,还被剥夺选举权等政治权利。这本质上是欧洲新教伦理的法律化,这种伦理观重新恢复了人们对财富的尊重感,也使人们重新认识到了发展对于人类贫困与不平等的重要作用。这后来成为资本主义解决贫困问题的主旋律,通过寄希望于不断的社会与经济发展来解决现实中存在的贫困问题。这种思想最核心的接受者来自于经济学家的理论,事实上目前为止有关贫困的理论大部分来自于经济学的贡献。但是随着人类社会的发展,经济学在解释贫困方面表现出了单一性的不足,贫困问题的日益复杂更凸显了这一不足。尤其是在资本主义产生和发展以后,因人类物质生产力不足而导致的绝对贫困现象逐步缓和,人类逐渐面临着发展中的贫困、分配与公正、富裕中的贫困等这些巨大难题,随之而来的是政治学、行政学、社会学和伦理学等相关学科对该问题的研究与填补,这就形成了贫困与反贫困理论的丛林时期。

(二)贫困与反贫困理论的丛林

贫困与反贫困理论丛林时期形成的标志是卢梭在 1755 年从财产所有制角度对贫困的分析,他在《论人类不平等的起源和基础》一书中提出了不平等的贫困理论:"我们可以断言,在自然状态中,不平等是不存在的。由于人类能力的发展和人类智慧的进步,不平等才获得它的力量并成长起来;

由于私有制和法律的建立,不平等终于变得根深蒂固而成为合法了。"①他认为私有制是产生贫富差距的根本原因,贫困的根源来源于财产所有制的私有。他的这一对资本主义私有制批判的思想最直接的接受者是马克思。另一方面,从财产所有权分析贫困也开创了经济学研究贫困的先河。

1.经济学的相关理论②

（1）财富匮乏论

亚当·斯密首先就财富的匮乏提出了自己的理论,他认为"一个人是贫是富,就看他在什么程度上享有人生的必需品、便利品和娱乐品","自分工完全确立以来,个人所需的物品,仅极小部分仰给于自己劳动,最大部分须仰给于他人劳动。所以,他是穷是富,要看它能够支配多少劳动,换言之,要看他能够购买多少劳动"③。斯密从必需品的角度来理解贫困,而必需品的获得依靠于他人劳动,支配他人劳动的多少是决定贫困与富裕的关键。

李嘉图显然并不同意斯密的观点,"价值与财富在本质上是不同的,因为价值不取决于数量多寡,而取决于生产的困难和便利。制造业中一百万人的劳动永远生产出相同的价值,但却不会永远生产出相同的财富。由于机器的发明,由于技术的熟练,由于更好的分工,由于使我们能够进行更有利的交换的新市场的发现,一百万人在一种社会情况下所能生产的'必需品、享用品和娱乐品'等财富可以比另一种社会情况下大两倍或三倍,但他们却不能因此而使价值有任何增加"④。评价穷与富的尺度是商品的使用价值的多寡,而不是劳动价值的多寡。

---

①　[法]让·卢梭:《论人类不平等的起源和基础》,李常山译,商务印书馆1962年版,第149页。

②　关于从经济学的角度来理解贫困,已有不少人论及,主要有吴理财的《"贫困"的经济学分析及其分析的贫困》、叶普万的《贫困经济学研究》,等等。当然从经济学的角度来研究贫困一直是西方研究的主流,本文在此加以引用和综述。

③　[英]亚当·斯密:《国民财富的性质和原因研究》上卷,郭大力、王亚南译,商务印书馆1972年版,第26页。

④　[英]彼罗·斯拉法主编:《李嘉图著作和通信集》,蔡受百译,商务印书馆1962年版,第232页。

这种以占有使用价值还是价值的财富匮乏论,本质上是指狭义的贫困,是以经济贫困作为分析的视角。一方面这种思想被第一个给出贫困定义的朗特里所接受,他认为如果一个家庭的总收入不足以维持家庭人口最基本的生存活动要求,那么,这个家庭就基本上陷入了贫困之中①。这种收入贫困论的第一个重要作用,是根据最低量生活必需品的数量及价格,从而得出划分贫困家庭收入的标准,即贫困线。这为贫困的识别与加总提出了一个基本解决的办法,对贫困问题的研究有着重要的实践意义,因此也被以后众多的经济学家所接受与继承。萨缪尔森在《经济学》中就写道:"贫困是这样一种收入水平,它低于所估计的维持生存的生活水平所需的费用。"②虽然根据收入来识别贫困的方法有着其本身的缺陷性③,但是由于其操作方面的实际作用,这种经济学本质意义上的收入贫困论影响至今。另一方面,从使用价值与价值来研究贫困的角度也被马克思所接受,马克思从商品的特性出发,在其政治经济学中对整个资本主义生产方式与制度做出了批判。

(2)发展经济学相关理论

纳克斯的"贫困的恶性循环"理论。1953年,纳克斯在《不发达的国家的资本形成》一书中阐述到发展中国家普遍存在着长期的贫困现象,普遍存在着互相联系的"贫困恶性循环"。在供给方面存在着"低收入—低储蓄能力—低资本形成—低生产率—低产出—低收入"的循环,在需求方面存在着"低收入—低购买能力—投资引诱不足—低资本形成—低生产率—低产出—低收入"的循环,这两个恶性循环使得发展中国家永远处于贫困状态。

纳尔逊的"低水平均衡陷阱"理论。1956年,纳尔逊在《不发达国家的一种低水平均衡陷阱理论》一文中,认为发展中国家人口的快速增加是阻碍

① 参见 S. Rowntree. *Poverty: A Study of Town Life*. London. Macmillan. 1901. 转引自周晓虹:《社会学经验研究传统的形成与确立》,《南京大学学报》(哲学·人文科学·社会科学)2001年第1期。

② [美]保罗·萨缪尔森:《经济学》第十四版上卷,胡代光等译,北京经济学院出版社1996年版,第658页。

③ 阿马蒂亚·森在《贫困与饥荒》中介绍到直接方法与收入方法时,已经很好地接受了这两种方法所不同的内涵,详情请参阅[印]阿马蒂亚·森:《贫困与饥荒——论权利与剥夺》,王宇、王文玉译,商务印书馆2001年版,第38—41页。

人均收入迅速提高的"陷阱"。必须进行大规模的资本投资,才能冲出"陷阱",而资本的稀缺性问题又是发展中国家无法解决的问题,因此只能处于"低水平均衡陷阱"之中。

缪尔达尔的"循环积累因果关系"理论。缪尔达尔在《富国与穷国》(1957)、《亚洲的戏剧:一些国家的贫困问题研究》(1968)两本书中提出了这种理论,他认为国家的发展不仅仅是经济发展,而是社会、政治、教育、文化等的综合发展。在发展中国家,国家收入低下导致更加贫困。收入低下导致教育水平低下和劳动力素质不高,从而就业产生困难;劳动力素质不高导致生产率低下,经济增长停滞,从而陷入低产出、低收入的因果循环之中。

西方发展经济学是一个巨大的理论体系,除了上面三个代表性的理论之外,还有罗丹的"大推动理论"、莱本斯坦的"临界最小努力理论"、辛格的"依附理论"、舒尔茨的"人力资源理论",等等。这些理论对贫困问题的研究,尤其是对发展中国家贫困问题的研究有着巨大的贡献。

(3)福利经济学贫困理论

1920 年,庇古首先将贫困与福利联系在一起。在《福利经济学》①一书中,他认为一个人的福利寓于他自己的满足之中。这种满足可以来自于对物质财富的占有,这是经济福利;也可以来自于非物质因素(如欲望、知识、情感等),这是一般福利。一般福利无法进行衡量,而经济福利则可以直接或者间接地用货币来进行衡量。经济福利的影响要素,一是国民收入的总规模,主要通过资源的优化配置来达到这一目的;二是国民收入的分配,任何能增加穷人的实际收入而不减少国民收入的分配都会增加社会总福利。这为国民收入的再分配提供了理论依据,也为反贫困的实践提供了解决方法,尤其是对当今社会普遍存在着的富裕中的贫困、贫富差距等问题的解决提供了理论支持。同时,从福利的角度对贫困的研究也被后来的学者所继承,从狭义的经济福利到后来广义的福利观点来理解贫困。贫困是指福利的被剥夺状态,这种剥夺不仅是指物质的匮乏,还包括低水平的教育及健

---

① [英]A. C. 庇古:《福利经济学》,朱泱、张胜纪等译,商务印书馆 2006 年版。

康、缺乏参与机会,等等。

2.政治学相关理论

从政治学角度对贫困的研究,把握的重点在于权力与贫困的相互关系。对自然资源的占有是早期国家贫富差距的主要原因,但是这种占有从来都是力量的体现,而权力的本质就是力量关系的相互制约。无论是古代以军力作为后盾的权力,还是资本主义产生及权力运作合法化以后以公共政策作为表象的权力关系,或是制度本身所代表的权力影响,都是这种力量的体现。

(1)马克思的贫困理论

马克思的贫困理论是从分析剩余价值规律开始的。由于生产资料的不平等占有,资本家占有生产资料,工人出卖劳动力,这就形成了资本家对工人的剥削,形成了支配和被支配、压迫和被压迫的生产关系。在这种生产方式下,生产资料所有者能够通过无偿占有工人创造的剩余价值,使工人贫困化。资本家不断把剥削来的剩余价值转化为资本,扩大资本再生产,在这个过程之中,资本有机构成不断提高,购买劳动力的可变资本相对减少,这就造成了相对过剩人口的存在,从而造成了规模庞大的失业人口。这种贫困问题的普遍性,是以资本主义生产关系为基础的,消除贫困的根本途径在于消灭私有制,而私有制的前提是资产阶级掌握着国家权力。要消除无产阶级的贫困,唯一的途径是无产阶级联合起来,通过武力手段,实现无产阶级专政。马克思的贫困理论以资本主义经济生产方式的分析为起点,以获取国家政权为手段,最终达到人类的解放。

(2)制度主义学派的相关理论

制度主义学派认为,人与人之间的差距只是经济落后的表面现象,制度缺陷则是经济落后的根源:一个国家的落后主要是因为这个国家的制度落后了。凡勃伦认为资源配置和收入分配是由整个制度决定的。制度学派还进一步对产权、交易成本进行了分析,制度扩展了人类选择的机会,完善了市场机制,促进了经济发展,对贫困问题的研究也产生了积极的影响。制度本身的稳定性、权威性和先定性,使得制度本身的公正问题必须被谨慎地去探讨。以权力为中心的制度安排在现实社会中确实发挥着巨大的作用,国家制度对穷人的不负责任,是造成穷人贫困的重要原因。

(3)公共政策理论

从本质上说,公共政策是现代国家各种力量合法交汇的结果。贫困与政策的关系十分密切,正如奥科克(Pete Alcock)首先指出,"从政策决定问题的意义上来看,贫困的界定通常取决于应对贫困的各项政策,于是政策和贫困就好像学术圈内存在着的'鸡和蛋'的谜面,理解贫困首先就要去理解政策"[①]。这里首要的含义是政策对贫困的定位与识别,指出穷人是谁。其次的含义是,贫困的元凶是社会政策导致的不平等,一是政策执行的结果造成的,"政策行为随时准备或时刻能够左右社会结构"[②];二是政策本身就是不平等的,例如美国的种族歧视政策、英国的圈地运动等。文森特(Vincent)认为贫困和政策的相互作用决定了穷人在社会分层结构中的地位,穷人是由那些反映贫困的经济政策创造和再创造的。他认为治理贫穷状况的政策的历史,就是贫困本身的历史。马克格拉杰(Macgregor)则从政策失误导向不平等,尔后产生贫困的角度去说明自己的观点:如果政策是政治家决策的产物,贫困就相当一个政策概念[③]。

这种以权力作为核心去研究贫困与不平等问题,仍然是我们目前研究的重点,尤其是在政治哲学和伦理学领域。罗尔斯在《正义论》中给出了平等的理由,罗尔斯的理论是一个处理公正的问题,本质上来说是一个分配公正的问题,他提出两个公正原则作为权益分配的规则:(1)每个人都有同等的权力,拥有最大程度的基本自由,一个人所拥有的自由要与他人拥有相同

---

① Alcock,P. 1993,*Understanding Poverty*,London:The Macmillan Press,LTD. 4. 转引自周怡:《贫困研究——结构解释与文化解释的对垒》,《社会学研究》2002 年第 3 期。

② Alcock,p. 993,*Understanding Poverty*,London:The Macmillan Press,LTD. 4. 转引自周怡:《贫困研究——结构解释与文化解释的对垒》,《社会学研究》2002 年第 3 期。

③ 同上。关于这个观点,阿马蒂亚·森给出了自己不同的意见,关于贫困的度量基本上是对事实的描述,而不是某种伦理评价;这些事实只与什么被视为贫困有关,而与政治建议没有直接的联系。有关这个问题的论述,请参阅《贫困与饥荒——论权利与剥夺》,王宇、王文玉译,商务印书馆 2001 年版。

的自由能够相容;(2)社会与经济上的不平等将以下列的方式来安排:它们对每个人都有利,并且它们是随附着职位与工作的,而这些职务与工作对所有人都是开放的①。设计一种正义的制度是达到平等的关键,虽然人的天赋并不一样,但是天赋并不是道德上应该得到的,社会制度怎么样处理它们才是正义与否的要义。尤其是在现代社会,以权力运作为核心的政治制度的安排,决定着我们怎么样去看待贫困与不平等问题。

3. 社会学相关理论

(1)文化贫困论②

人类学家刘易斯首先提出了"贫困文化"的概念,他认为贫困文化是指"在既定的历史和社会的脉络中,穷人所共享的有别于主流文化的一种生活方式",是"在阶层化、高度个人化的社会里,穷人对其边缘地位的适应或反应","贫困文化一旦形成,就必然倾向于永恒。棚户区的孩子,到 6～7 岁时,通常已经吸收贫困亚文化的基本态度和价值观念。因此,他们在心理上,不准备接受那些可能改变他们生活的种种变迁的条件或改善的机会"③。无论是由于种族歧视,还是由于整个社会对穷人的社会孤立,贫困文化一旦形成,就具有明显的持续性。贫困文化作为制度化形式的文化资本,具有代际传递特征,尤其是在市场经济的激烈竞争下,一旦缺失了某种适应市场经济特征的文化,由于市场本身的强者逻辑,市场的残酷性使得贫困文化通过代际传递一代代传承。"穷人基本不能依靠自己的力量去利用机会摆脱贫困之命运,因为他们早已内化了那些与大社会格格不入的一整

---

① [美]约翰·罗尔斯:《正义论》,何怀宏译,中国社会科学出版社 1988 年版,第 7 页。

② 关于文化贫困论,国外学者已经对此进行了深入的探讨,主要有刘易斯、班费尔德和哈瑞顿等人,国内学者主要对这些人的观点进行了引用和评述,这方面主要有吴理财的《论贫困文化》、周怡的《贫困研究——结构解释与文化解释的对垒》等。本文的有关贫困文化的内容引自周怡的文章,进一步了解清参阅周怡:《贫困研究——结构解释与文化解释的对垒》,《社会学研究》2002 年第 3 期。

③ Lewis, Oscar 1959, *Five families: Mexican Case Studies in the Calture of the Poverty*, New York: Basic Books. _1966, "The Culture of Poverty." *Scientific American*, 215. 转引自周怡:《贫困研究——结构解释与文化解释的对垒》,《社会学研究》2002 年第 3 期。

套价值观念。改变贫困的可能,只取决于外群体的力量"①,但是这种改变的代价将十分巨大,也不可能在朝夕之间完成。

贫困文化论确实指出了贫困的某种实质,对社会存在的现象也作出了客观描述,但是在考究贫困的原因时,贫困文化论将其归结于因个人自身选择而造成的文化传统,这使得贫困文化论在价值判断上有责怪穷人之嫌。凯尔索就认为"所谓的美国生活方式的维多利亚规范,只不过是强加于穷人的政治制度,它时刻保证着工人阶级及其他底层人不可能威胁精英的统治地位"②。

(2)社会结构论③

马克思的等级制理论,显然是社会结构理论的重要方面。等级制反映了不同等级的人们在获取社会资源方面的差异,贫困的本因就在于这种等级制度。艾兹恩在《社会问题》一书中,认为美国社会的制度歧视力量是造成美国贫困问题的主因。

此外,群体冲突贫困论和功能主义贫困论也同样从社会结构的角度来理解贫困问题。群体冲突贫困论认为群体间为利益争夺而引起群体冲突,是贫困的根因,而这种冲突又导致社会资源在不同群体之间分配的不平等,自然的弱势群体必然在这种冲突中落在下风。伦斯基在他的《权力与特权:社会分层的理论》一书中说资源的缺乏是贫困的主因,穷人在经济领域里缺乏资本和技术等生产要素,在政治领域里他们缺乏政治活动的参与能力和机会,在社会领域里受到社会的歧视和排斥,总之,是社会权力结构的不平等、不合理,迫使社会部分成员"失能"而陷入贫困或长期陷于贫困。

---

① Banfield, Edward C. 1958, *The Morol Basisof a Backward Soceity*, New York: The Free Press. 156. 转引自周怡:《贫困研究——结构解释与文化解释的对垒》,《社会学研究》2002 年第 3 期。

② Kelso, William A. 1994, *Poverty acrd The Underclass: Changing Perceptions of the Poor in America*, New York: University Press. 165. 转引自周怡:《贫困研究——结构解释与文化解释的对垒》,《社会学研究》2002 年第 3 期。

③ Kelso, William A. 1994, *Poverty acrd The Underclass: Changing Perceptions of the Poor in America*, New York: University Press. 165. 转引自周怡:《贫困研究——结构解释与文化解释的对垒》,《社会学研究》2002 年第 3 期。

功能主义贫困观的基本观点是贫困乃是社会的需要。美国学者甘斯认为社会不平等是由社会发展的价值目标和功能需要共同决定的,由于社会所提供的职位存在着不同的价值目标与重要性,而且每个人的天赋和努力程度并不一样。重要的职位由天赋高的人去承担,并获得较高的报酬;而较低层次的工作则由天赋低与后天努力程度不足的人去承担,并以获得较低的报酬为代价。甘斯评价了贫困功能论的正作用,认为其维持了社会的基本稳定。总之,不平等与贫困的存在,他认为是社会的功能之所在。

(3)社会资源贫困论

以韦伯为首的西方社会学家认为,贫困是因为社会资源在社会成员中的不平等占有,而在下层的贫困群体是社会资源占有的匮乏者。这种社会资源不仅仅包括物质资源,还包括其他诸多权力、声望、教育机会等非物质资源。这种想法被伦斯基和汤森等西方学者继承。我们的论文主题也与此相关。下文会对此进行探讨。

4.其他理论

其他相关的交叉学科也对贫困问题进行了研究。在人类学中,主要是马尔萨斯的人口理论,他认为人口的过快增长是贫困和罪恶的根源。生物学中,自从郎特里的第一个关于贫困的生物学定义开始,最低生活水平就一直是我们争论的焦点。而心理感受论则揭示了另外一种现象,吉利斯认为贫困不完全是绝对意义上的生活水平,贫困的真正基础是在其感受。就幸福本身,是针对个人需求的不可比性和不满足感的异质性而言的。贫困的心理学研究有着其独特的视角。类似的从人的角度来研究贫困问题的是人的素质理论,认为人的先天禀赋是决定贫困问题的一个重要方面。当然古典政治经济学家们也许过分强调了他的作用,但是这种观点经过西方历史传统的沉淀蕴藏着巨大的能量,我们并不能对此进行忽视。而从人的能力去考虑问题,把贫困原因的探讨更向前推进了一步。舒尔茨就认为当前存在的贫困,在很大程度上是人力投资的机会遭到挫折的结果。但是这种后天能力理论,并没有注意到客观环境的作用。阿马蒂亚·森的可行能力理论给了我们很多重要的启示。森认为"扩展自由是发展的首要目的和主要手段,它们可以分别称作自由在发展中所起的'建构性作用'和'工具性作用'。建构性作用是关于实质自由对提升人们生活质量的重要性。实质自由包括免受困苦——诸多饥饿、营养不良、可避免的疾病、过早死亡之类——的基本的可行能力,以及能够识字算数、享受政治参与等等的自由。就建构性而言,发展旨在扩展上面提到的以及其他的基本自由。按此观点,发展的过程就是扩展人类自由的过程"①。这样,贫困可以用可行能力被剥夺来识别,消除收入贫困是重要的,但终极动机应该是提高人的可行能力。

（三）贫困的概念

作为人类历史上恒久存在的一种社会现象,贫困是一个相对的和动态的概念。在不同历史阶段,从不同的角度来看,贫困都有着不同的内涵,因此要对其做出一个准确的界定确实十分困难。但是无论怎样界定贫困,必须要考虑两个方面的因素。一方面,有关贫困的假设是多种多样的,这种特定的人为赋予的贫困的内涵很纷杂,有可能是在表述饥饿与营养不良,有可能是在分析教育与贫困的关联,也有可能是在表达文化贫困的假设,等等。贫困的多元化特征为我们提供了分析贫困的多元视角。另一方面,我们在界定贫困时必须注意,它应该是对贫困本质的描述,必须把饥饿、营养不良以及其他表象的贫困转换成关于贫困的本质判断,而不是其他规范意义上的解释。为了较为完整地勾勒出贫困的概念,有必要先介绍一些对此问题的代表性理解和定义。

1. 朗特里 1899 年最先给贫困下的定义:如果一个家庭的总收入不足以维持家庭人口最基本的生存活动要求,那么,这个家庭就基本上陷入了贫困之中②。

---

① ［印］阿马蒂亚·森:《以自由看待发展》,中国人民大学出版社 2002 年版,第 30 页。
② S. Rowntree, *Poverty: A Study of Town Life*, London, Macmillan, 1901 转引自周晓虹:《社会学经验研究传统的形成与确立》,《南京大学学报》(哲学·人文科学·社会科学) 2001 年第 1 期。

2. 斯密给贫困下的定义:贫穷就是指生活必需品的缺乏①。

3. H. P. Fair - child:贫穷是指相对较少的一种状态②。

4. R. Cdexter:贫穷是指收入较少而无力供养自身及家庭的一种低落的生活程度③。

5. Queen&Mann:贫困是指经济收入低于当时、当地生活必需品购买力的一种失调状态④。

6. G. L. Giln:贫困是因无法获得适当收入或不善于使用(开支),无法维持基本生活以及改善健康条件和精神面貌去做有用工作的一种社会状况⑤。

7. Townsend:"所有居民中那些缺乏获得各种食物,参与社会活动和最起码的生活和社会条件的资源的个人、家庭和全体就是所谓贫困。"⑥

8. 舒尔茨:现在仍然存在的绝大部分贫穷是大量的经济不平衡之结果⑦。

9. 沙里温在《亚洲开发银行与中国扶贫——在 21 世纪初中国扶贫战略国际研讨会上的致辞》中说:贫困是一种对个人财产和机会的剥夺。每个人都应该享有教育和基本健康服务。穷人有通过劳动获取应得报酬供养自己的权利,也应该有抵御外来冲击的保护,除了收入和基本服务之外,如果他们不能参与影响自己的决策,那么,这样的个人和社会就处于贫困状态。如

---

① S. G. Smith, *SocialPathology*, 41. 转引自屈锡华、左齐:《贫困与反贫困——定义、度量与目标》,《社会学研究》1997 年第 3 期。

② H. P. Fairchild, *Dictionaryof Sociology*, New York:Litter field, Adams& Co. , 1962,142. 转引自屈锡华、左齐:《贫困与反贫困——定义、度量与目标》,《社会学研究》1997 年第 3 期。

③ R. C. Dexter, *Social Adjustment*, 156. 转引自屈锡华、左齐:《贫困与反贫困——定义、度量与目标》,《社会学研究》1997 年第 3 期。

④ Queen&Mann, *SocialPathology*, 249. 转引自屈锡华、左齐:《贫困与反贫困——定义、度量与目标》,《社会学研究》1997 年第 3 期。

⑤ L. Gilin, *Povertyand Dependency*, 24. 转引自屈锡华、左齐:《贫困与反贫困——定义、度量与目标》,《社会学研究》1997 年第 3 期。

⑥ 薛宝森:《公共管理视域中的发展与贫困展免除》,中国经济出版社 2006 年版。

⑦ 西奥多·W. 舒尔茨:《论人力资本投资》,吴珠华等译,北京经济学院出版社 1992 年版,第 65 页。

果在收入就业和工资之外再采用基础教育、健康保险、营养状况、饮水与卫生条件等指标,贫困的衡量就会得到进一步改进。这些衡量措施还应该考虑到一些重要的无形指标,如屡弱的感觉、自由参与的缺乏①。

10. 欧共体委员会:"贫困应该被理解为个人、家庭和人的群体所拥有的资源(物质的、文化的和社会的)十分有限,以致它们被排除在社会可以接受的最低限度的生活方式之外。"②

11. 阿马蒂亚·森:有很好的理由把贫困看作是对基本的可行能力的剥夺,而不仅仅是收入低下③。

12. 世界银行:贫困是指福利被剥夺的状态④。

我们可以看到,关于贫困的定义正是遵循着上文所说贫困理论的历史传统。贫困的内涵与外延是个拓展的过程,基本上是一个从经济学向其他学科慢慢扩展的过程,是从绝对贫困向相对贫困的转化过程。经济学的定义,是以对绝对贫困的研究开始的,贫困存在着绝对贫困的内核,这种内核是与人类的生存相关的。而生物学的定义,通过贫困的最低生活水平对贫困进行定义,也是这种观点的体现。贫困产生于市场经济中,并且也只有在经济发展中才能解决贫困。可以通过收入、消费和财产对贫困进行最基本的识别与加总。

而政治学的定义,则更加关注权力的核心作用,贫困也确实和权力的丧失存在着某种必然的联系。在这里具有很多的交叉性,从个人行为能力的扩展来说,作为力量对比的个体,贫困体现着一种个人交换权利的下降。而关于制度所能带来的对贫困的影响,马克思对贫困的理解本质上是对资本

---

① 沙里温:《亚洲开发银行与中国扶贫——在"21世纪初中国扶贫战略国际研讨会"上的致辞》,转引自唐钧:《社会政策的基本目标:从克服贫困到消除社会排斥》,《江苏社会科学》2002年第3期。

② 欧共体:《向贫困开战的共同体特别行动计划的中期报告》,转引自唐钧:《社会政策的基本目标:从克服贫困到消除社会排斥》,《江苏社会科学》2002年第3期。

③ [印]阿马蒂亚·森:《以自由看待发展》,中国人民大学出版社2002年版,第30页。

④ 世界银行:《2000/2001世界发展报告:与贫困作斗争》,中国财政经济出版社2001年版,第15页。

主义制度的颠覆。制度本身所体现出来的力量性,迫切需要我们找到一个公正的制度,而这是和伦理学相交叉的。换句话说制度安排要先回答增长与再分配哪个更重要。这种对公正与正义的追求,同样是我们必须在贫困的伦理学定义中给出的答案。致富与致贫的天赋并不是每个人应得的,社会的善在于道德究竟发挥到何种程度。贫困和社会良知确实存在着某种关联,在贫困的定义中,暗含着各种各样的价值观,虽然森反对"贫困是个价值判断"这个伦理学定义,但是经济学的理解确实太过狭隘。从政策学关于贫困的定义中我们看到贫困与公共政策存在着本质关联。贫困的本质是公共政策的失误是这种定义的极端表述。

而社会学则主要从两个方面对贫困进行了定义,一方面是从社会结构的角度认为贫困是社会结构的产物。结构是永远无法满足人类需求的架构,结构的方方面面都在制造着贫困,结构的重新塑造也无法改变这个现实。另外一方面是从文化的角度对贫困的定义,认为贫困的根源在于贫困文化,贫困是指一种特定的生活方式和价值传统,贫困反映着个人乃至整个家庭的心理传统。贫困来源于个人选择,非外力所不能改变。这种对贫困心理的探究也渗透在贫困的心理学定义之中,只不过这种定义关注个人的幸福感和需求的异质性。

在总结相关贫困理论的基础上,本文认为,一方面,绝对贫困是贫困的本质;另一方面,贫困与权力、能力、财富、文化等要素具有相关性。这两方面都表现为贫困者对资源占有的匮乏。在这里资源包括财政资源(如储蓄、投资、资产所有和就业)、自然资源(如土地、水、森林和牲畜)、人力资源(如健康、知识、教育和技能)、社会资源(如人际关系、社会资本和社区文化)等各个方面。因此,贫困是指由于资源占有的匮乏而导致的难以维持生活的状态。

二、中国农村反贫困的理论与实践

（一）中国农村的反贫困历程

中国农村的反贫困行动可以追溯到国共战争时期，主要是中国共产党人在解放区通过土地制度的调整希望解决贫富不均的问题。建国以后，党和政府认为贫困的主要原因在于所有制，对所有制的改造是解决贫困问题的主要办法。在农村，政府通过土地改革，推翻了土地的私有制，建立了农村财产公有制度，并逐渐形成一个三级所有的集体经济体系（公社、大队和生产队）。同时还大规模地进行了基础设施建设，建立了农村信用系统与农村科技服务系统，建立了五保户制度和合作医疗制度。这种通过集体主义方式建立的社会福利保障模式，对特殊贫困群体起到了很好的保护作用。但是一方面由于国家积贫积弱，另一方面人民公社制度严重抑制了农民的生产积极性，加之文革的波折，到1978年底，中国农村贫困问题仍然严重，绝对贫困人口共有2.5亿人。

中国政府严格意义上的扶贫政策是在改革开放以后逐步提出并不断深化的，回顾近30年来中国扶贫开发的历程，大致可以分为四个阶段：

第一阶段（1978～1985年）：体制改革推动扶贫阶段。

这一时期，中国的贫困类型主要体现为农村资源的不充分开发。许多群众的温饱问题没有解决，落后生产方式和产业水平很难维持简单再生产和满足基本的生存需要。这一阶段缓解贫困的主要途径是制度变革。首先，土地制度变革，在农村广泛实行的家庭联产承包制度极大地激发了农民的劳动热情，提高了土地产出率。其次，市场制度变革，随着农产品价格逐步放开，使农产品市场体系得以重建，农产品交易制度改革和农产品收购制度改革，使得中国农村的整个经济体制向市场化转向。最后，放开了工商业投资开发使得乡镇企业迅速崛起，增加了农村劳动力在非农领域的就业。通过这些改革，大大减少了农村贫困人口。

由于这一时期贫困是中国普遍存在的社会问题,国家虽然没有制定专门的扶贫政策、没有系统的管理机制、没有成立专门的扶贫机构,也没有大规模地安排专门的扶贫资金,但国家制度改革的整体目标就是发展国民经济,改变整体贫困的面貌。因此,国民经济特别是农村经济全面增长的直接结果就是农村贫困状况大幅度缓解,没有解决温饱的贫困人口从 2.5 亿下降到了 1.25 亿,平均每年减少 1786 万人。贫困发生率从 30.7% 下降到 14.8%。

第二阶段(1986~1993 年):有计划、有组织、大规模的开发式扶贫阶段。

20 世纪 80 年代中期,绝大多数农村地区凭借自身的发展优势,获得了经济的快速增长,但由于社会、经济、历史、自然、地理等方面的制约,中国农村发展不平衡的问题凸现出来。发展相对滞后的贫困地区与全国平均水平,特别是与沿海发达地区在经济、文化、社会等方面的差距逐步扩大,低收入人口中有相当一部分人经济收入不能维持其生存的基本需要。这一时期,贫困问题从普遍存在的社会问题转变为需要特殊对待的政策问题。为此,中国政府为缓解农村的贫困问题采取了一系列重大措施:成立专门扶贫工作机构,安排专项资金,制定专门的优惠政策,并对传统的救济式扶贫进行彻底改革,确定了开发式扶贫方针。

自此,中国政府在全国范围内开展了有计划、有组织和大规模的开发式扶贫,中国的扶贫工作进入了一个新的历史时期。据《中国扶贫开发》白皮书数据统计,经过八年的不懈努力,国家重点扶持贫困县农民人均纯收入从 1986 年的 206 元增加到 1993 年的 483.7 元;农村贫困人口由 1.25 亿人减少到 8000 万人,平均每年减少 640 万人,年均递减 6.2%,这一下降速度比 1979 年至 1985 年间我国 9.4% 的贫困人口下降速度低了 3.2 个百分点;贫困人口占农村总人口的比重从 14.8% 下降到 8.7%。

第三阶段(1994~2000 年):扶贫攻坚阶段

这一阶段,随着农村改革的深入,贫困人口在逐步减少,但东西部经济发展的差距仍在继续扩大,贫困发生率明显向中西部倾斜。到 1994 年,在

592 个国定贫困县中,中西部地区县数占 82%,贫困人口数占 91.1%。贫困人口体现出越来越明显的地缘性特征,即贫困主要是由于恶劣的自然条件、薄弱的基础设施以及社会发育落后等造成的。贫困人口逐渐集中到西南大石山区(缺土)、西北黄土高原区(严重缺水)、秦巴贫困山区(土地落差大、耕地少、交通恶劣、水土流失严重)以及青藏高寒山区(积温严重不足)等几类地区。因此,以往的体制改革带动和区域经济增长带动对减缓贫困的作用越来越小。

1994 年 3 月,国家公布实施《国家八七扶贫攻坚计划》(以下简称《计划》),标志着中国的扶贫开发进入了攻坚阶段。《计划》明确提出,集中人力、物力、财力,动员社会各界力量,力争用七年左右的时间,到 2000 年底基本解决农村贫困人口的温饱问题。这是新中国历史上第一个有明确目标、明确对象、明确措施和明确期限的扶贫开发行动纲领。针对这一时期的贫困状况,国家采取了一系列措施。第一,重新确定了 592 个国家重点扶持贫困县,涵盖了全国 72% 以上农村贫困人口。第二,坚持到村入户,明确扶贫攻坚时期扶贫的主要对象和工作重点是贫困农户。第三,把有助于直接解决群众温饱问题的种植业、养殖业和以当地农副产品为原料的加工业作为扶贫开发的重点。第四,坚持多渠道增加扶贫投入,动员和组织社会各界参与扶贫攻坚。第五,强调以省为主的扶贫工作责任制,要求扶贫资金、权利、任务和责任"四个到省"。

《国家八七扶贫攻坚计划》的实施,使全国农村没有解决温饱的贫困人口由原先的 8000 万减少到了 3209 万,占农村人口比重下降到 3.5%。除了少数社会保障对象和生活在自然条件恶劣地区的特困人口以及部分残疾人以外,全国农村贫困人口的温饱问题基本解决。

第四阶段(2001~至今):扶贫开发的巩固与深化阶段。

虽然到上世纪末,中国基本解决中国农村贫困人口的温饱问题,但这只是扶贫工作取得的一个阶段性胜利。我国正处于社会主义初级阶段,贫困地区、贫困人口和贫困现象将不可避免地长期存在,需要扶持的贫困群体数量依然庞大。到 2000 年底,按照当年农民人均纯收入 625 元的贫困标准,全国农村仍有 3209 万人没有解决温饱问题;处于年收入 625 ~ 865 元的低收入群体,还有 6213 万人①,两者总计占农村人口的 10.2%。初步解决温饱问题的群众,由于生产生活条件尚未得到根本改变,加之温饱标准较低,其脱贫并不稳定,呈现大进大出的态势。贫困人口占有的自然资源和发展资本严重不足,且自身素质不高,消除贫困的难度和所需的扶贫成本日益加大,减贫速度明显放慢。在这种形势下,党中央、国务院充分认识到扶贫开发的长期性、复杂性和艰巨性,颁布实施了《中国农村扶贫开发纲要(2001 –2010 年)》(以下简称《纲要》),明确提出继续解决和巩固农村贫困人口温饱问题、促进贫困地区全面发展、为达到小康水平创造条件的奋斗目标。

在新时期的扶贫战略中,国家把贫困地区尚未解决温饱问题的贫困人口作为扶贫开发的首要对象,把贫困人口集中的中西部少数民族地区、革命老区、边疆地区和特困地区作为扶贫开发的重点,以帮助贫困人口增加收入、进一步改善生产生活条件为核心内容,采取因地制宜发展种养业,积极推进农业产业化经营,加强基本农田、基础设施、环境改造和公共服务设施建设等多项措施,巩固扶贫成果。此外,国家开始加大科技扶贫和教育扶贫的力度,针对贫困原因的多样化,积极探索劳务输出、移民搬迁等多种扶贫方式,并鼓励多种所有制经济组织和社会各界参与扶贫开发。政府同时采取了一系列重大措施配合《纲要》的实施,如农村税费改革、退耕还林、国家义务教育工程、农村新型合作医疗、增加直接面向贫困村和贫困户的扶持资金等,使贫困地区的状况有了进一步的改善。

随着这些措施的实施,到 2006 年底,贫困地区的生产生活条件有了较大改善,各项社会事业有了长足进步。农村贫困人口下降到 2142 万人,占农村人口的 2.3%;低收入人口下降到 3550 万人,占农村人口的 3.7%。扶贫开发重点县的农民人均纯收入由 2001 年的 1277 元增加到 2005 年底的

---

① 国家统计局农村社会经济调查总队:《农村贫困监测报告(2001)》,中国统计出版社 2001 年版。

1723 元[1]。

(二)中国的反贫困理论

1.反贫困的理论研究。主要是对贫困自身的理论展开研究,包括贫困的定义、实质和特征,贫困的原因和机理以及反贫困机制等方面的研究,力图解释中国贫困特有的产生机制以及特有的反贫困治理结构。这方面的成果主要有:康晓光的《贫困与反贫困理论》、中国(海南)改革发展研究院"反贫困研究"课题组的《中国反贫困治理结构》等。

国家农调总队对贫困的定义是:"个人或家庭依靠劳动所得和其他合法收入不能维持基基本生存的需求。"[2]康晓光则认为:"贫困是人的一种生存状态,在这种生存状态中,人由于不能合法的获得基本的物质生活条件和参与基本的社会活动的机会,以至于不能维持一种个人生理和社会文化可以接受的水准。"[3]他同时认为,反贫困是一种典型的公共物品,具有效用上的非排他性和利益上的非占有性,因此不能由市场提供,只能通过政治程序或公共选择由政府提供。严瑞珍等人认为,市场化的反贫困机制才是真正使得贫困地区脱贫的根本。但是这种观点提出了政府的职责问题,这是贫困在中国得以解决的先决条件。在贫困的特征上,主要有黄承伟所著《中国反贫困:理论、方法、战略》,书中分析了贫困的多元性、社会性、不完整性、相对性等特征。薛宝生在《公共管理视域中的发展与贫困免除》中对贫困的时空特征作出了具体的分析。在贫困产生的原因上,主要有三种观点,姜德华的资源要素贫困观,认为中国的贫困归咎在自然资源的开发不足或者自然资源的先天匮乏。王小强、白南风在《富饶的贫困》一书中提出的素质贫困观,显然不同意上述观点,认为人的素质差是贫困的主因。而系统贫困观

---

① 李小云、唐丽霞、左停:《国家农村扶贫开发纲要(2001-2010)》中期评估政策报告,http://cohd. cau. edu. cn/cohdncfzyjw/upload/668. pdf.

② 转引自陈光金:《反贫困:促进社会公平的一个视角——改革开放以来中国农村反贫困的理论、政策与实践回顾》,http://www. sociology. cass. cn/gqdcyyjzx/wgxd/P020060706518161876412. pdf.

③ 康晓光:《中国贫困与反贫困理论》,广西人民出版社1995年版。

则综合了各方的意见,认为贫困的产生是一个系统各个方面综合作用的过程。在反贫困的治理结构方面,黄承伟认为导向性机制、规范性机制、传递机制、参与机制及效率机制相互作用的动态过程构成了中国的反贫困的治理结构。《中国反贫困治理结构》一书中将反贫困的目标和战略、组织管理体系、政策和制度规范及行为模式构成的有机整体作为中国反贫困治理机构的特有内涵与组成部分。

2.反贫困的互动研究。这主要是对贫富关系的研究,还包括其他意义上的互动关系研究,比如区域差异、利益结构分析等。朱光磊在《中国的贫富差距与政府控制》一书中提出了中国群体差异的问题,认为政府应该采取政策控制这种趋势。王绍光在《正视不平等的挑战》一文中,对区域之间的不平等也作出了分析,认为中央必须采取行动减少地区间的不平等。卢周本在《穷人与富人的经济学》一书中认为权力集团、资本集团和知识集团得到了较多的利益而农民集团的利益却反而遭到削弱,他提出了这种利益关系的对立与整合的途径。

3.反贫困的具体行为方式研究。这主要是指针对某项具体的反贫困行为、措施或途径而进行的研究。关于这方面的研究主要有:李周的《社会扶贫中的政府行为比较研究》、孟春的《中国财政扶贫研究》、国务院扶贫办外资项目管理中心的研究成果《中国农村扶贫方式研究》、朱玲和蒋中一的《以工代赈与缓解贫困》、刘文璞的《中国农村小额信贷扶贫的理论与实践》、黄承伟的《中国农村扶贫自愿移民搬迁的理论与实践》等等。这些研究成果对当前中国各种不同类型的扶贫方式的经验与做法、影响与效果、过程与机制都进行了深入的分析。

但是中国现有的反贫困研究,大多侧重于分析全国的整体情况,而针对某一县市的实证研究,用特定地点的贫困实践检验现有贫困理论的研究较少。另外,现有研究很少从资源传递的角度来研究贫困问题。虽然有些学者也有从自然资源的角度来研究贫困的成因,有些学者从扶贫资金的使用角度来研究具体的扶贫行为,但是尚没有成果把扶贫资源传递作为一个单独的视角加以分析。

三、选题意义

关于贫困问题,有人把它称为经济发展中的"哥德巴赫猜想",有的把它称为"经济王国的沼泽地"。贫困的存在是一个无法回避和难以根本消除的客观现实。中国是人口众多的发展中国家,由于历史的原因,中国的贫困人口主要集中在农村。根据国家统计局对全国农村贫困状况的监测调查,到2006年底,中国农村没有解决温饱的贫困人口还有2148万人(年人均纯收入693元以下),处于贫困线边缘的低收入人口3550万(年人均纯收入693~958元)。如果按照人均1天消费1美元的国际标准,中国的贫困人口总数仅次于印度,列世界第2位。农村地区的贫困问题已经成为我国构建社会主义和谐社会的巨大挑战。

对于贫困的研究我们可以从不同的角度来观察和分析,本文试图从扶贫资源传递这一视角审视中国农村的反贫困行为。

(一)选取扶贫资源传递这一角度来研究贫困问题

首先,就目前中国政府的农村扶贫实践而言,资金、实物等物质资源和政策、制度、权威、文化等非物质资源自上而下的传递过程,在某种程度上反映了中国农村反贫困的全部过程。扶贫实践正是围绕着资源的传递过程而丰富多彩地开展着。因此从扶贫资源传递过程这一角度分析可以折射出反贫困行为的全貌。

其次,当前中国农村反贫困中面临的最重要问题之一就是扶贫开发活动中所消耗的资源与取得效果的比率低下。在特定的时空范围内,相对于人类生存和发展的需求而言,资源是有限的、稀缺的。但另一方面,资源的开发和使用以及效能的发挥却是人类社会活动可支配的范畴。人类的理性精神、科学的政策设计、有效的制度安排、合理的分配体系等,会使资源的价值得到最大限度的发挥。从这个意义上说,在特定时段内,在资源总量基本恒定的条件约束下,扶贫资源的有效配置是使之发挥最大效能的关键。因此分析扶贫资源的传递过程,可以更好地解决扶贫开发中存在的问题,为完善扶贫政策提供有益的参考。

再次,随着社会的发展,人们对贫困的理解也在不断深入。贫困首先是但不仅仅是和生存相关联的,除了经济贫困之外,还包括文化、能力、权利等各方面的贫困。前已述及,贫困本质上是一种资源占有的匮乏,因此反贫困的过程也是向贫困人口输入扶贫资源的过程。从资源提供和分配的主体来看,可以分为政府、社会以及市场;从资源的表现形式看,可以分为物质资源和非物质资源(如下表所示)。物质资源主要包括资金和实物等;非物质资源主要是指以减缓贫困为目的,并且有利于减缓贫困的一切无形的要素,例如制度、权威、政策、文化、道德、对现行政策的认知与态度、先进的经验与理念、市场信息、营销渠道、经验、品牌、技术、中介服务体系等,甚至包括扶贫人员的工作热情在内。这样就构成了扶贫资源的二维框架。

表现形式 提供主体	物质资源	非物质资源
政府	资金、实物	制度,权威,政策等
市场	资金、实物	经济伦理、市场规则、机会、信息、渠道等
社会	资金、实物	文化,道德,理念等

在这里,从资源的表现形式看,资源的含义和贫困人口的内在需要是相一致的,从扶贫资源传递的角度看待反贫困问题打破了仅仅关注扶贫资金使用的局限——虽然扶贫资源更多地是以资金为载体体现出来的。笔者尝试着从资源传递的角度,反映资金背后所蕴含的非物质因素。

最后,从反贫困的发展趋势来看,政府与非政府组织之间的密切合作以及市场化手段扶贫是缓解贫困的有效途径。这正是提供和传递扶贫资源的三大主体。因此对现有扶贫资源传递渠道的梳理,对各种渠道传递过程的描述及其利弊的分析,有助于促进各种扶贫渠道之间的优势互补,加大扶贫资源整合的力度,推动反贫困的制度创新。

（二）选取民族地区作为个案分析的对象

虽然国家将少数民族地区作为扶贫开发的重点,在加大资金倾斜力度的同时采取了一系列优惠政策,用以改善民族地区的贫困面貌,但是由于自然、历史等原因,少数民族地区和民族自治地方普遍存在着生产生活条件恶劣、基础设施状况差、社会服务水平低、增收门路少、因灾因病返贫程度高等问题。

首先,民族地区贫困面广、贫困程度深、脱贫难度大,是中国扶贫开发的主战场。我国55个少数民族的90%以上人口分布在贫困地区,涉及5个民族自治区、24个自治州、44个民族自治县。在592个扶贫重点县中,少数民族自治县有265个,占到了44.76%①。人均收入低于400元的国定贫困县当中,3/4是民族自治县或自治地区;人均收入低于300元的国定贫困县中,民族自治县占4/5。

少数民族地区农村贫困监测结果显示,少数民族地区的消费贫困率是汉族地区的2倍以上,收入贫困率则达到了3倍。2005年末少数民族地区农村绝对贫困人口为1170.4万,占当年全国农村贫困人口(2365万人)的49.5%,其中丧失劳动能力的人口为179.2万,占15.3%。初步解决温饱但还不稳定的农村低收入人口为2048万,占全国低收入人口(4067万)的50.4%。少数民族人口仅占全国人口的9.44%,但其绝对贫困人口和低收入人口总计却占全国贫困人口和低收入人口(6432万)的50%,而且这一比例呈逐年上升的态势。即使是那些统计数字中未包括的人口,其整体发展状况也不容忽视。2005年,民族地区的农民人均年收入为1633元,仅为全国平均水平3255元的50%,该数据反映出民族地区人口脱贫并不稳定,如遇到自然灾害或疾病的侵袭,返贫的可能性极高。

其次,民族地区的贫困不仅是一个经济问题,还是一个政治问题。贫困不仅制约少数民族地区自身的进一步发展,也影响发达地区乃至全国经济

---

① 592个国家级扶贫重点县中不包括西藏自治区,西藏的74个县全部被单列为扶贫重点县。

的发展。少数民族地区长期的贫困以及和其他地区逐步拉大的差距,会在一定程度上动摇少数民族人民对现有体制、制度和价值取向的认同,对现行制度和政策的合理性不可避免地产生疑虑、消极应对甚至抵制的情绪。这不仅会引发、激化民族矛盾,破坏民族关系,制约政治体制改革的进程,严重时还将危及国家的统一和安全。因此改变民族地区的贫困状况关系着国家的稳定和团结,正如江泽民同志所说的:"少数民族和民族地区的经济社会发展,直接关系到我国整个现代化建设目标的顺利实现。民族地区的现代化同全国其他地区的现代化,少数民族的振兴同整个中华民族的振兴是密不可分、互相促进的。推动各民族发展进步和共同繁荣不仅是个经济问题,而且是个政治问题。"①

本文选取西南某省 X 民族自治州作为个案分析的对象,出于以下考虑。

首先,中国在表述民族地区时通常包括了民族省区和民族自治地方两个概念。所谓民族省区是指内蒙古、广西、西藏、宁夏、新疆 5 个自治区和贵州、云南、青海 3 个少数民族人口较多的省份,是地理概念;所谓民族自治地方是指建立在实行民族区域自治地方的具有自治权利和地位的地方行政单位,具体包括 5 个自治区、30 个自治州和 120 个自治县,是行政概念。西南某省属于民族省区,X 州属于民族自治地方,其所辖三县中既有由主体民族构成的县,也有由非主体民族构成的自治县。因此从"民族地区"这一概念的表述上讲,X 州具有代表性。

其次,从自身特点上看,X 州地处滇川藏三省结合部,州内少数民族人口占总人口的 85%,并且大多数跨境而居。民族构成多样化,全州共生活着藏、傈僳、汉、纳西、白、彝、普米族等 26 个民族。X 州所辖三县均属国家扶贫工作重点县。2005 年末,全州总人口 359,412 人,农业人口 296,777人。按农民人均纯收入 668 元的标准,全州尚有 79,031 人未解决温饱问题;按农民人均纯收入 924 元的标准,全州共有低收入贫困人口 168,698人,占农业人口的 57%。X 州特殊的地理位置,复杂的民族构成,多元的民

---

① 《江泽民论有中国特色社会主义》(专题摘编),中央文献出版社 2002 年版,第 362 页。

族文化以及严峻的贫困状况使其具有一定的代表性。

最后,从行政层级上看,在我国的扶贫开发工作中实行"四到省"(任务到省、责任到省、资金到省和权利到省)的管理体制,省级在扶贫工作中承担着重要的责任。同时,国家强调扶贫资金的进村入户,因此扶贫成效如何在很大程度上取决于县级政府。作为省与县之间的行政层级——州级政府,在扶贫资源传递过程中必然起着政策的上传下达、资源的再次分配、向上积极争取、向下部署落实、检查督促等重要作用。站在州这一政府层级审视中国农村的反贫困行为,能更好地把握扶贫资源传递的整体过程。

总之,本文拟通过对 X 州反贫困的实例考察,以扶贫资源的传递为基本逻辑线索,试图探索其客观运行的现状,并进而寻求改进扶贫资源配置体系及其运作机制的方法和手段,从而使各类扶贫资源更好的整合,发挥更高效能,促进我国农村反贫困工作的进一步有效开展。

四、基本概念界定

(一)扶贫

在国际范围内,人们对反贫困的概念一般有三种表示:一是减少贫困(poverty reduction),这是从贫困人口数量减少的角度表示反贫困的行为过程;二是减缓贫困(poverty alleviation),这是从贫困程度减轻的角度反映反贫困的行为过程;三是消除贫困(poverty eradication),这是从反贫困行为最终目标的角度来描述反贫困的行为过程。本文中所指的扶贫是中国政府对反贫困具体行为的一种表述。

从时间上来看,主要是指 1986 年中国政府实行大规模开发式扶贫战略以后的反贫困行为。这样限定的原因在于,首先,从中华人民共和国成立到改革开放之前,国家积贫积弱,全体国民整体收入和福利水平普遍很低,收入差异较小,绝对贫困人口所占比例高,贫困是一个在较大范围内普遍存在的社会问题。因此,这一时期国家面临的主要问题是如何通过体制改革和制度创新,来增强国力。对于极度贫困的人口,通常采取救济的方法。国家并没有形成一套专门的反贫困政策体系。从某种意义上说,贫困的减缓是国民经济增长的必然结果。1986 年以后,由于各种条件的制约,农村居民间的收入差异逐渐增大,虽然国家整体仍然贫困,但是这一时期贫困人口已经成为一个需要特殊关注的群体,贫困问题也成为需要制定专门的政策来解决的问题。也正是在 1986 年之后,国家制定了专门针对贫困地区、贫困人口的政策,成立了专门的机构,开始了有计划、有组织、大规模的开发式扶贫。

从空间上来看,本文中的扶贫这一概念主要是指政府针对农村贫困所进行的活动。由于中国农村和城市二元结构对社会生活方方面面的深刻影响,中国政府对城市和农村的贫困问题,事实上采取了不同的解决办法。目前对农村主要实行以开发式扶贫为核心内容的反贫困战略,而对城市则主要采取以城市居民最低生活保障制度为核心的救济措施。本文仅针对农村的扶贫活动进行分析。

(二) 资源

资源是指在自然和社会中存在的一切有利于人类生存和发展的要素总合,既包括能满足人类生存需要的土地、水、矿藏、动植物等物质要素,也包括能满足人类社会需求的制度、政策、信息和权威等社会条件。资源的本质属性决定了它具有以下特点:第一,有限性。联合国环境规划署将资源定义为"所谓资源特别是自然资源,是指在一定时期、地点条件下能够产生经济价值以提高人类当前和将来的自然因素和条件"。即首先,资源是自然存在的客观实在,而任何客观物质都有其相对固定的物理边界;其次,客观物质的"有用性"是与人类对自然规律的认知能力程度有关的。因此在特定的时空范围内,相对于人类生存和发展的需求而言,资源是有限的、稀缺的。第二,无限性。首先,人类对自然的认识水平在不断地深化和发展,因而客观物质的"可用性"也会不断拓展;其次,资源虽然存在于自然之中,但任何资源的开发和使用以及效能的发挥却是人类社会活动的范畴。人类的理性精神、科学的政策设计、有效的制度安排、合理的分配体系等,会使资源的价值得到最大限度的发挥。从这个意义上说,在特定时空范围内,资源效能的高低取决于资源配置体系的优劣。

(三)扶贫资源

所谓扶贫资源是就资源与社会特定群体的价值而言的一个概念,即以减缓贫困为目的,能够满足贫困人口摆脱贫困所需要的所有要素的总称。从表现形式上看,扶贫资源可分为物质资源和非物质资源两部分。物质资源主要包括资金和实物等,非物质资源主要是指以减缓贫困为目的,并且有利于减缓贫困的一切无形的要素,例如政府提供的反贫困的制度安排、制定的扶贫政策,市场提供的交换、竞争的理念等,有助于贫困人口脱贫的信息、机会、人力、技术等。

在本文展开的过程中,会不断涉及“资源”和“资金”两个核心概念。狭义的资金是指在流通过程中可以增值的金钱,而广义的资金则是资财的货币表现形式的统称。笔者对其内涵和外延的理解是基于这样的逻辑线索:资源包含着资金;在所有的扶贫资源中,资金本身就是扶贫资源的核心构成,也是其他各类扶贫资源的数量标志、基本载体和最终体现。从物质层面说,货币作为一般等价物的特性决定了可以用资金对一切扶贫资源的规模、幅度、效能等进行标志和测评。其次,非物质资源如制度安排、政策框架等,其运行的核心也是围绕着以资金为最终表现形式的扶贫资源的配置和调节。因此,本文在 X 州扶贫资源传递过程的逻辑展开中,以资金作为基本线索进行论述,并试图通过对资金之外的扶贫资源要素的分析,引起对非物资资源在反贫困中作用的重视。

五、研究方法、所用资料及基本框架

本文主要采取实证研究方法,包括观察法,即直接观察他人的行为,并把观察结果按时间顺序系统地记录下来;访谈法,即通过与对象面对面的交谈,在口头信息沟通的过程中了解对象心理状态的方法;问卷法,即将事先设计好的问卷或调查提纲交给被调查者,让其在规定的时间内回答完毕,收回后进行统计汇总以取得所需的调查资料;个案法(个案研究),对某一个体、群体或组织在较长时间里连续进行调查、了解、收集全面的资料,从而研究其发展变化的全过程。

实证分析大都是与事实相关的分析,试图解决"是什么"的问题,是对一个事情如何运行的描述。因此笔者在实地调研和论文的写作中尽可能地做到客观、公正地进行观察、描述与分析。在社会研究中,实证分析和规范分析总是难以截然分开的,任何时候在进行实证分析时,总持有一定的价值判断标准。本研究采取规范分析与实证分析相结合的方法,一方面在总结评价国内外相关理论的基础上,对我国扶贫资源的传递渠道以及每种渠道的具体传递过程进行经验分析;同时采用规范分析的方法,提出扶贫资源传递过程中,制度环境、资金管理体制以及运作机制等因素对其运作效率的影响,并提出解决对策。本文理论范式的形成过程充分体现了实证分析与规范分析相互渗透和结合的关系。

笔者实地调查的时间为 2006 年 7~8 月,从 X 州实地调查中所获的资料,主要由以下几个方面构成:(1)调查笔记,主要包括访谈记录、观察心得、专项调查和个案调查资料等。(2)文字材料,主要包括州扶贫办及相关部门的各种文件、通知、总结、工作报告等。(3)档案材料,包括从州档案馆和相关部门档案室获得的有关材料。(4)统计资料,包括《X 州年鉴》和相关部门的统计报表等。(5)所辖三县资料,包括来自 Z 县、D 县、W 县扶贫办及相关部门的资料。(6)其他资料,包括机关办公制度、责任状、岗位责任目标考核表、有关部门的大事记等。

本文的基本框架如下:导论部分简要回顾了贫困的理论和中国农村的反贫困历程,说明了研究的背景、现有的理论成果和本文的选题意义。第一章概括地介绍了个案分析对象 X 自治州的概况、贫困状况、致贫原因及反贫困实践。第二章从扶贫资源的来源和构成开始,分析扶贫资源传递的起点。中国农村现有的扶贫方式从扶贫资源动员、提供和传递的主体上看,可以分为社会扶贫和政府扶贫两大渠道。政府扶贫可以分为财政扶贫和信贷扶贫;社会扶贫可以分为机关定点挂钩扶贫、对口帮扶、国际援助和非政府组织扶贫。第二章在中国农村扶贫资源传递渠道的整体框架下,考察了 X 州扶贫资源的构成情况。从第三章到第五章,则分别描述了财政扶贫、信贷扶贫和社会扶贫各渠道中扶贫资源的传递过程,并分析了不同渠道中,扶贫资源在传递过程中所表现出来的资源性质、传递的范围领域、资源传递的目的、传递方式、管理手段等方面的差异性。在此基础上第六章分析了扶贫资源传递的制度环境,即州政府如何通过制度化的手段以及多种方式的有机配合来保证扶贫资源层层传递,与此同时分析了制度这一非物质资源的传递过程。最后,第七章和第八章从不同角度总结了扶贫资源传递过程中存在的问题,并从扶贫资源传递的主体、客体、过程、渠道、终点及领域等方面提出相应的政策建议。

第一章 X州概况及扶贫开发的实践

一、X州概况

（一）自然地理

X州于1957年建州，是多民族聚居的民族区域自治地方，地处青藏高原南缘横断山区。全州国土面积23,870平方公里，耕地面积594,730亩。平均海拔3380米，是全省最高的地方。最高海拔6740米、最低海拔1480米，海拔高差5260米。州府所在地平均海拔为3280米。

X州属温带和寒温带季风气候，年平均气温5.4℃，高低气温在24.1℃～−27℃之间。年日照时间为1743～2187小时，降水量268～945毫米。无霜期为129～197天。

X州在自然地理条件上有一定的优势，突出表现为拥有丰富的自然资源。

1. 草场林地资源丰富，发展畜牧业有着悠久的历史和广阔的前景。全州有草地面积913.8万亩，占全州国土面积的21.6%，其中可利用草场面积629万亩，人均占有18亩，居全省之首；有林地1251.61万亩。

2. 生物资源丰富。由于立体气候明显，X州是地球上生物资源多样性最具代表性的地区之一，被称为物种基因库。全州森林覆盖率65%，有高等植物4800多种，其中冬虫夏草、当归、贝母、川芎、木香、天麻等野生药用植物867种，松茸、羊肚菌、香菇、木耳、鸡油菌、牛肝菌等食用菌147种。境内还有野生动物 1400 多种,仅滇金丝猴、黑颈鹤、雪豹等国家一、二级野生保护动物就有 60 多种。

3. 水资源丰富。澜沧江、金沙江自北而南贯穿全境,全州共有大小支流221 条,沿两江干流四射分布,形成典型的羽状水系。全州水资源总量为119.73 亿立方米,可利用量 95.7 亿立方米。境内两江一级河流——硕多岗河、吉仁河、阿东河等可开发利用率较高,全州可利用的水能资源蕴藏量达 1370 万千瓦,而且流量稳定,落差大。

4. 矿产资源丰富。X 地处"三江并流"有色金属成矿带,是有色金属、稀有金属和非金属矿的富集区之一。经初步勘察,有铜、铁、金、银、铅、锌、铂、钨等 24 个矿种、323 个矿点,其中羊拉、红山、普朗铜矿储量有 500 万吨以上,具有很大的开采价值。

5. 旅游资源丰富。由于地处"三江并流"世界自然遗产的标志性腹心地,X 州的旅游资源不仅丰富而且品味极高,具有雪山、峡谷、草甸、高山湖泊、原始森林、珍禽异兽、宗教文化、民风民俗等极具特点的旅游资源,是中国旅游皇冠上一颗璀璨的明珠。

(二)人口及民族

X 州辖三县及一个省级开发区,有 29 个乡镇、184 个行政村和办事处。2005 年末全州总人口 359,412 人,人口特征表现为:

1. 人口密度小。每平方公里的人口仅为 14.8 人,远远低于全国东、中、西部地区的平均水平[①]和所在的省每平方公里 221 人的水平。这也反映出当地山高、坡陡的生存环境以及由于人口稀少,居住分散、自然环境险恶给扶贫工作带来的难度。

2. 农业人口比重高。2005 年,全州农业人口 296,777 人,占总人口的82.57%。这反映出当地仍处于传统的农业社会,经济发展水平低下。

---

① 根据第五次人口普查数据显示,我国东、中、西部地区的人口密度分别为 452.3 人/平方公里、262.2 人/平方公里和 51.3 人/平方公里。

3. 多民族聚居。全州共生活着 26 种民族,其中千人以上的民族有藏、傈僳、汉、纳西、白、彝、普米族等 9 个民族,少数民族占总人口的 84%,其中主体民族藏族的人口占 33%。少数民族人口多少与贫困状况呈正相关关系,贫困比例最高的民族为傈僳族和彝族。

4. 人口素质较低。农村人口普遍文化程度低,文盲半文盲率高,缺乏劳动技能;人口增长过快;健康素质差,体力较弱,人口死亡率高,预期寿命短;生产生活方式落后,基本摆脱不了靠天吃饭的局面,有些地方还仍然保持着刀耕火种的原始耕作方式;思想保守,观念陈旧,不思进取,等、靠、要现象严重,缺乏艰苦奋斗、扩大再生产的意识。

(三)经济社会发展

X 州是从解放前"政教合一"的封建农奴制过渡到社会主义社会的,经济、社会、文化等各方面都十分落后。解放后,经过各族人民的共同努力,X 州的各项事业都取得很大发展。尤其是"十五"期间,是 X 州历史上发展最快的五年,全州投资促进战略成效显著,基础设施明显改善,经济结构不断优化,三次产业比例为 43∶38∶19。旅游、生物、水电、矿产业四大支柱产业对全州经济增长的支撑作用进一步加强。到 2005 年,全州生产总值达到279,781 万元,人均生产总值 7,727 元,年均增长 21.53%;地方财政收入13,905 万元,年均增长 18.90%;人均财政收入 384 元;粮食总产量 124,956 吨,人均粮食产量 345 公斤;农民人均纯收入 1425 元,年均增长14.19%。全州金融机构各项存款余额 31.29 亿元,实现社会消费品零售额6.75 亿元。

尽管 X 州经济快速增长,教育、科技、文化、卫生等社会事业取得长足的进步,但与全省相比差距仍然很大,属于该省乃至全国最贫困的地区。在全省 16 个地(州、市)中,除人均地区生产总值和人均粮食产量两个指标因其人口较少而靠前外,其余指标都在 10 位以后,特别是衡量经济发展的主要指标——地区生产总值、地方财政收入、粮食总产量三大指标均为全省倒数第一或第二位。

二、X州的贫困状况

X州所辖三县均属国家扶贫工作重点县。X州的贫困状况主要表现为贫困面大、贫困程度深、返贫率高、公共设施落后几个方面。

(一)贫困面大

到2005年末,按农民人均纯收入924元的标准,全州共有低收入贫困人口168,698人,占农业人口的57%,其中,按农民人均纯收入668元的标准,全州尚有79,031①人未解决温饱问题,占农业人口的30%。说得具体一些就是,农村人口中几乎每三个人中就有一个人还过着食不果腹的日子。

从贫困人口的分布来看,一方面,绝对贫困人口除了一部分插花贫困户外,大多集中在金沙江和澜沧江流域的高山和半山区,特别是集中在澜沧江沿岸的半山区,表现出相对集中的特点;但同时,全州184个行政村中,贫困村的个数为139个,占76%,又表现出贫困人口分布广,具有普遍性。此外,如果不考虑国家规定的贫困标准,2005年,全州农民人均纯收入为1425元,仅为全国平均水平(3255元)的43.78%。若按世界银行通行的人均消费一天一美元的标准,那么贫困人口将高达90%以上。这说明X州的贫困是整体的贫困。

(二)贫困程度深

在我们走访的贫困户中,有许多都居住在板板房和权权房中,不避风雨。据统计像这样的住房困难户,全州共有7546户。很多人有病没钱医治,孩子上不起学。根据2006年8月走访过程中的农户访谈记录,在Z县的BS村,491户2000余农村居民中,绝大多数都处于温饱线之下,有一些贫困户整个家产不到百元。在D县SB村,人均年收入为400元,大多数贫

---

① 有的文件中这一数字为89,667人。

困户粮食仅够自给 6～8 个月,11 月份就要断粮,需靠政府救济的食物和棉毡过冬。村中每年都有 10～15 个学生辍学。

(三)返贫率高

返贫率高有主、客观两方面原因。客观上返贫人口一般是由于灾害和疾病造成的。X 州地形地势复杂,水系庞杂,气候多变,雪灾、旱灾、虫灾、洪涝灾害、泥石流、山体滑坡等自然灾害时有发生。加之贫困地区基础设施脆弱,抗御自然灾害的能力低,因此形成"风调雨顺增点产,遇到灾害就返贫"的局面。另外由于自然环境恶劣、医疗卫生条件落后、家庭收入有限,有病得不到及时治疗导致因病返贫的人也不少。虽然年年扶贫,但是由于返贫率高,使扶贫工作进展缓慢。例如,2004 年 X 州的贫困人口是 147,700 人,2005 年解决绝对贫困人口 20840 人,相对贫困人口 10200 人,但由于 2005 年灾害较多,返贫人口达 52,038 人,因此 2005 年全州贫困人口不降反增。

主观原因主要是指因贫困标准的提高而导致人口返贫。例如,2004 年,国家将相对贫困人口的标准从人均纯收入 865 元提高到 882 元,虽然标准只提高了 17 元,但 X 州由此而增加的贫困人口为 10,240 人。这一数据也从另一侧面反映出当地贫困程度之深,相当一部分在统计数据中脱贫了的人口在现实生活中仍然徘徊在贫困线的边缘,脱贫并不稳定。

(四)公共设施落后

1. 基础设施落后。到 2006 年,全州 184 个行政村中还有 10 个行政村 177 个自然村的 8224 户居民没有通电;38 个行政村和 955 个自然村没通公路;1006 个自然村未通自来水,未解决人畜饮水(饮水不安全)人口 31,055 人和 42,171 头(只)牲畜,人畜混居户数有 36,123 户。

2. 农业基础设施落后,抵御自然灾害的能力弱。X 州的地形特征是山高坡陡谷深,农业水利化程度低,高稳产农田少,旱涝保收的基本农田地不足 1/3,乡级骨干水利少,灌溉几十亩到几百亩的小水利零星分散而且质量不高,遇到自然灾害经常颗粒无收,大多数村民靠天吃饭。

3. 教育事业落后,信息闭塞。三个县中有两个县未完成"普九";55个行政村没有完全小学;19个行政村未通电话;800多个自然村未通广播电视。

4. 医疗卫生事业落后。到2006年,全州共有医生627人,平均593人拥有一名医生。21个行政村没有卫生室,全州仅有163个村卫生室,其中有109个还是最近几年才新建或改造的。虽然新农村医疗合作正在逐步铺开,但是因贫困、偏远、居住分散等原因,小病不看、大病等死的现象仍然十分突出。即使贫困人口拿得出钱来看病,也还有54%的贫困人口存在着"看病难"的问题。

三、X州的致贫原因

关于贫困的成因有多种理论。赞同生存空间导致贫困理论的学者认为自然环境、人口失控以及社会封闭等因素是贫困的症结;赞同不平等导致贫困的学者认为分配、资本、权力等方面供给的不平等是贫困的根源,例如纳克斯的"贫困恶性循环"论认为贫困是因为缺乏资本;赞同人口素质导致贫困的学者认为落后的思想观念、文化、教育和科学技术是致贫的原因,等等。

可以说上面述及的致贫原因都在不同程度上对X州的贫困状况和反贫困进程产生着影响,但当地的贫困并不是由其中某个单一因素决定的。本文认为贫困作为一种特定的社会经济现象,其形成原因是多方面的,有历史的原因,也有现实的制约;有经济的因素,也有社会的因素;有自然环境的影响,也有贫困人口内在的缺陷。可以说贫困是各种因素交织并相互作用、相互影响的结果。就X州而言,除了贫困地区共有的一般性致贫原因外,还有一些当地特殊的历史现实因素直接导致其贫困。

(一) 历史性贫困

从总体上说,X州的经济社会文化落后是历史形成的。X州是从解放前"政教合一"的封建农奴制过渡到社会主义社会的,因此经济发展缺少相应基础。建州初期,X州的农业基本上还处于自己自足的自然经济阶段,农业单产比较低,固守原始耕作方法,商业贸易都出自个体偶然行为,工业呈现"真空"状态。经过几十年的发展,虽然农业、商业和工业有了长足进步,但由于原来的基数比较小,基础薄弱,社会经济各方面与全国整体发展水平存在着极大差距,现代农业技术没有得到推广和采纳,仍依靠粗放的耕作方式;工业基础积累缓慢,部门发展不均衡,体系构建不完整;商业贸易的发展没有物质依托,更缺少作为内在推动力的商品意识的促进。

X州属于多民族聚居的地方,境内26种少数民族都有各自的民族语言,其中藏族、纳西族、彝族和傈僳族还有自己的文字。居民大多信仰宗教,不同民族、甚至同一民族之间信仰的宗教也不相同,例如藏族信仰藏传佛教,也有部分藏民信仰天主教;纳西族大多信仰东巴教;傈僳族、彝族信奉以自然崇拜和图腾崇拜为主的原始宗教。民族的多样性孕育了丰富多彩的民族文化、风格迥异的民族风俗以及神秘深邃的民族宗教,但也在一定程度上阻碍了文化交流、信息传递、科技文化的传播与普及以及当地居民和外界的联系。

此外,X州是由滇入藏并进而通往南亚各国的桥梁和藏区与祖国内地联系的枢纽。特殊的地理位置和民族结构使X州的民族宗教问题较为复杂。尤其是藏传佛教在X州影响深、分布广。长期以来国外敌对势力和民族分裂集团利用X州经济社会发展相对滞后、人民生活贫困、僧尼住房简陋、求学晋升困难等因素,煽动民族情绪,离间信教群众与人民政府的关系,进行一系列的渗透和分裂活动,也在一定程度上导致了当地的贫困。

(二)条件性贫困

第一,自然地理条件恶劣。由于地处边远的高寒山区,自然灾害频繁,生产生活条件恶劣,这可以说是导致当地贫困的主要原因之一。恶劣的自然地理条件不仅使种养业发展受到限制,也严重危害着当地居民的健康状况。据2005年国家扶贫开发重点县按地势分组的统计数据表明,在平原、丘陵和山区三组样本中,文盲率、生产性固定资产原值、户均耕地面积、水浇地的面积、人均年末存粮、人均粮食产量、人均全年总收入、现金纯收入等指标,山区与平原和丘陵地区差距明显。这些数据清晰地表明了地处山区对于贫困的深刻影响。

第二,交通不便。X 州远离中心城市,距省会城市公路距离 726 公里,而且大多是山路,晴天班车正常行驶需 12 小时以上。全州公路通车里程 3531 公里,其中,国道仅有 395 公里。州内三县之间虽通柏油路,但几乎都是盘山公路,需翻越数座大山才能到达。例如从 Z 县到 W 县路程为 91 公里,班车正常行驶需 4～6 小时;从 Z 县到 D 县路程为 186 公里,需行驶 5～8 小时;从 W 县到 D 县需行驶 7～8 小时。州府到县城虽然耗时,但毕竟还有路可通,但是从县到乡的公路等级差,还有部分为土路,晴通雨阻,通达能力极差。而乡村之间大部分则至今未通像样的公路,农产品交易主要靠人马驿道或过江溜索运输。交通不便直接导致信息闭塞、商品流通条件差,农户的市场参与能力低、生产资料价格高昂,农产品销售不畅、价格过低,扶贫建设成本高、单位投资效益低等一系列问题,制约了当地的发展。

第三,农业生产条件差,基础设施脆弱。全州有耕地面积 47.46 万亩,人均 1.6 亩,但旱涝保收的基本农田地不足 1/3,导致农业生产效益低、规模小。由于"三江"切割,X 州地质状况差,道路设施晴通雨阻经常发生;乡村电信基础设施差,多数地区是木杆裸线,一遇到较大的洪涝灾害即杆倒线断;农业基础条件差,水田极少,乡级水利设施薄弱,小水利零星分散而且质量不高,大多是山泉、河流加小土渠自流灌溉,抗灾能力弱。

第四,工业基础差。到 2003 年底全州规模以上工业企业仅有 13 个,而且均为小型企业。规模以上工业总产值仅为 2.34 亿元。工业企业基础低,设备简陋,规模小,产业结构单一,产品单一,应变能力弱,没有财政支柱企业。

第五,教育、文化、卫生等社会事业发展滞后。2005 年《民族自治州统计资料汇编》的统计数据显示,到 2005 年底全州没有一所普通高等学校和成人高等学校,仅有普通中等专业学校 3 所、成人中等专业学校 3 所,普通小学 25 所和乡村小学 935 所。各类学校专任教师人数共 3478 人,在校学生 51,157 人。全州共有 4 个文化馆和 2 个公共图书馆。广播电台的人口覆盖率为 79.39%。全州的医疗设施也极为不足,共有 6 所医院,794 张床位。卫生从业人员 1381 人,其中医生 627 人,每千人拥有卫生技术人员 3.9 人。这些数据都远远低于全国平均水平。

(三)素质性贫困

素质型贫困主要体现在以下两个方面。一方面农村人口素质低下,自我发展、创造财富的能力弱。主要表现在:

1. 文化素质低,全州农村人口中,文盲及半文盲共有 65362 人,占农业总人口的 22%。小学文化程度的占 27.3%,其中有很大一部分是初小文化。有些边远地方情况更为严重,例如 D 县的文盲和半文盲率为 51.4%,该县的 YL 民族乡更是高达 69.78%。大部分偏远地区的贫困人口不会说汉语。

2. 劳动技能低。农村中受过专业培训的仅占 9%,有一技之长的劳动力非常之少。主要的收入来源是在每年的 5～8 月上山挖虫草、采松茸。

3. 人口增长过快,人口出生率为 12‰左右。

4. 健康素质低。由于大部分人口生活在海拔 3000 米以上的高寒缺氧的地区,导致当地的新生婴儿死亡率[①]、人口死亡率[②]、人口预期寿命以及呆傻、智障、残疾人口均高于全国平均水平。全州人口预期寿命为 54 岁,D 县仅为 48 岁。这一数据同样反映出自然环境的险恶。

5. 观念落后、进取心差、缺乏扩大再生产意识。许多贫困人口缓解贫困的动力不强,风险意识差,创业动机弱,生产生活方式落后。在 D 县的调研中,我们了解到这样的事情:当地扶贫办的工作人员将种羊送到贫困农户手中,教他们怎么饲养,告诉他们等下了小羊后再把种羊带走,羊羔就归他们了,他们可以继续饲养,慢慢就能有点收入。可是过了几天再去看,他们要

---

① 2002 年的数据为 35.93‰。
② 2004 年的数据为 4.82‰～6.89‰,由于自然条件不同,各县差异较大。

不把羊吃了，要不卖了换酒喝。在 Z 县的调研中，我们也听到了当地扶贫工作人员对于异地搬迁工作难以执行的抱怨："他们的传统就是要住在山上，不肯搬下来。山里交通不方便，车也开不进去，搞点什么项目都不行。家里穷得什么都没有，政府出钱搬迁，可谁也不愿意搬到山下，他们的观念就是这样。"

　　另一方面，基层政府工作人员的素质也相对较低。据 2003 年《×州人才状况调查表》统计，截至 2002 年底，全州的党政人才共有 5727 人，其中，初中以下文化程度的 652 人、高中和中专 3375 人、大专 1366 人、本科 272 人、硕士及以上的 62 人，平均教育程度为 13.09 年。近 5 年全州仅有 310 人接受过农业或扶贫方面的业务培训。在交谈中，许多干部尤其是县乡干部对扶贫政策的了解少得惊人。文化程度不高和对政策把握不足不可避免地导致他们在贯彻执行国家的扶贫政策中会出现较大的偏差。此外更为严重的是传统意识的影响。在历史上长期封建社会的农卑观念和新中国成立后实行的城乡二元分割体制的双重作用下，农民的贫困被视为一种理所当然的事，而扶贫对象的不思进取也会催生政府扶贫工作人员的怠慢情绪。此外也不排除政府工作人员出于自身利益的考虑把扶贫资金分给当地企业谋取私利或贷给当地并不十分贫困的农户以保证资金的回收。

（四）制度性贫困

　　除了上述因素之外，由制度造成的社会资源的不平衡分配是中国农村贫困问题中最重要的动因。从中国的整体情况看，户籍制度与计划经济体制下的统购统销制度、城市就业制度和社会福利制度共同构筑了中国特有的城乡二元结构。加上建国初期，在计划体制下，资源实行计划配置，资源的流动性低，农村资源的获得、交换与流出几乎完全依赖于政府。国家用抬高工业产品价格、压低农业产品价格的政策保证国家在特定的历史时期能够动员社会资源发展重工业。公共制度安排的倾斜性使农村社会处于不平等地位，这种不平等是农民长期以来普遍贫困的源头。虽然改革开放后，家庭联产承包制的实行、户籍制度的松动，都调动了农民的生产积极性，但是，在中国"社会转型"时期,贫困之所以产生和消除贫困不能回避的问题是具有历史连续性的,诸如户籍自由迁徙的道路还很漫长,家庭联产承包制在增加农民收入上所起的作用递减,"剪刀差"依然在发挥作用等。加上农村公共产品和公共服务的严重缺失无法给予必要的修复与弥补,这些在中国普遍存在的制度性因素不可避免地影响着 X 州的贫困状况。

此外,当地在农村养老保险和资源保护补偿机制方面制度的缺失也是导致其贫困的重要原因。

1.尚未建立农村养老保险体系。在人民公社时期,农村社会保障主要囊括了基于集体经济的救济和合作医疗以及五保户供养。人民公社解体后,农村社会保障就只剩五保户供养这"一枝花",救济和合作医疗由于实行家庭联产承包责任制导致集体经济发生了本质变化,要么濒临崩溃,要么已经消失。在整个国家的范围内,与城市中较为成熟的社会保险和最低生活保障相比,农村的养老保险体系、医疗保障体系和最低生活保障制度还处于起步阶段。

在农村保障体系整体落后的情况下,X 州的状况更为严重。目前,该省普遍开展了农村社会养老保险试点,全省共有 140 万名农民参保,缴存养老保险金 7.5 亿余元,有 5.8 万余人领取养老金。各地方也在积极探索农村养老保险的运作模式,如政府财政投入机制、"个人缴费、集体补助和政府补贴相结合"机制。但是该省尚有两个州(地、市)没有实行农村养老保险的试点,X 州便是其中之一。X 州的农村社会保障处于半空白状态,这不仅是农村养老、超生等社会问题的根源,也直接造成了农民的贫困现状难以缓解。

2.缺乏必要的保护资源的补偿机制,使生态保护与反贫困的矛盾突出。当地有着丰富的矿产资源、木材资源和水能资源,人均拥有的资源量居全国之首。多年来,这里的矿产、木材等资源被大量开采,支持国家建设,但未对当地产生明显的带动效益。近年来由于资源的过度开采导致生态环境不断恶化,随着国家对环境保护的日益重视,当地实行了自然保护区和天然林保护工程。X 州地处"三江并流"的核心区,全州自然保护面积达 32 万公顷,涉及 17 个乡 58 个村 80,613 人,坡度 25 度以上退耕还林需要易地搬迁的人口达 5.3 万人。保护区有效地保护了资源,改善了生态环境,但是也带来了许多问题。这些区域内各种自然资源丰富,过去老百姓靠山吃山、靠水吃水,但现在由于实行了严格的保护政策,这里是"有树不能砍,有山不能动,有水不能用"。由于缺乏合理的补偿机制,不仅使保护区内的居民没有了经济来源,而且也使当地的资源优势无法转变成为经济社会的发展优势。

此外,在不久之后,退耕还林工程大规模实施后的补助政策将在"十一五"后期陆续停止。届时,贫困地区的粮食供给状况有可能恶化。这些问题都值得我们关注。

案例 1-1

D 县 XR 乡境内,四周全是深山老林。这里交通不便、信息不发达,当地群众主要生产经济活动是以山地农耕和采集自然资源为主,粮食产量很低,只够吃上大半年,人均年收入仅为 400 多元。

1996 年,有着千年历史的原始森林将被砍伐,D 县木材公司许诺给村民可观的补偿。但这一计划被正在附近进行拍摄工作的野生动物摄影师奚 x 得知。通过他的多方呼吁,国务院制止了 D 县的采伐。这是因为延伸到该县境内的国家级自然保护区,是以滇金丝猴为主的珍稀濒危野生动物赖以生存的地方。现存 13 个滇金丝猴种群仅 1600 只左右,其中 7 个种群约 900 只就栖息在此。

猴子活下来了,可人的生活却变得艰难起来。为了认真执行停伐天然林政策,当地所有的猎枪和猎具全被收缴。通过政府的宣传,村民的保护意识也提高了,这里的滇金丝猴、黑熊、林麝等野生动物明显多了起来,但当地群众的返贫情况却十分严重。他们不仅拿不到砍伐森林的补偿金来改善一下自己的生活,而且还由于他们拿到市场上卖的土特产是猴子喜爱的食物而受到限制。由于居民 95% 的经济收入来源于采集这些土特产,如果猴子的食物有了保障,保护区内 15000 多人的经济来源就短缺了。因此,当地的一位村委会主任呼吁,在关心保护区内动植物的同时,也给保护区内的群众一些粮食、衣物和经济援助。

资料来源:根据《南方周末》2006 年 12 月 7 日《Z 县不为人知的故事》一文整理。

四、X 州的反贫困历程

20 世纪 70 年代末实行改革开放政策以来,中国政府在致力于经济和社会全面发展的进程中,在全国范围内实施了以解决农村贫困人口温饱问题为主要目标的有计划、有组织的大规模扶贫开发。这一阶段,通过改革农村经济体制、普遍推行家庭联产承包责任制以及大幅度提高农产品的价格等措施,使没有解决温饱的贫困人口从 2.5 亿减少到 1.25 亿。

80 年代中期,以西部地区、民族地区为主的部分农村地区由于经济、社会、自然、地理等方面的制约,与其他地区特别是东部沿海发达地区的发展差距逐步扩大,低收入人口中有相当一部分人不能维持其生存的基本需要。为进一步加大扶贫力度,中国政府自 1986 年起确定了开发式扶贫方针,在全国范围内开展了有计划、有组织和大规模的开发式扶贫。X 州的农村扶贫工作正是在这样的大背景下展开的。

从 1986 年至今,人们通常以《国家八七扶贫攻坚计划》和《中国农村扶贫开发纲要(2001—2010 年)》两个纲领性文件的出台为标志,将中国农村开发式扶贫的进程划分为三个阶段。按照中国行政体制的惯例,为了使国家政策得以有效贯彻,各级地方政府通常会根据国家的精神,结合当地的实际情况,出台相应的地方性政策。该省就分别出台了《省七七扶贫攻坚计划》和《省农村扶贫开发纲要(2001—2010 年)》,同样 X 州也相应出台了《X 州七一四扶贫攻坚计划》和《X 州农村扶贫开发纲要(2001—2010年)》。本文也以此为依据,将 X 州的扶贫开发实践分为三个阶段。

（一）第一阶段：1986～1993 年

X 州的扶贫工作作为一件大事来抓始于 1986 年，当时按国家规定的人均有粮 200 公斤、经济纯收入 120 元的贫困标准，全州农村贫困人口共有 137,822 人，占农业人口的 52.3%。

七五期间，当地政府采取的扶贫措施主要是：(1)州县成立专门的扶贫机构。(2)对贫困状况进行普查和统计，建立贫困档案。(3)实行优惠政策，进行特殊扶持。(4)加强农业基础设施建设。(5)开展科技扶贫，推广科学技术，开展实用技术培训。(6)立足资源优势，开发扶贫项目，发展乡镇企业。

这些扶贫措施取得了一定的成效。到 1991 年按人均粮食 200 公斤，经济纯收入 150 元的标准，全州共有 15,324 个贫困户，贫困人口 76,548 人，占农业人口的 28%。五年累计解决温饱 61,274 人①。

1991 年起随着国家加大对扶贫的投入，政府通过组织项目，在全州范围内建立了一批扶贫经济实体，并加大了对养殖业、种植业和运输业的扶持力度。1991 年至 1993 年又减少贫困人口 25,638 人。

但是由于贫困标准的提高以及人口的增加，到 1993 年底，按照国家新确定的农民人均纯收入 300 元的贫困标准，仍有 137,379 人尚未解决温饱，占全州农业人口的 48.3%。全州 182 个行政村中有 76 个村人均纯收入在 200 元以下，当地贫困状况依然十分严重。

（二）第二阶段：1994～2000 年

随着国家《八七扶贫攻坚计划》和《省七七扶贫攻坚计划》的出台，1994 年，当地政府也出台了《X 州七一四扶贫攻坚计划》。这一阶段，政府采取的扶贫措施主要是：(1)积极推进有偿转让、拍卖或租赁"四荒"地和坝区剩余农田及高原坝区草场的使用权，变革生产经营体制，加快"四荒"的开发和利用。(2)充分利用以工代赈资金，加强乡村公路、水利和电力、通信设

---

① 如果按照国家规定的农民人均纯收入 300 元的标准，1991 年全州的贫困人口则为 163,017 人，占农业人口的 58.5%。

施的建设,解决脱贫致富的基础条件。(3)有计划、有组织地发展劳务输出,积极引导贫困地区劳动力合理、有序地转移,对生存和发展特别困难的村和农户,实行开发式移民。(4)放宽政策,采取选派、留职停薪、留职带薪、提前退休等方式,并制定一系列奖励措施,鼓励科技人员和党政机关干部、职工投入扶贫攻坚第一线,领办、创办、协办经济实体,或到农村承包贫困村、社。(5)动员全社会进行挂钩扶贫攻坚。(6)加强领导,实行以行政首长为主的扶贫攻坚责任制,并建立州长、县长、乡长、村长为主的分级责任制,层层签订考核责任书。(7)整合扶贫资源,增加扶贫投入。把各个渠道的资金相对集中起来,并充分利用,同时积极争取国家和省的扶贫资金。(8)加强扶贫项目的开发,使扶贫贷款真正投向能解决群众温饱的项目。(9)加强扶贫工作机构的建设,保证扶贫部门必要的工作经费。

《×州"九五"扶贫攻坚总结》的统计数据显示,通过这些扶贫措施的实施,贫困人口从1993年底的13.7万人下降到2000年的42,055人(按照1995年人均纯收入500元的标准),占农业人口的14%。农民人均纯收入从1995年的511元提高到734元。其次,贫困乡村的基础设施建设明显得到改善。全州建设基本农田102,997亩,完成小水利新续建4110公里,建成小水窖、小水池1089个,人畜饮水工程462件。新修里程1196公里,修通了51个行政村的公路,完成了64个村的通电工程。同时,科技、教育、文化、卫生等社会事业全面进步,贫困群众素质有所提高。全州改造小学86所,新建76所,扫除文盲43,975人。举办各种科技培训班541期,培训人员68,895人次。全州有164个行政村恢复和建立了卫生室,建成3个县级计生服务站,25个乡级计生服务所,全州人口自然增长率从1995年的7.26‰下降到2000年的4.7‰。

(三)第三阶段:2001年至今

2001年,州政府提出"十五"期间的扶贫工作意见,2003年又出台了《X州农村扶贫开发纲要(2001—2010年)》。这一阶段政府采取的扶贫措施主要有:(1)多方筹集资金,增加扶贫投入。在向上级争取资金的同时,州、县两级财政把扶贫配套资金列入年度财政预算,并逐年递增。农行和农村信用社也相应扩大信贷资金规模。此外加大对外开放力度,吸引外商、外资进入扶贫领域。(2)扶贫工作瞄准贫困村,实施百村扶贫开发行动计划,以贫困村为单位制定村级规划并抓好实施。(3)通过实施安居温饱工程、劳动力转移培训等项目和积极推进小额信贷,以保证更多的扶贫资源能够直接到达贫困人口手中。(4)大力推进经济结构战略性调整。通过培育和发展畜牧业、特色经济作物、生态旅游业、乡镇企业和产业化龙头企业,多渠道增加农民收入。(5)继续加强基础设施建设,实施改土、治水、办电、通路、绿色工程等建设项目,改善贫困人口的生产生活条件。(6)结合区域性产业结构调整、小城镇建设和退耕还林还草工程,采取移民搬迁、移民并村、移民建镇、劳务输出等多种形式,加大易地开发扶贫的力度。(7)继续推行机关挂钩扶贫制度,积极争取国家、省级党政机关和企事业单位到X州挂钩扶贫,积极与国际扶贫组织交流与合作,动员全社会力量扶贫济困。(8)加强社会事业扶贫,提高农民素质。加大贫困地区农村教育力度,新建寄宿制学校,发展职业技术教育。加强乡镇卫生院和村级卫生室建设,搞好计划生育服务网络建设。健全农业科技推广服务体系,发展有规模的科技示范商品基地和科技示范村。(9)加强贫困地区生态环境保护与建设,进行营造经济林为主的林业扶贫和能源扶贫,发展沼气、太阳能、节柴灶等能源建设项目,减少对森林资源的消耗,实现可持续发展。

《X州"十五"期间扶贫工作总结》的统计数据显示,"十五"期间,X州的贫困面貌发生了很大变化。首先,未解决温饱的绝对贫困人口①从2000年末的108,800人(按照农民人均纯收入625元的标准)下降到2005年末的89,667人(按照农民人均纯收入668元的标准),占农业人口的比例由39%下降到30%;农民收入由734元增加到1425元,年增长19.4%。其

---

① 从2000年起,国家按不同的贫困标准把贫困人口细分为绝对贫困人口(也称未解决温饱人口)和相对贫困人口(也称低收入人口)。因为在此之前所说的贫困人口一般都是指前者,所以,这里也引用了绝对贫困人口的数据。相对贫困人口也大幅度的降低了,从2000年末228,848人(按照农民人均纯收入865元的标准)下降到2005年末168,698人(按照农民人均纯收入924元的标准),贫困人口占农业人口的比重由2000年的82%下降到56%。

次,贫困地区经济快速发展,农业总产值和农村经济总收入年增长分别为12%和13%。再次,贫困人口的生产生活条件明显改善。完成农田基本建设3080亩,改善住房10,578户,新建小水利及田间渠424.9公里,饮水管283公里,大小水池760座,人马驿道或卫生路724.4公里,桥梁31座,输电线路285.3公里。最后,贫困地区社会事业取得较大成效。科技对农业生产的贡献率提高了3个百分点;新建和改造了109个农村卫生室,解决了78,400贫困人口的"看病难"问题;新建文化活动室52所,开展农村实用技术培训54,169人次;实施""千里边疆文化长廊工程"和贫困县"两馆一站"建设工程,丰富了贫困群众的文化生活。

五、新时期 X 州农村扶贫的整体规划

2005年,全州的贫困状况虽然有了一定的改善,但绝对贫困人口和低收入人口占农业人口的比例依然高达57%和30%。针对这种情况,X州在《农村扶贫开发纲要》的基础上,提出了"十一五"时期对扶贫工作的思路、目标、原则以及具体措施。

(一)扶贫工作的思路、目标和原则

1.基本思路。以基本解决温饱和巩固温饱为目标,紧紧瞄准贫困人口,以贫困村为主战场,实施整村推进、产业开发、劳动力培训转移"一体、两翼"战略,以农村基础设施、生态环境、公共事业建设为重点、因地制宜地创新扶贫开发方式,分类指导,实现解决温饱和巩固温饱同步推进、扶贫开发工作力度和资金投入同步加大、基础设施条件和贫困村寨生活环境同步改善、经济社会发展水平和贫困人口素质同步提高,为建设社会主义新农村和全面建设小康社会奠定基础。

2.工作目标。"十一五"期间完成850个30户以上贫困自然村的整村推进,培训转移6万人,完成10000人易地搬迁扶贫工作。农民人均纯收入年均增长10%以上,贫困人口降至农业人口的30%,绝对贫困人口降至农

业人口10%以下。贫困地区基础设施建设、生态环境和公益服务显著改善。农民组织化程度不断提高,文化生活日益丰富,综合素质和文明风尚明显提高,基层民主政治更加发展,社会和谐基础更加稳固。

3. 工作原则。一是坚持政府主导与社会参与、群众自力更生相结合;二是坚持开发式扶贫与贫困人口直接受益相结合;三是坚持自然资源与人力资源开发相结合;四是坚持重点突破与综合开发、全面发展相结合;五是坚持扶贫开发与生态环境保护建设相结合;六是坚持分类指导与重点扶持相结合。

(二)具体措施

1. 因地制宜实施整村推进扶贫开发

将整村推进与建设社会主义新农村有机结合,根据各地的资源条件、生产力发展水平、社会发育程度的差异,区别高寒山区、山区和沿江各地区不同类型的贫困村,因地制宜采取不同的扶贫开发工作标准和扶贫措施进行分类指导。把有限的力量,用在直接解决与贫困人口温饱最密切的项目上和制约贫困村可持续发展的根本问题上。

2. 积极培育扶贫产业

把产业扶贫,提高贫困群众收入作为扶贫工作的重点。立足当地的资源优势,大力发展以种、养林果业为主的特色产业,发展农产品加工业和流通业。坚持把发展一村一品特色产业与培育扶贫产业结合起来。在巩固提升葡萄、药材、桑、蔬菜、花卉、马铃薯等特色产业的同时,大力开发具有市场前景的无公害、绿色、有机农产品和土特产品,并把畜牧业作为农民增收的重要产业。大力发展核桃为主的经济林木,搞好林业资源开发。通过开发龙头企业,走公司 + 基地的路子,促进贫困地区产业进程,切实把产业化扶贫项目落实到户。加大科技扶贫投入,完善贫困地区农业科技创新和推广体系建设,实施好农业科技进村入户工程,使贫困地区每户都有 1～2 户科技明白人,70% 劳动力掌握 2～3 门实用技术,科技对农业增长的贡献率达50% 以上。大力发展农民专业合作社,综合服务社和农产品协会。力争到

2010 年,实现大多数贫困人口人均 1 亩经济林果、1 亩经济作物、1 头大牲畜;实施整村推进的村发展 1～2 项稳定可靠、能带动农民增收的特色优势;每个县培育 1～2 个优势突出的支柱产业。

3. 努力促进贫困地区的劳动力培训和转移

坚持政府与市场相结合,多渠道、多层次、多形式组织贫困地区农村劳动力技术培训和劳务转移。按照"公平对待、合理引导、完善管理、搞好服务"的方针,为农村劳动力就地转移和进城农民工做好相关服务工作,依法维护其合法权益。充分利用现有教育资源,建立培训示范基地,根据劳动力转移和输出的需要,加强培训工作,力争"十一五"期间,参加培训的劳动力占劳务输出的 30% 以上,整村推进有条件的户均转移一个劳动力。

4. 加强贫困地区基础设施和生态环境建设

抓住建设社会主义新农村的有利时机,着力实施好水利、交通、电力、通信等基础设施扶贫,尽快改变贫困地区基础设施严重落后的局面。坚持整村推进为平台,本着缺什么补什么的原则,优先支持贫困重点村的基础设施建设,加强对贫困村村容村貌的整治。突出抓好以治水改土为中心的农田基本建设,大规模建设"五小水利工程",提高山区水利文化程度。着力改善贫困地区交通和通信条件,加快农村电网改造,降低电价,提高农户用电率。推进退耕还林、天然林保护工程和以沼气为主的新能源建设,大力开展小流域治理,特别是坡耕地的综合整治,努力改善生态环境。到 2010 年,实现贫困人口人均 1 亩基本农田地,再解决 17.9 万人的饮水困难和安全饮水问题。解决无电农户的通电问题,自然村通电率达 97% 以上,村委会通路率达 99% 以上。

5. 大力发展农村基础教育和医疗卫生事业

着力实施好社会事业扶贫。加大对贫困地区农村教育的投入,重点实施好"两免一补"基础教育和"希望工程"等救助活动。抓好农村寄宿制学校建设工程,积极发展职业技术教育。到 2010 年,贫困地区适龄儿童率达 98% 以上,实现"普九"目标,青壮年文盲率降至 3%。加强以乡镇卫生环境和村级医疗卫生室为重点的农村卫生基础设施建设,切实加强农村卫生服务网络建设,合理解决乡村卫生报酬,稳定乡村医生队伍,使县乡村三级医疗卫生机构房屋、设备、技术、人员四配套;优先在贫困地区普级新型农村合作医疗制度,稳步推进农村医疗救助制度,重点解决贫困群众缺医少药的问题,加强性病、艾滋病预防和控制工作,提高贫困群众健康水平。继续实施好农业人口独生子女家庭"奖优免补"政策,大力实施出生缺陷干预工程和"少生快富"扶贫工程,人口自然增长率降至7‰以下。继续加强"边疆文化长廊"、广播电视"村村通"和乡村文化站室建设,贫困地区20户以上已通电的自然村能看电视、听广播。积极开展创建"文明村"、"文明户"、"三下乡"活动,倡导健康、文明、科学的社会风尚,改变贫困地区群众落后的生活习惯和生产方式,培育造就一批有文化、懂技术、会经营的新型农民。

第二章 X 州农村扶贫资源的来源与构成

扶贫资源传递是以扶贫资源的来源与构成作为起点,以扶贫资源的分配与使用作为过程,以扶贫资源的直接受益领域和对象作为终点的完整体系。本章从这一过程的起点出发,分析 X 州农村扶贫资源的来源及其构成。在进入 X 州的具体情况之前,首先有必要简要介绍一下中国农村扶贫资源的整体构成情况。

一、农村扶贫资源的构成

从整体来看,中国农村扶贫是由政府扶贫和社会扶贫两大部分组成的,两者最根本的不同在于扶贫资源的来源不同。前者主要是指各级政府及相关部门用财政收入在管辖范围内进行工作职能范围之内的扶贫工作,后者主要指政府非专职扶贫机构和非政府组织动员上述扶贫资金之外的财政收入及社会资源进行的扶贫工作。就政府扶贫而言,根据资金性质、传递渠道、使用目的及原则的不同,又可以分为财政扶贫和信贷扶贫两大类。财政扶贫中的资金来源于国家和地方财政,是无偿使用的,具有转移支付的性质;而信贷扶贫中的资金来源于银行存款,是有偿使用的。因此本文从扶贫资源传递渠道的角度出发,结合上述几方面的划分标准,将中国农村扶贫资源的构成分为财政扶贫、信贷扶贫和社会扶贫三大部分。

(一)财政扶贫

财政扶贫主要包括优惠政策、体制照顾和财政扶贫资金三种形式,其中财政扶贫资金是最主要的扶贫资源。财政扶贫资金是国家设立的用于贫困地区、经济不发达的革命老根据地、少数民族地区、边远地区改变落后面貌、促进经济和社会全面发展的专项资金。财政扶贫资金从来源上又可以分为中央财政扶贫资金和地方财政扶贫资金。中央财政扶贫资金包括支援经济不发达地区发展资金、"三西"农业建设专项补助资金、新增财政扶贫资金和以工代赈资金。其中由于以工代赈扶贫资源的表现形式、传递渠道和使用范围都不同于其他财政专项扶贫资金,所以下文分别论述。

1.中央财政专项扶贫资金

中央财政扶贫资金重点用于改善贫困地区和贫困人口生产生活条件,主要包括道路、水利灌溉和人畜饮水设施、农村用电、贫困人口发展种植业和养殖业生产的补助、贫困地区文化教育和医疗卫生等公共服务设施建设以及贫困人口的科技培训和技术推广应用。扶持对象主要是国家确定重点扶持的 592 个国定贫困县。

2000 年以前,中央政府的财政扶贫专项资金主要包括以下类别:

第一,边境建设事业补助资金。1977 年由财政部设立,每年提供专项补助 1 亿元,用于扶持陆地边境地区的生产建设,以改善落后地区面貌,促进边疆地区工农业生产和各项事业的发展。这项资金成为财政扶贫的起点。边境建设事业补助重点用于县以下能带动贫困户脱贫致富、投资少、见效快的小型骨干企业和"龙头"企业。此外,中央财政根据财力状况,对边境地区维修道路、增加邮电通信设施和发展文教卫生等事业所需的资金,也可安排适量资金。

第二,"三西"地区农业建设专项资金。1982 年由财政部设立,自 1983 年起每年提供 2 亿元,专门用于解决甘肃省定西地区、河西地区和宁夏回族自治区西海固地区的开发建设。

"三西"地区是全国集中连片的最为贫苦的地区之一,共有 47 个县,其中贫困县就有 44 个。该项资金的设立,是国务院区域性扶贫开发的起点。

第三,支援经济不发达地区发展资金。1980 年,根据国务院《关于实行"划分收支、分级包干"财政管理体制的暂行规定》,由财政部设立支援经济不发达地区发展资金。该项资金专门用于"老、少、边、穷"地区(即经济不发达的革命老区、少数民族地区、边远地区和贫困地区)改变农牧业生产条件、发展农村多种经营、利用当地资源并能带动地区经济发展以及利于当地群众脱贫致富的项目。重点扶持修建农村道路、桥梁,发展农村文化教育事业,进行技术培训,防治地方病等项目。

1980 年,从第一笔"支援不发达地区发展资金"开始,每年的资金规模是 5 亿元,1984 年增加到每年 6 亿元,1986 年增加到每年 8 亿元。

1988 年,中央财政设立"预算扶贫基金",以财政周转金的方式促进老、少、边、穷地区贫困县的生产发展,资金来源从发展资金中转拨,1998 年取消,累计投放约 12 亿元。

1990 年,中央财政设立"少数民族地区温饱基金",以财政周转金的方式扶持少数民族地区的生产建设事业,帮助少数民族地区尽快解决温饱问题,以有偿使用为主,资金来源从发展资金中转拨,到 1998 年取消,累计投放约 2 亿元。1998 年之后,这部分资金改称为"少数民族发展资金",无偿使用,专项用于支持少数民族地区发展。到 2005 年,国家累计安排少数民族发展资金 30 亿元以上。

第四,贫困地区义务教育工程专项补助资金。1995 年,国家为改变贫困地区教育落后状况,加快贫困地区普及九年义务教育步伐,开始实施"国家贫困地区义务教育工程",财政部也相应设立了该项资金。一期工程于 2000 年结束,共投入 39 亿元,资金使用范围集中在 852 个贫困县,包括了 592 个国定贫困县中的 568 个以及另外 284 个省定贫困县。2001 年到 2006 年国家将继续投入 50 亿元,实施"二期"工程。

第五,其他财政性扶贫资金。中央财政于 1997 年和 1998 年两年使用股票售表收入资金,专门用于解决全国 592 个国定贫困县、部分省定贫困县和插花贫困乡的人畜饮水问题及部分教育卫生、村镇道路、桥梁建设和通信、电力设施建设等方面,以改善贫困地区人民群众生产、生活条件的一项措施。这项措施被称为"甘露工程"。1997 年,中央财政首次分配股票售表收入 21 亿元,1998 年投入为 19 亿元,分配采用因素法,选取国家贫困县个数、贫困人口、面积等因素,在22个省中进行一次性无偿分配。

2001年起,政府对扶贫资源传递过程的关注从起点更多地转向了终点。首先,中央财政把过去按照资金分类的做法改为按照用途分类,把政府的财政扶贫支出分为:基础设施建设支出、生产发展支出、社会发展支出、科技推广和培训支出、项目管理费、其他支出、"三西"农业建设专项补助和其他财政扶贫资金几个项级科目。2007年,为了更清晰地反映扶贫支出,财政部在农林水事务下单独设置了扶贫款,款下基本参照现行科目设置了相关项。其次,按照公平、公开、公正的原则,改进并采取因素测算并分配中央财政扶贫资金。2003年到2006年,中央财政扶贫资金分配给东、中、西部的比例,分别为2.1%、35.5%和62.4%,体现了扶贫资金向西部倾斜的政策要求①。最后,从资源传递的领域来看,从2004年起,进一步明确了三大支持重点,即"整村推进"、贫困地区农业产业化发展和农村贫困劳动力转移培训。

2. 以工代赈资金

以工代赈政策是指贫困地区的人民群众通过参加必要的社会工程建设而获得赈济物资或资金,国家通过无偿投入实物或资金来改善贫困地区生产生活条件并增加农民收入的扶贫措施。它一方面可以为当地经济增长创造物质基础,刺激经济自我增长;另一方面又能为贫困人口提供短期就业和收入。这种扶贫政策在国际上又称为公共工程。

我国政府从1984年底开始实施以工代赈计划,主要用于对贫困地区进行基础设施建设,改善贫困地区基础设施条件,包括:公路交通中的县乡、乡村交通,人畜饮水工程,基本农田建设,小型微型水利建设,小流域治理,异地移民开发等。由各级发展改革委员会负责传递以工代赈项目的扶贫资源。

该计划可分为两个阶段:1996年以前以工代赈传递的主要是过去计划

---

① 国家统计局农村社会经济调查司:《2007中国农村贫困监测报告》,中国统计出版社2008年版,第74页。

经济条件下过剩的国有企业生产的工业产品，主要做法是把积压商品分配给贫困县和以发放票券方式来支付项目投入和劳动报酬。1996 年以后，按照党中央、国务院的总体部署，国家加大了以工代赈的投入。首先，传递的扶贫资源从实物变为由中央财政安排资金直接拨付；其次，随着这一变化以及资金规模的加大，资源传递的领域开始多样化，从早期的乡村公路建设、饮用水工程和土地改良项目扩大到小流域综合治理开发、小型农田水利甚至教育、卫生等更广泛的领域；最后，随着这两个变化，资源传递的主体也由发展改革委员会发展为由财政部、扶贫办和发改委共同负责。

总体来说，以工代赈资金规模的增长较快，自 1984 年以来，国家累计安排中央预算内资金 650 多亿元，国债资金 150 多亿元。尤其是"九五"期间，国家共安排中央预算内资金 200 亿元、国债资金 50 亿元，连同地方配套资金和群众自筹资金等投资，以工代赈建设投资总规模达到了 500 亿元左右。2001 年到 2004 年，国家安排中央预算内资金 160 亿元，国债资金 89 亿元用于以工代赈项目。据统计，贫困地区约 70% 的公共工程和基础设施是通过以工代赈方式建设的。

以工代赈资金集中投向国家确定的贫困地区，并向贫困人口多、基础设施薄弱、受灾严重的贫困地区倾斜，非国定贫困县无法得到该项资金。该项目通过传统的计划经济系统组织传递，项目运行的起点是国家计委（现改为国家发展与改革委员会，下文统一简称为"发改委"）。在全国范围内分配资源时，发改委排除了北京、上海、天津和江苏等相对富裕地区，而把投资重点置于西南和西北的贫困省份。省政府向下分配时，必须按照规定选择国定贫困县来实施项目。获得投资的县政府和业务主管部门（例如交通局和水利局）从乡政府的建议书中作出立项选择。

资金投放领域主要是基本农田建设、小型微型农田水利、人畜饮水工程、县乡村道路建设、小流域综合治理以及直接发放到参加工程建设的贫困人口手中。适当用于异地扶贫开发中的移民村基础设施建设。

在工程建设过程中，乡政府和村委会负责动员劳力，组织征地拆迁；业务部门的责任是施工管理。各级地方政府选择项目的原则是先易后难、突出重点和分期实施。对修路项目的选择,强调实行效率原则,优先投资于以下工程:一是连接乡镇和公路的支线。二是在资源丰富却未通公路的地方建设运输线。三是连接现有公路与交通网的联网路。四是交通量大但技术标准低的现有公路改建工程。对引水工程立项以具备水源条件和技术资料为前提,优先选择以下项目:一是投资中劳动份额较大的工程。二是已有工程的配套项目。三是村委会组织效率较高,农户自愿筹集资金或义务劳动的村庄所申请的项目。四是缺水情况严重的乡镇和村庄供水工程。

3.地方财政扶贫资金

1996 年以后,按照国务院《扶贫资金管理办法》的规定,省、自治区、直辖市向国家重点扶持贫困县投入的扶贫资金,根据本地区的经济发展水平和财政状况,应当达到国家扶贫资金总量的30% ~50%。地方配套资金包括财政和各部门的配套资金。2000 年 5 月,在新的《财政扶贫资金管理办法》中规定地方政府的配套应不低于30%,规定了下限,没有规定上限。

此外,一些财政专项扶贫资金对配套的比例也另有规定。例如贫困地区义务教育工程专项补助资金要求享受该项资金的地方财政按不低于2:1的比例增加"普九"拨款。

按照规定,省财政应落实的配套资金是由地方各级财政部门共同负担的,负担比例由省政府确定。如果市、县财政部门确实无力配套的,省级财政必须全部负担。在实际工作中由于财政状况的差异及其他原因,各省的执行情况有所不同。但从全国的整体来看,地方财政扶贫资金仅占中央财政扶贫资金的12%左右,并不能达到国家的要求(见表2-1)。虽然国家规定"地方配套资金达不到规定比例的,中央将按比例调减下一年度向该省投入的国家扶贫资金数额。调减下来的国家扶贫资金,将安排给达到规定比例的地区",但是资料表明,这一因素在分配资金时并未被重点考虑。地(市、州)级财政虽然不能提供太多的扶贫资金,但一般会根据实际情况适量安排一些,但县级财政状况大多极为困难,所以通常到了县一级很少能够提供配套资金。

与中央财政资金不同的是,地方财政资金中有相当一部分投向了非国家重点扶持贫困县。这是因为国家要求省定贫困县以及非贫困县中零星分散的贫困乡、村、户由地方各级政府自行筹措安排资金进行扶持。

表2-1　2002~2006年地方财政扶贫资金投入情况表

单位:亿元

年份	地方财政扶贫资金	中央财政扶贫资金	所占比例
2002	9.86	75.7	13%
2003	10.44	81.4	12.8%
2004	11.61	93.4	12.4%
2005	9.86	91.5	10.8%
2006	10.78	92.3	11.7%

资料来源:《中国农村贫困监测报告》2003~2007年,中国统计出版社。其中中央财政扶贫资金包括以工代赈资金。

(二)信贷扶贫

1. 扶贫贴息贷款

1985年之前,国家的扶贫政策以"钱—粮—棉"式的救济为主,为了解决这一方式带来的贫困户依赖性强、自我发展能力弱化等问题,国家改救济式扶贫为开发式扶贫。扶贫贴息贷款成为开发式扶贫的重要举措之一于1986年开始投放。扶贫贷款设立之初是由中国农业银行管理的,当时分为贴息和不贴息两类。随着国家金融体制改革的推进,扶贫贷款在1994至1998年4月由政策性银行——中国农业发展银行承办。

1998年5月后,随着金融体制改革的深化和粮棉油收购贷款封闭运行的需要,扶贫贷款又重新归由中国农业银行管理,农行接受农发行划转的扶贫贷款354亿元,以后的贷款资金由农业银行在储户存款中安排。同时,国务院和人民银行要求对扶贫贷款按商业化运作模式进行管理,即遵循信贷资金安全性、效益性和流动性的基本规律,以市场为导向,以效益为目标,由中国农业银行自筹资金、自担风险、自主经营、自负亏损。由农业银行在国家扶贫开发规划内,在国家扶贫重点区域内,按照"放得出、收得回、有效益"的使用管理原则自主决策。1999年,为便于管理,统一为优惠利率3%,并随国家基准利率的变化而浮动。

1986年以来,扶贫贴息贷款是中国开发式扶贫最主要的资金来源。20年来,贷款规模不断扩大,从最初的每年10.5亿元增加到2002年的102.52亿元,此后受政策调控影响逐年递减,2006年该项资金的发放额降至55.27亿元,但仍然位居各类资金发放额之首。截至2005年7月底,中国农业银行扶贫贷款余额已经突破1000亿元。信贷扶贫成为扶贫开发的一个重要方式,它不仅改变了贫困地区资金匮乏的局面,而且将市场经济机制引入了贫困地区,使扶贫开发实现了从"输血"到"造血"的转变。

在多年的运行中,扶贫贴息贷款的传递范围和投入领域也有所变化。1986～1993年,根据《扶持贫困地区专项贴息贷款管理暂行办法》的规定,贷款投向为当时的331个经国务院贫困地区经济开发领导小组核定的贫困县。贷款对象主要是贫困户和联合户以及农商合作经济组织。此阶段人民银行除继续发放"老少边穷"地区经济发展贷款和贫困地区经济开发贷款外,还开办了贫困地区县办工业贷款、牧区扶贫专项贴息贷款。

1994～2000年,扶贫贴息贷款主要用于国家重点扶持的592个贫困县,主要投向经济效益较好、还贷能力强并能覆盖贫困户、把效益落实到贫困户的项目。这些扶贫项目一般由经济实体承包开发,并承贷、承还,目的是为了解决过去由于贫困户缺少技术和管理能力致使扶贫贷款使用效益低、还款率低的问题。

2001年以后,扶贫贴息贷款的适用范围调整为"主要用于592个国家扶贫开发重点县",也可以用于省、区确定的扶贫开发重点县。这一变化部分地缓解了扶贫资源只能覆盖55%的贫困人口这一问题。

2004年,国务院扶贫开发领导小组办公室、国家财政部、中国农业银行联发文件《关于认真做好扶贫贴息贷款工作的通知》,将扶贫贴息贷款的投向重点作了明确规定:支持到户贷款;支持对解决贫困户温饱、增加收入有带动和扶持作用的农业产业化龙头企业;支持农村(包括小城镇)中小型基础设施建设及社会事业项目;大型基础设施不安排扶贫贴息贷款。

从 2004 年起,扶贫贴息贷款的使用期限按生产周期确定,贴息期限为一年。在贴息期限内,贷款执行优惠利率,利息由国家财政补贴。超过一年的贷款,不再执行优惠利率。

2. 小额信贷

自从孟加拉创造了乡村银行并将其推广到占人口 65% 的村庄之后,小额信贷这一面向贫困人口提供贷款的扶贫形式便受到国际社会的广泛关注。由于中国最主要的扶贫资金——扶贫贴息贷款存在着贷款项目不能到户、回收率低、资金使用效率低等问题,加之小额信贷在国外的成功实施,1994 年中国政府开始在河北易县、河南南召、四川仪陇、福建寿宁、陕西安康等地用贴息贷款开展小额信贷的实验,发展迅速、成果惊人。

从小额信贷的资金来源看,中国目前主要有外国援助机构有期限的小额信贷项目、政府用扶贫贴息贷款实施的小额信贷项目、专业性 NGO 的小额信贷项目、政府要求农村正规金融机构实施的小额信贷、慈善性或非盈利性的试验性小额信贷项目五种形式。最初中国的小额信贷是由国际捐赠者发起和支持的,资金几乎全部由国际机构提供。随着政府的参与,1996 年后政府将小额信贷作为一种有效的扶贫方式并成为小额信贷的主要资金供给方。大部分小额信贷的资金来源于扶贫贴息贷款的资金。2000 年以来,在中国人民银行的推动下,农村信用合作社借助中央银行再贷款的支持,在加强信用户、信用村镇建设的基础上开展农户小额信用贷款。小额信用贷款活动开始在全国全面试行并推广,我国小额信贷开始进入以正规金融机构为导向的发展阶段。

值得说明的一点是,本文之所以将小额信贷归入政府扶贫的范畴,主要原因在于第一,小额信贷的主要资金依然来源于政府;第二,非政府小额信贷组织目前仍然没有合法的地位①和充裕、稳定的资金来源。

到目前为止,我国小额信贷仍处于小额信贷发展的初级阶段。虽然面

---

① 正如中国人民银行副行长吴晓灵所说:“因为过去农村基金会等出现的金融风险,监管部门近年来一直采取严格的审慎态度,不新批金融机构牌照。”

临着各种各样的风险和挑战,但由于小额信贷本身的特征和优势,小额信贷在我国具有广阔的发展前景和发展基础。特别是2005年中央1号文件《中共中央、国务院关于进一步加强农村工作,提高农业综合生产能力若干政策的意见》提出:"有条件的地方,可以探索建立更加贴近农民和农村需要、由自然人或企业发起的小额信贷组织",这将对小额信贷的发展起到极大的推动作用。

(三)社会扶贫

社会扶贫的主体主要分为政府非专职扶贫机构和非政府组织两大类,其中政府非专职扶贫机构又可细分为机关定点挂钩扶贫、东西对口帮扶和具有政府背景的国际援助机构扶贫三种渠道①。

1. 定点挂钩扶贫

定点挂钩扶贫是国家为了加大对贫困地区信息、人才、资金等扶贫资源的投入,同时使国家公职人员充分了解贫困地区的现状和国家减贫工作的艰巨性,动员和组织中央党政机关、直属单位、中央直管的大型国有企业在各自的职能之外,与一个或几个贫困县直接结对进行定点帮扶的一项扶贫措施。

1979年,一些民主党派人士响应党中央的号召,开始到边疆进行扶贫活动,这是我国最早的社会扶贫形式。1984年,科技部、农业部、商业部等16个国家部委开始了定点扶贫工作,此时的扶贫活动都属于自发的个体行为。1987年,国务院召开第一次中央、国家机关定点扶贫工作会议,此后,定点扶贫工作纳入政府的正式工作之中,从自发的个体行为变为中央政府下达的任务,属于政府行为。

1994年,国家制定《八七扶贫攻坚计划》之后,国家调整、界定和分配了各部委的扶贫范围,中央、国家机关定点扶贫的格局基本形成。1996年,以

---

① 把具有政府背景的国际援助机构列入政府非专职扶贫的类别中,借鉴了李周《社会扶贫中的政府扶贫行为比较研究》一书中的分类方法。

江泽民为总书记的党中央领导集体发出关于"全社会扶贫,党政机关要带头"的号召,此后机关定点扶贫工作不断深化,尤其是2002年4月国家机关定点扶贫工作会议召开后,中央各单位对此项工作加强了领导,原来已有扶贫机构的单位明确了职责,强化了力量;新参加扶贫的单位大多数新成立了扶贫领导小组,由分管领导担任组长,并设立专门的办事机构,机关定点扶贫的规模也进一步扩大。到2003年为止,参与这项工作的中央单位有272个,受到帮扶的国定贫困县达到481个,占重点县总数的81%以上。

在中央、国家机关单位的带动下,1994年以后,全国各省和地市州的定点挂钩扶贫工作也随之展开,各级政府组织了大规模的定点扶贫工作,广泛深入地开展了包县、进村、到户的帮扶活动,确保592个国家扶贫工作重点县至少有一个中央国家机关单位或省直机关单位帮扶。各单位在继续选派挂职干部下乡蹲点、广泛动员各界捐款捐物之外,根据国家扶贫工作的重点,结合当地实际,探索出许多更为有效的扶贫措施。例如:国家外国专家局开展"展望计划培训"、引进国外先进畜草、畜牧新品种和新技术,开展引智扶贫;国家测绘局帮助定点县构建"数字化"工程;中国保利集团利用自身优势和当地资源,帮助五台县开拓旅游市场;还有些单位帮助贫困地区开拓思路、引进市场竞争观念。这些都反映出扶贫资源传递在方式方法、内容形式上的不断创新。

2. 东西对口帮扶

改革开放以后,东部沿海地区充分利用其自身较好的经济基础、优越的地理位置,在全国各地包括西部地区的帮助和支持下,经济、社会有了突飞猛进的发展。这些年,东西部的差距在不断扩大。开展东西协作扶贫,是按照邓小平同志"两个大局"的构想以及"鼓励一部分人、一部分地区先富起来,先富帮后富,最终达到共同富裕"的理论,根据我国社会主义现代化进程和扶贫攻坚形势,做出的一项战略决策。1994年,《国家八七扶贫攻坚计划》明确提出:北京、天津、上海等大城市和广东、江苏、浙江、山东、辽宁、福建等沿海较发达的省,要对口帮扶一两个省、区的经济发展。1996年,国务院出台了《关于组织经济比较发达地区与经济欠发达地区开展扶贫协作的报告》,正式部署了东西协作扶贫工作。具体如下:北京帮扶内蒙古,上海帮扶云南,天津帮扶甘肃,辽宁帮扶青海,江苏帮扶陕西,浙江帮扶四川,福建帮扶宁夏,山东帮扶新疆,广东帮扶广西,大连、青岛、深圳、宁波四个计划单列市帮扶贵州,2002 年,又增加了珠海和厦门帮扶重庆。至此,共有 26 个省、市、区政府之间展开了东西协作、对口帮扶工作。

据不完全统计,在 1996 年至 2002 年的 7 年间,参加东西协作扶贫的东部各省市向西部贫困地区无偿援助和捐资 30.09 亿元;为西部省区安排劳务输出人员 94.5 万人;帮助西部贫困地区进行各类人才培训 13.8 万人次;援建学校 2465 所;引进各类科技实用技术 1238 项;建设基本农田 262 万亩;帮助 113 万人和 112 万头牲畜解决了饮水困难问题。在积极开展无偿援助的同时,东西协作双方还积极开展经济合作。7 年间双方共实施经贸合作项目 6300 个,东部省市直接投资 123.9 亿元,不仅使西部地区更好地融入了市场经济,也为东部地区提供了原材料,开拓了市场。

3. 具有政府背景的国际援助机构扶贫

在华参与扶贫活动的国际机构援助项目可分为多边组织扶贫项目和双边组织扶贫项目两种类型。多边组织主要是联合国系统的机构,在中国扶贫领域比较活跃的机构包括:世界银行、亚洲开发银行、联合国开发计划署、粮食计划署、农发基金、儿童基金会等。双边机构包括一些发达国家的国家开发署和驻华使馆的援助项目,如澳大利亚开发署、加拿大开发署、德国技术合作公司、日本使馆、荷兰使馆、英国使馆、新西兰使馆等[①]。

世界银行与中国政府在扶贫方面的合作最早,投入规模最大。目前已开展的项目有西南、秦巴、西部三期扶贫贷款项目,援助总规模达 6.1 亿美元,项目区覆盖 9 个省区、91 个贫困县,使数百万贫困人口稳定解决温饱问题。

联合国开发计划署在中国开展了"中国信息通讯技术扶贫能力建设项目"、"农村科技扶贫创新及长效机制建设项目"、"少数民族地区绿色能源

---

① 李周:《社会扶贫中的政府行为比较研究》,中国经济出版社 2001 年版,第 83 页。

减贫项目"、"以社区为基础的 HIV/AIDS 关怀、预防和扶贫项目"等。

　　联合国农发基金从 1981 年至 2005 年在中国支持的消除农村贫困项目共有 19 个,使 1500 万中国农民受益。2006 年又与世界粮食计划署联手投资 8000 万美元,将小额信贷和其他金融服务向中国最贫困的农村扩大延伸。

　　这些国际发展援助机构的扶贫项目一般都是在中国最贫困的省区进行的,其最初的扶贫重点集中在于区域发展领域,主要是针对贫困地区基础设施建设以及科技、文化、教育、卫生等领域的人员培训项目,在扶贫领域的贡献是以社会经济的全面发展来带动的。20 世纪 90 年代以来,中国政府积极探索借鉴国际反贫困经验,不断扩大与国际组织在扶贫领域的合作,并有了明显进展。这些国际机构也开始采取较为广泛的方式直接参与中国农村反贫困。特别是 20 世纪 90 年代中期以后,更是通过直接的资金投入来推广在其他发展中国家已经采用并获得成功的扶贫模式。

　　国际发展援助机构参与中国扶贫的最重要意义在于促进了扶贫模式的创新和推广,如参与式扶贫、社区式扶贫、扶贫项目的后续维护和可持续发展,为扶贫资源的有效传递提供了新的理念和借鉴的思路。

4. 国内、外非政府组织扶贫

　　根据中国民政部的统计,到 2004 年底在民政部门登记的全国各类民间组织已达 28.9 万个,其中社会团体 15.3 万个,基金会 936 个,民办非企业单位 13.5 万个,这些民间组织已成为中国重要的社会组织,对促进中国经济发展、推进社会进步、维护社会稳定、建立和谐社会都产生了积极影响。

　　在这些非政府组织开展的各项事业中,扶贫是其中最活跃的领域。参与扶贫的非政府组织不仅数量最多、类型最丰富、贡献和影响也最大(洪大用、康晓光,2001)。清华大学的研究成果显示,中国有 21% 的非政府组织涉及扶贫活动。据不完全统计,国内外的非政府组织募集到 500 元亿人民币善款用于"八七扶贫计划",占社会扶贫总投入的 28%。

　　国内致力于扶贫活动的非政府组织包括全国性组织、专业扶贫组织、项目组织、草根组织。影响较大的主要有:中国扶贫基金会、中国青少年发展基金会、中华慈善总会、中国国际民间组织促进会、中国妇女发展基金会、中国人口福利基金会、中国光彩事业促进会、中国少年儿童基金会、爱德基金会等。他们在中国开展的扶贫活动主要有帮助贫困地区小学生的"希望工程"、私营企业家支持贫困地区发展的"光彩事业"、帮助残疾人的"康复扶贫"、扶助贫困母亲的"幸福工程"和"母婴平安 120 行动"、资助女童完成义务教育的"春蕾计划"、"青年志愿者支教扶贫接力计划"、"贫困农户自立工程"、"烛光工程"等。

　　非政府组织在中国的反贫困事业中发挥两个方面的作用,一是扶贫资源的筹措,另一个是社会服务的提供。非政府组织参与政府扶贫项目可以简化很多中间环节,还可以通过国际合作引进先进的扶贫项目管理经验,有效地提高项目的执行能力。

　　2001 年 10 月,在北京召开了中国非政府组织扶贫国际会议,联合发表了《中国 NGO 反贫困北京宣言》,这是中国扶贫历史上第一次明确讨论非政府组织在解决贫困问题上的作用,要求政府创造外部条件引导非政府组织广泛参与扶贫。此后,中国的非政府组织在扶贫领域的活动范围进一步扩大,主要涉及生存扶贫、技术扶贫、教育扶贫、幸福工程、人口扶贫、合作扶贫、文化扶贫、实物扶贫和环保扶贫九个方面[①]。

　　2006 年 2 月,六家非政府组织首次通过招标方式成为政府的合作伙伴,参与实施"村级扶贫规划项目",这是政府扶贫资源首次向 NGO 开放,从而迈出了中国的扶贫模式从政府"包办"向"政府—非政府组织"携手合作转变的第一步。

　　此外,国际的一些著名的 NGO 组织,其在华的主要活动领域也大多与贫困问题有关,如国际红十字会(LRCS)、行动援助组织(Action Aid)、香港乐施会(OXFAM)、关怀国际(CARE International)、世界宣明会(World Vision)、无国界医生组织(Medicines Sans Frontiers)、福特基金会、国际小母牛项目组织等。相对于中国的一些非政府扶贫组织,他们在扶贫事务方面的

---

　　① 王名:《NGO 及其在扶贫开发中的作用》,《清华大学学报》2001 年第 1 期。

经验更为丰富、组织结构更加合理、运作机制也更为完善。

二、X州扶贫资源的来源和构成

（一）X州扶贫资源来源渠道

X州农村扶贫开发工作是在中国实施农村扶贫开发战略的大背景下推进并逐步展开的，因此其扶贫资源基本来自上述框架中的各个项目和类别。其政府扶贫（包括财政扶贫和信贷扶贫）中的扶贫资源完全靠行政层级逐级传递；社会扶贫也是在上述背景下开展各项扶贫活动、传递扶贫资源的，因此这里不再重复，只是将其归纳起来，如图2-1所示①：

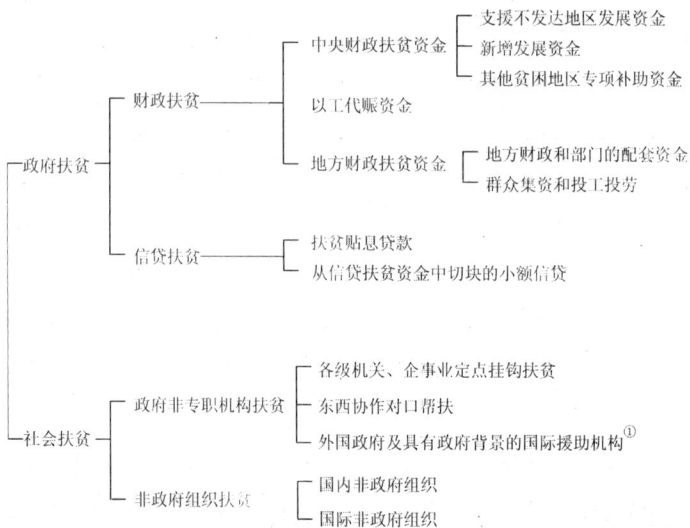

图2-1　X州农村扶贫资源主要构成渠道

---

① 把具有政府背景的国际援助机构列入政府非专职扶贫的类别中，借鉴了李周《社会扶贫中的政府扶贫行为比较研究》一书中的分类方法。

（二）X 州扶贫资源的构成

虽然 X 州的统计数据并不完整，还有一些地方数据混乱、前后矛盾，甚至存在明显的错误，但是为了更加真实和充分地反映当地扶贫资源的投入情况，笔者还是尽可能地将在州扶贫办看到的历年来各类文件中有关扶贫资源构成和投入的数据进行了整理和汇总，以期得到一个直观的印象。清晰完整准确的数据确实是分析并得出正确结论的前提和基础，但是部分数据的缺失并不妨碍我们对它的认识。正是这些不尽完善的数据和资料，在不经意之中揭示了当地对扶贫工作认识的不断演进、扶贫工作的进展及其艰巨性和长期性。

表 2 - 2　1991～1997 年 X 州扶贫资金投入情况

单位：万元

年　度	扶贫资金总额	扶贫贷款	以工代赈	国际援助
1991	2145.37	414.37	1731	0
1992	2110.10	642.10	1068	400
1993	2115.80	496.80	1619	0
1994	3236.20	988.20	2248	0
1995	4786.00	2504.00	2142	140
1996	6059.00	3770.00	1889	400
1997	8474.50	5746.00	2705	23.5

资料来源：X 州扶贫办。此表中没有财政扶贫资金的统计数据，原因不详。但数据依然可以作为参考。

1991～1997 年，国家投入 X 州的扶贫贷款共 14,561.47 万元，以工代赈资金 13,402 万元，世界银行贷款 963.5 万元。除了基础设施建设项目之外，共开发了 263 个扶贫项目，其中种植业 45 个、养殖业 26 个、加工业 12 个、工业 75 个，其他项目 105 个。扶贫投入整体上看逐年加大，尤其在 1994 年国家实行《八七扶贫攻坚计划》之后，更是呈现出明显的递增趋势和强劲的递增幅度。从 1995 年开始，信贷扶贫资金首次超过财政扶贫资金，成为当地最主要的扶贫资金来源。表中未列财政专项扶贫资金,据作者根据当地情况和其他资料所作的推测,可能是包括在以工代赈资金之内;除了国际援助(即世行贷款)之外,表中也未涉及其他社会扶贫的内容,主要原因是一方面客观上社会扶贫所提供的扶贫资源和发挥的作用都非常有限:当时社会扶贫中机关定点挂钩扶贫刚刚开展,尚不规范;东西对口帮扶尚未实施;而其他非政府组织的扶贫活动规模小、资源的筹集规模小且不稳定,统计非常困难。主观原因在于当地政府对社会扶贫的认识水平不高、重视程度不够,并没有把社会扶贫纳入扶贫工作的整体规划之中。

表2-3 2001~2005年X州扶贫资金投入情况

单位:万元

年度 资金来源	2001	2002	2003	2004	2005
扶贫资金总投入	8101.42	6625	8004.5	10771.14	15141.05
中央财政扶贫资金	1909.26	1396.00	2863.40	2484.30	2723.19
省级配套资金	565.16	504.00	606.90	204.24	654.21
州级配套①	125.00	125.00	125.00	225.00	540.00
以工代赈资金	775.00	706.00	679.00	980.00	100.00
扶贫贴息贷款	4727.00	3854.00	3670.00	5973.00	6475.00
利用外资	0	40.00	0	0	15.00
其他资金	0	0	60.20	904.60	1139.00
群众投劳折金					3494.65

———————————

① 从其他文件中可以看出州级配套资金并未完全按照表中所列金额足额到位。

表 2 - 4 2005 年 X 州扶贫开发投资来源及构成分析表

单位:万元

序号	资金类别	投资金额(万元)	所占比重(%)
	投资总额	15,141.05	100
一	财政扶贫资金	3,917.40	25.88
1	中央财政扶贫资金	2723.19	17.99
2	省级财政扶贫资金	654.21	4.32
3	州级财政扶贫资金	540.00	3.57
4	县级财政扶贫资金	0.00	0.00
二	以工代赈资金	100.00	0.66
三	信贷扶贫资金	6,475.00	42.76
1	扶贫贴息贷款	6175.00	40.78
2	小额信贷	300.00	1.98
四	利用外资	15.00	0.10
五	自筹资金	0.00	0.00
六	投劳折金	3,494.65	23.08
七	国债资金	0.00	0.00
八	其他资金	1,139.00	7.52

从表 2 - 3 和表 2 - 4 中可以看出:

第一,政府投入尤其是中央政府的投入在扶贫资源的构成中占主要成分。以 2005 年为例,政府三项投资的总比重为 69.3%。其中,中央政府的投入在扶贫资源中占 61.41%,在整个政府投入中占 88.62%,占主导地位。县级财政能力极低,无力提供财政扶贫资金。

第二,信贷扶贫虽然表现出下降的趋势,但依然是扶贫资源的主要部分,这与全国的趋势一致。2001 ~ 2005 年信贷扶贫资金占扶贫资金总投入的比例分别为:58%、58%、46%、55% 和 43%。这在一定程度上反映了在开发式扶贫行动中,市场机制所起的重要作用。同时数据显示其中小额信贷所占比例并不高,仅占信贷资金的 4.6%,反映出资金到户的程度较低。

第三,自筹资金为零,群众投劳折金仅次于信贷扶贫资金和财政扶贫资金,成为扶贫资源的第三大主要来源,而且高于中央政府财政扶贫资金投入,表明地方政府动员资源的能力有限,贫困人口投工投劳成为解决扶贫资金不足的主要方式之一,由此可能导致贫困人口负担过重的现象。

第四,利用外资扶贫在扶贫资源中所占的比重最小,也同样说明了地方政府动员扶贫资源能力的不足。

第五,根据所列资金类别分析,这里的其他资金主要是指社会扶贫资金。其资金总量及所占比重符合我国目前政府主导、社会广泛参与的扶贫模式。

整体而言,X州扶贫资源构成的最大特点在于其资源主要来源于中央和省级财政。贫困地区经济和资源的低度开发及传统经济结构之下产业运行的低效益,共同决定了贫困地区地方政府在维持生存和支持发展的资金供给上面临着全面短缺的局面。X州像其他贫困地区一样,州、县、乡财政状况严重入不敷出。2003年和2004年,X州的地方财政收入分别为9,404万元和11,001万元,而财政支出则分别为83,982万元和89,860万元,财政自给率仅为12.24%,收支矛盾十分突出。所辖三县财政更是困难,基本上靠上级财政的补贴维持运转。2004年,Z县地方财政收入4,616万元,财政支出28,309万元;D县地方财政收入1,245万元,财政支出13,210万元;W县地方财政收入1,229万元,财政支出21,737万元。财政自给率最低的仅有5.65%。由于当地税源严重不足,收支缺口大,刚性支出压力日益增加,加之财政转移支付制度的尚不完善等原因,当地财政极为困难。因此,靠政府自身的财力,根本无力进行经济建设、提供公共服务和进行扶贫开发。

根据1996年《省财政扶贫专项资金暂行管理办法》的规定,扶贫攻坚乡所在的地(州、市)和县级财政,要按省下达到攻坚乡的专项扶贫资金以不低于1:0.5的比例提供配套资金,但是州、县财政通常无法提供。整个"九五"和"十五"期间,州级财政落实的配套资金总额为570万元,与所要求的数额相差甚远。例如2001~2002年,对州级财政配套资金的总需求为

530 万元,但是一直无法落实。到县一级则更为严重,从笔者所掌握的材料上看,县级财政从未提供过任何扶贫配套资金。虽然 2004 年该省改变了以往要求县级提供配套资金的做法①,这在减轻贫困县负担的同时,也不得不承认是一种无奈之举。

三、州政府获取扶贫资源的方式

前面我们梳理了 X 州扶贫资源各种来源渠道及其构成,从中不难看出,绝大部分的扶贫资源来自中央财政自上而下的拨款。州政府自身能够提供的扶贫资源非常有限,而且由于市场化程度低,动员和传递社会资源的手段基本以单一的行政命令方式为主,能力严重不足。但是州委、州政府、扶贫办以及相关职能部门并非只是被动地等待上级政府的拨款,他们仍然会想方设法通过正式或非正式渠道来获取更多的扶贫资源。

(一)多沟通、勤汇报,积极争取立项

由于扶贫资金是按照项目分配下去的,所以获得扶贫资金首先要争取在上级部门申请立项。争取项目一般有四种形式。第一种是由国家或省政府确定的项目,通常由省确定实施项目的贫困县(或贫困乡、贫困村、贫困户)数额和资金指标,这种情况下,州政府通常要争取多要名额和指标。第二种是国家或省政府下达某个扶贫项目,要求各地扶贫办积极组织申报工作,符合条件的予以批准实施。这种情况下州政府会协助项目承担单位争取立项成功。第三种是国家或省进行某项扶贫工作的试点,由于列入试点往往意味着更多的优惠政策和额外的扶贫资金以及带来更好的制度安排的可能性,州政府也会争取列入试点。第四种是州政府结合当地的工作实际,提出一些上级政府确定的扶贫项目中所没有的新的扶贫措施,而扶贫措施

---

① 在新出台的《省财政扶贫扶贫资金管理暂行办法》中规定,各级人民政府及所属部门不得要求国家扶贫开发重点县配套财政扶贫资金。

的实施所需的扶贫资金又是当地政府无力承担的,因此需要向上级申请立项。

项目能否获得成功取决于很多因素,比如说当地的贫困状况、项目本身的收益和可行性、以往扶贫资金的使用效益、项目可行性报告的撰写水平以及审查项目领导的偏好,等等。由于缺少技术支持手段获得充分的信息以及缺少有效的项目审查制度,项目的确定有较大的弹性。向上级汇报以及与上级之间的良好沟通一方面成为上级部门了解当地情况、获得支持的必要手段,另一方面还能使扶贫办掌握更多的信息,对项目的选择更加符合上级的意图,从而使获得更多立项的机会成为可能。

例如在该省安居温饱村项目的实施中,全省共有 4000 个重点村的名额,列入项目名单的村可以得到 20～80 万元不等的补助。虽然省政府和省扶贫办是名额分配方案的最终决定者,而且通常是按照“公平原则”进行分配,但是积极汇报、努力争取甚至个人关系都可以在一定程度上影响最终的结果。州扶贫办在工作总结中说得很清楚:“通过积极向上汇报衔接,努力争取,省扶贫办在 4000 个扶贫重点村中分配给我州 100 个名额,占全州总村数的 54% ,5000 个安居温饱村中分配给我州 150 个名额,所占比例比全省平均水平高出近一倍。”

在与 X 州扶贫办主任的访谈过程中,谈到扶贫工作的体会时,州扶贫办主任深有感慨地说,“向上汇报争取资金项目,是搞好扶贫工作的前提条件。2004 年就是通过积极向省办汇报情况,最后争取到了 350 万元中央和省财政科技及产业开发资金。去年年初州长带队,xx 副书记、xx 副州长和州扶贫办领导向省办处以上干部作了汇报,12 月底又由 xx 副州长带领州、县扶贫办领导向省扶贫办各处室和有关领导进行了汇报,使省扶贫办进一步了解我州,支持我州。我们州只有加强汇报,加大投入力度,才能解决贫困问题。”在全州的各类扶贫开发会议上,州领导也反复强调“要积极向上汇报,获取上级领导的重视和支持”。在州扶贫办的办公会议记录中,可以频繁地看到某年某月,由哪位州领导带领各级扶贫相关部门的人员到省扶贫办的内容。

(二)抓住机遇,用足政策

按照对扶贫资源广义的理解,政策本身就是重要的扶贫资源。如何申请项目,申请什么样的项目才能够使项目通过层层审批,除了上面所说的多请示、多汇报、多沟通之外,还要对扶贫政策有深刻的理解,对国家的文件精神予以准确的把握,对上级领导和政府的意图清晰的判断。对此州政府的领导领悟深刻,2004 年州长在全州扶贫工作会议上讲话时就强调:"抓住机遇,用足政策是打好扶贫攻坚战的重要条件,谁能抓住机遇,谁就有了很大的主动权。中央和省的政策是面对整个贫困地区的,有限的项目、资金究竟给谁,这就是一个争取的问题。我们要抓紧修订扶贫计划,项目论证,建立项目库,这是争取上级立项、给资金,争取银行贷款的先决条件。所以一定要研究好政策,善于发现机遇,利用机遇。"

抓住机遇、用足政策在实际工作中主要表现为把扶贫工作与当前省政府、州政府的工作重点结合起来。一级政府要面对的社会事务是综合性的,他们考虑更多的是全局性的问题。虽然,政府反复表示"要把扶贫工作作为全省(或全州)工作的重点",但是出于对政绩的追求、对地方财政收入最大化的偏好以及其他政府、部门和个人利益的驱动,政府在分配资源时并不会仅仅从扶贫工作自身需要的角度来考虑。因此,在申请项目时,尤其是申请那些由州政府自己规划的扶贫项目时,仅仅从项目本身的可行性和效益出发是远远不够的。如果所申请的项目正好是国家政策强调的,是上级政府所关注、正要积极推进的,或者是与上级领导的工作思路一致的,那么获得成功的机会就会大大增加。例如 2003 年 3 月,州扶贫办向省扶贫办递交《关于 X 州易地开发扶贫与城镇化建设相结合项目建议书给予立项的请示》,正是在该省加快小城镇建设的背景下提出的。此外,和实施天然林保护工程相结合、和生态环境保护与建设相结合、和计划生育结合、和优势产业培育相结合等项目也有很多。这些项目的提出通常可以在当年的上级文件或领导讲话中找到出处。

(三)争取中央和省级机关单位到当地开展挂钩扶贫工作

相对于贫困地区内部的挂钩扶贫定点单位来说,中央和省级机关拥有更大的权力和更多的扶贫资源。有些部门直接掌握着一定的资源分配权力。例如省公路局 2002 年被省政府确定为 D 县 XR 乡的挂钩帮扶单位。扶贫工作开展之初省公路局就多方筹集资金 700 多万元,由 Z 县公路管理总段负责施工铺设了从某乡到该乡全长 19.3 公里的油路,成为当地有史以来道路资金投入最大的项目之一。有些部门虽然自身没有这种权力,但他们与外界联系广泛、信息灵通,动员扶贫资源的能力远远超过州、县的直属机关。而且由于"不脱贫不脱钩"的规定,所以争取中央和省级机关到当地挂钩扶贫对于长期争取到扶贫资源来说是大为有利的。正如 2002 年 8 月 15 日,州政府在上报省政府的《关于请求将省政府驻京办事处挂钩扶贫 X 州的请示》中所说,"把握信息是边疆民族地区发展中最需要的宝贵资源,省政府驻京办是省政府在首都的窗口,具有广泛的联系性……为进一步做好扶贫工作,请求省人民政府将省政府驻京办安排到 X 州挂钩扶贫"。

同年 11 月,州扶贫办又向省扶贫开发领导小组提出申请,要求安排省电力集团公司对 X 州继续实施挂钩扶贫工作。因为省电力集团公司自 1998 年以来开始对 X 州进行扶贫帮扶工作,4 年来该公司在 X 州的各项扶贫事业中投入 206.07 万元,其中,在 4 个乡镇建立希望小学 10 所,投入 138.58 万元;实施村村通电建设工程投入 53.39 万元;为希望小学捐赠衣物折款 14.1 万元。而 X 的州级财政在整个"九五"和"十五"期间安排的财政配套资金总额为 570 万元,对比一下这个数字,不难理解这一举动的重要性和必要性了。

(四)抓住"民族地区"这一"优势",多方争取资金

国家在制定扶贫政策时,通常把少数民族和民族地区作为扶贫工作的重点,给予高度重视和特殊扶持。1986 年,国家首次确定重点扶持贫困县时,一般地区的标准为 1985 年农民人均纯收入低于 150 元,而民族自治地

方县的标准则放宽到低于 200 元,牧区县(旗)放宽到低于 300 元。在当时全国确定的 331 个国家级贫困县中,有少数民族贫困县 141 个,占 42.6%。1994 年,国家开始实施"八七扶贫攻坚计划",在确定国家重点扶持贫困县时,也对少数民族地区给予了特殊照顾。在全国 592 个国家重点扶持贫困县中,少数民族贫困县有 257 个,占 43.4%。

2001 年,国家制定《中国农村扶贫纲要》,再次把民族地区确定为重点扶持对象。纲要规定,在民族自治地方确定国家扶贫开发工作重点县(旗、市)267 个(未含西藏),西藏作为特殊片区,有 74 个县(市、区)整体列入国家扶贫开发工作重点。以县为单位计,民族自治地方共有 331 个县(旗、市、区)被列入扶贫开发重点县,占到国家扶贫开发工作重点县总数(含西藏)的 49.7%。

从资源传递的角度,中央扶贫资金也重点向少数民族地区倾斜,不仅扶贫资金的分配重点向西藏等五个自治区以及云南、贵州、青海等少数民族人口较多的西部省份倾斜,而且还专门安排"少数民族发展资金"等专项资金解决少数民族和民族地区的特殊困难和问题。据统计,从 1994 年到 2000 年,国家共向八个少数民族省份投入资金 432.53 亿元,占全国总投资的 38.4%。其中,财政资金 194.15 亿元,占全国的 40%;信贷资金 238.38 亿元,占全国的 37.8%。汪三贵在 2003 年的研究表明,少数民族县比其他条件相同的县人均扶贫资金多 13.65 元。

就 X 州所在的省而言,在制定扶贫政策和分配扶贫资源时,"民族"同样也是一个重要的考虑因素。例如该省近年就提出一个响亮的口号——"决不让一个兄弟民族掉队"。在实际工作中,这一口号具体表现为:采取"一族一策"的特殊扶持措施;投入针对少数民族地区的专项扶贫资金;制定扶持人口较少民族发展的 5 年规划,优先立项扶持人口较少民族地区的建设发展项目等。X 州的少数民族人口高达 84%。因此不失时机地打好"民族牌"也能为当地争取到更多的扶贫资源。

(五)行政手段与宣传倡议相结合,广泛筹集扶贫资源

当地的经济社会发展普遍落后,全国自治州统计资料汇编的统计数据显示:2003 年,全州规模以上工业企业单位的数量共有 13 个,其中大中型企业仅有 1 个,其余均为小型企业。全州工业企业产值合计 36179 万元;人均社会消费品总额 1209 元。在整体不富裕的情况下,单纯靠宣传倡议的方法动员性地向社会筹集扶贫资源以及单纯以行政命令的手段强制性地要求社会各界捐款捐物的做法,效果可能都不会很好,因此,政府通常将两种手段结合起来使用,以便充分发挥其社会资源动员能力。

案例 2 - 1

2003 年,省政府向社会各界发出实施"向绝对贫困宣战行动"的倡议,倡议活动的主要目的是要通过政府广泛的宣传报道,让社会了解当地的贫困状况,主动为政府分忧,自愿慷慨解囊、捐款捐资。但是活动的方式仍需以行政手段为主层层推行。主要过程如下:

1. 省政府成立了"向绝对贫困宣战行动"领导小组和办公室。

2. 省政府和省扶贫办向各地州市扶贫办下发了《关于认真做好"向绝对贫困宣战行动"倡议活动的通知》。按照通知要求,X 州的十余个相关部门都要参与倡议活动的实施,做好倡议活动的宣传发动和捐款筹资工作。

3. 在网上或其他载体上列出可进行帮扶的项目、需要帮扶的户数及其分布地点以及各类项目所需的金额,供捐款方认捐帮扶。

4. 提出对个人或集体的捐资帮扶行为的奖励办法,明确帮扶资金和帮扶项目的管理办法。

5. X 州及所辖三县的扶贫办要完成 500 份倡议书的发放任务,主要发放对象是近年来享受扶贫信贷资金的企业、有关经济组织和个体私营企业。通知还特别强调了"对一些有实力的国营、个

体、私营企业,要派专人登门送去倡议书,并做好宣传动员工作"。

　　资料来源:省扶贫办

(六)适度夸大贫困状况

　　一项关于影响中央扶贫资金分配主要因素的研究表明,所有的资金分配都与贫困发生率高度相关(汪三贵,2003)。在最近两年中央向省分配扶贫资金时,采用的主要分配因素包括:贫困人口、农民人均纯收入、地方财力、人均 GDP 以及政策调整因素。可见,目前的资金分配首要考虑的是贫困状况。各省向下分配资金时情况类似。例如,省在《下达 2000 年新增财政扶贫资金和发展资金项目管理费分配计划的通知》中就明确规定:"重点安排贫困人口集中,扶贫任务重的贫困县。"由此可见,贫困人口和贫困程度是上级分配扶贫资源时的重要考虑因素。

　　在扶贫工作中,中央政府针对贫困人口提供扶贫资源,但是扶贫工作的具体组织实施是靠地方政府来完成的,于是中央政府便与地方政府存在着委托代理关系。由于中央政府与地方政府存在着信息不对称的问题,在实际工作中,地方政府在与中央政府的委托代理关系中处于有利地位。类似的情况同样发生在省政府与州、县政府之间。由于省政府主要是通过地(州、市)政府提供的各种汇报材料和统计报表对各地贫困状况进行了解,因此,适度夸大贫困状况成为获取扶贫资源的有效手段。

　　把 X 州历年的贫困人口数据放在一起,就会发现经过 20 年的扶贫开发,虽然从人均纯收入及构成、基础设施、劳动力状况、教育和卫生等指标上可以明显地反映出贫困面貌得到了很大的改善,但是贫困人口的变化从短期来看递减幅度没有明显的规律可循,从长期来看也没有显著减少(如表 2 -5 所示)。

表 2－5　X 州历年贫困人口变化情况表

年份	贫困人口数量	贫困标准	占农业人口比重（％）
1986	137,822	人均粮食 200 公斤,人均纯收入 120 元	52.8
1991	76,548	人均粮食 200 公斤,人均纯收入 120 元	28
1991	163,017	人均纯收入 300 元	55.2
1993	137,379	人均纯收入 300 元	46.6
1994	106,981	人均纯收入 300 元	37.5
1995	89,280	人均纯收入 300 元	31.3
1995	204,871	人均纯收入 500 元	71.3
1996	152,901	人均纯收入 500 元	53.2
1997	124,911	人均纯收入 500 元	43.5
2000	42,000	人均纯收入 500 元	14
2000	92,643/108,800	人均纯收入 625 元	30.9/36.3
2000	228,848	人均纯收入 865 元	76.3
2002	68,625	人均纯收入 625 元	24
2002	159,890	人均纯收入 865 元	55.9
2005	79,031	人均纯收入 668 元	30
2005	168,698	人均纯收入 924 元	57
2006	61,000	人均纯收入 683 元	21
2006	131,100	人均纯收入 944 元	44

根据 X 州扶贫办各类文件中的有关数据整理,不同文件中出现的 2000 年绝对贫困人口数量有所不同。

　　X 州属于西部地区、民族地区、高寒山区、边远地区,属于扶贫攻坚中最难啃的骨头,其减贫的速度低于全国其他地区固然有其客观原因,但是当地扶贫部门主观上对贫困状况的夸大仍然可以通过对其他数据的推算得到证实。

　　再如 1998 年全州统计因缺乏生存条件需要搬迁的共有 1997 户、11,846 人。到 2001 年省政府实施异地扶贫开发项目时,这一统计数据为 31,447 人,三年间竟增加了 2.65 倍。到了 2004 年,这一数据变成了 53,000

人,又增加了1.69倍。仔细一看并不奇怪,省里是按人均5000元的标准进行设计规划并下拨资金的,人数的增加显然可以得到更多的扶贫资源。在所掌握的材料中,这样的例子并不罕见。

从上述分析可以看出贫困地区在获取扶贫资源时的几个特点:第一,地方政府动员扶贫资源的能力有限——主要依靠上级政府的拨款;第二,途径单一——主要依靠行政手段向上级争取;第三,市场化程度低——对政府拨款之外的扶贫资源认识和利用水平不高。

第三章 X州财政扶贫中的资源传递

财政扶贫是政府运用经济手段进行扶贫的基本措施和物质基础。财政扶贫中的资金来源于国家和地方财政,是无偿使用的,具有转移支付的性质。本章主要对财政扶贫中的资源传递过程加以分析。

一、财政扶贫中资源传递的一般过程

(一)传递程序

财政扶贫资金的传递过程有固定的程序,从中央到省一级的传递全国基本一致①。中央财政每年在预算中安排一定的资金规模用于对贫困地区和贫困人口的扶持。1994年,实施"八七扶贫攻坚计划"之后,按照国务院确定的"四到省"(即责任到省、任务到省、资金到省、权力到省)原则,中央财政扶贫资金采取专项转移支付的方式进行。1997年以前,主要按照"基数法"分配扶贫资金,分配手段和分配方式都比较传统。1997年之后,中央财政采取"因素法"向下分配财政扶贫资金。开始时的考虑因素主要有贫困人口数量(70%权重)、国定贫困县数量(20%权重)、地方人均财力(10%权重)。此外还加入了自然地理、少数民族等调整因素。用于调整的扶贫资

---

① 也有个别试点项目是由中央财政直接拨付到项目,例如1999年开始实施的财政支持科技扶贫试点项目。

金比例一般在 10% 左右。2000 年 6 月起,按照新的《财政扶贫资金管理办法》,财政扶贫资金分配的依据主要有 9 项:(1)国家扶贫方针政策;(2)贫困人口数;(3)贫困县数量;(4)自然条件;(5)基础设施状况;(6)地方财力;(7)贫困地区农民人均纯收入;(8)资金使用效益;(9)其他。

下年度的财政扶贫资金由国家财政部和国家发展改革委员会在考虑上述因素的基础上,按公式计算后分别提出初步的分配意见,经国务院扶贫开发领导小组办公室汇总平衡,提出统一的分配方案,报国务院扶贫开发领导小组审定并于年底一次通知各省(区、市)。

国家财政扶贫资金主要是通过财政部和发改委分别传递的。其中以工代赈资金由各级发改委逐级传递;其他财政扶贫资金在从国家向省一级的传递中主要由财政部完成,在省向下的传递中主要依据项目的不同,由财政部和具体的资金管理部门共同完成。例如少数民族发展资金由财政部门和民委部门共同管理;贫困地区义务教育工程专项补助资金由财政部门和教育部门共同管理;中央专项退耕还林还草工程补助由财政部门和林业部门共同管理,等等。

从省往下的财政扶贫资金分配方式并不统一,多数省是在参照上年基数的基础上,通过审批项目来审批资金,部分省也采用因素法将资金切块分配到县。就 X 州所在的省来说其分配程序如下:由省财政部门按照国家和省政府的要求,结合年度扶贫工作计划提出初步分配方案,与省扶贫办、省发改委等部门协商后,报省扶贫开发领导小组审定,然后由财政部门和相关主管部门联合执行。

具体分配方式是:第一,将中央下达的财政扶贫资金和省财政安排的不低于中央扶贫资金 30% 的配套资金合起来,确定当年扶贫资金的总盘子,一部分留省统筹,另一部分向各地市或县分配;第二,在向下分配的资金中,采取的主要方式是先确定具体的扶贫开发项目,由项目带着资金走,即省财政厅和扶贫办直接将资金确定到具体的项目上,通过文件形式将项目任务、补助标准、实施计划和相应的资金下发到地(州、市),再由地(州、市)下发到县。第三,根据实际情况的需要,有时也会安排部分资金采取转移支付的办法直接到地(州、市)。

财政扶贫资金在县级向下的传递程序大体一致,主要是将扶贫资金传递到明确的扶贫项目上。县级政府、财政部门和相关管理部门在整个传递过程中发挥着重要的作用。扶贫资源能否或者能在多大程度上准确地传递到扶贫项目,关键取决于县这一级。

(二)使用范围

为了保证在有效分权的同时,中央财政扶贫资金能够按照国家政策的意图使用,中央财政对各类扶贫资金的使用范围和扶持对象均作了明确规定。在这个政策前提下,由省总负责资金的发放。

从扶贫资源投向的地域范围看,支援不发达地区发展资金(通常简称为"发展资金")重点用于国定贫困县,也可根据实际情况安排一定比例用于非国定贫困县;新增财政扶贫资金和以工代赈资金全部用于国定贫困县;此外国家从发展资金中安排部分资金,即少数民族发展资金,专项用于少数民族地区的贫困县以及少数民族聚居地区。

从扶贫资源投入的领域来看,发展资金和新增财政扶贫资金重点用于发展种植业、养殖业、科技扶贫(优良品种的引进、先进实用技术的推广及培养),适当用于修建乡村道路、桥梁、建设基本农田(含畜牧草场、林果地),兴建农田水利,解决人畜饮水问题,发展农村基础教育、医疗卫生、文化、广播、电视事业;以工代赈资金主要用于贫困地区基础设施建设,改善群众生产、生活条件和生态环境,重点修建县、乡、村道路、桥梁,建设基本农田、兴建小型、微型农田水利,解决人畜饮水及开展包括造林、种果和畜牧草场建设等内容的小流域综合治理,适当用于异地扶贫开发中的移民村基础设施建设。

为了保证项目的有效实施,同时也避免借项目管理的名义违规使用扶贫资金,中央财政每年从以工代赈资金、新增财政扶贫资金和发展资金中分别提取1.5%,用于项目管理费。以工代赈项目管理费由国家发改委商财政部、扶贫办专项下达到各地;其他两项资金的项目管理费由财政部商国家扶贫办下达到各地,由省统筹安排。省每年安排给县级财政的扶贫项目管理费不得低于全省项目管理费总额的80%。地方各级部门不得再提取项目管理费和其他费用。

国家还规定了项目管理费的适用范围,即:规划编制、项目评估、检查验收、成果宣传、档案管理以及县级以下扶贫会议经费、资料费、印刷费等开支。此外,国家对财政扶贫资金不得支出的领域也作了明确规定,主要包括:(1)行政事业机构开支和人员经费;(2)各种奖金、津贴和福利补助;(3)弥补企业亏损;(4)修建楼、堂、馆、所及住宅;(5)各部门的经济实体;(6)弥补预算支出缺口和偿还债务;(7)大中型基建项目;(8)交通工具及通信设备(汽车、手机等);(9)小额信贷及其他形式的有偿使用;(10)城市基础设施建设和城市扶贫。

(三)资源传递中的项目

中国农村扶贫的最大特点就在于资源的传递是以项目为依托的。在财政扶贫中,"资金跟着项目走"是一条基本的规律。因为财政扶贫资金主要用于农村贫困地区公共工程建设和社会事业发展,扶贫效益是通过这些公共项目的实施来扩散的。按照《财政扶贫资金管理办法》的规定,财政扶贫资金安排的建设项目实行省级管理制度,省以下不能层层切块分配,要实施项目管理,做到资金到项目、管理到项目、核算到项目,按项目进度核拨资金,因此,财政扶贫一般是以项目为传递的终点(见表3-1)。

项目从来源上可以分为国家决策的项目和省政府决策的项目。前者通常是一些重大的、政策性的以及一些具有示范意义的项目,后者则是从当地实际出发、解决当地困难的项目。自从国家实行扶贫"四到省"之后,大部分项目都是由省政府确定的,由国家直接确定的项目较少。

项目从建设内容、产生的效益来看,可以分为专项项目及综合性项目。从资源传递的角度来看,两者的主要区别并不仅仅在于项目的复杂程度,更重要的是对扶贫资源的整合程度不同。专项扶贫项目的扶贫资源来源渠道单一,通常只是解决某些具体地点的某项具体问题。而综合性扶贫项目的资源来源渠道虽以财政扶贫资金为主,但还包括了大量社会扶贫中提供的扶贫资源,需要整合使用。不仅如此,即使同样属于财政扶贫资金的范围,内部也包含着财政发展资金、以工代赈资金、少数民族发展资金、新增发展资金等不同的类别,而不同类别的资金分别由不同部门管理和传递,因此对部门之间的协调提出更高的要求。在项目的建设内容上,综合性扶贫项目包括了各类单项扶贫措施的综合使用。此外,综合性项目在实施过程中往往由多个部门负责,项目的效益和部门之间的协调配合情况密切相关。可以说,综合性扶贫项目的设立、实施过程是各类扶贫资源高度整合的过程。

表 3 - 1　2001 ~ 2003 年财政扶贫资金投入项目情况表

项目名称	2001 年度			2002 年度			2003 年度		
	合计	中央、省	州级	合计	中央、省	州级	合计	中央、省	州级
安居工程	12.00		12.00				1497.60	1497.60	
易地开发扶贫	1243.31	1200.31	43.00				469.00	469.00	
重点扶持村	310.00	310.00		920.00	920.00		449.00	400.00	49.00
安居温饱村	1000.00	950.00	50.00	300.00	300.00		300.00	300.00	
农村基础设施	1083.70	1063.70	20.00	125.00		125.00	275.00	275.00	
财政发展资金的其他项目	266.00	266.00		315.00	315.00		283.00	283.00	
科技扶贫资金	16.00	16.00		50.00	50.00		212.50	212.50	
贫困村卫生室建设							60.00	60.00	
以工代赈项目	1030.00	1030.00		1116.00	1116.00		1025.00	1025.00	
民族特困乡综合扶贫	200.00	200.00		200.00	200.00		100.00	100.00	
寄宿制教育	158.00	108.00	50.00	144.00	144.00		62.40	62.40	
农村能源建设	50.00	50.00		150.00	150.00				
畜牧扶贫	50.00	50.00							
其他	40.00	20.00	20.00	25.00	25.00		76.00		76.00
总计	5459.01	5264.01	195.00	3345.00	3220.00	125.00	4809.50	4684.50	125.00

二、扶贫资源在专项项目中的传递

专项扶贫项目的传递过程相对比较简单,因为项目主要是解决某个特定地点的某项单一问题,比如解决某村的通水、通路问题;改变农民砍树烧柴的习惯,进行沼气池、节能灶、太阳能等能源建设等(见表3-2,下页)。项目确定后,资金直接拨付到项目所在地的县级财政扶贫专户,再由县根据项目实施情况拨付到项目。项目的管理主要由县扶贫办和项目所属的主管部门负责。其传递过程中的复杂程度主要取决于项目实施范围的大小,传递渠道相对而言较为简单和畅通。专项扶贫项目根据项目确定的主体可以分为国定项目和省定项目。

(一)国家项目

专项项目中由国家确定的项目其传递主要有两种方式:第一,由国家将项目计划与资金一起下到省财政,同时明确规定项目的实施范围和补助标准,再由各省细化指标和任务后按照国家的规定向下传递,例如"温饱工程"(见案例3-1)。

案例3-1 X州"温饱工程"中扶贫资源的传递过程

温饱工程是1989年开始国家在16个省(区)贫困地区推广杂交玉米和地膜覆盖栽培技术,通过技术、资金、地膜、化肥、良种等配套输入的办法迅速提高粮食产量,以解决农民吃饭问题的一项扶贫工程。实施过程如下:首先,国务院扶贫开发领导小组办公会议决定"温饱工程"项目的实施范围和该项目的实施面积、配套物资及财政补贴的方案,商农业部后联合上报。财政部按照方案在财政预算中安排相应的专项补贴资金。例如"九五"期间,项目的补贴范围从过去的16个省(区)集中到贫困状况比较严重的14个省(区)中的国定贫困县。实施面积为529万亩,财政每年补贴

1000 万元。分配方法为：按实施面积每亩补贴 1 元；对人均占有粮食不足 300 公斤的国定贫困县，每县补贴 3 万元。

表 3-2 财政扶贫用于 X 州的主要专项项目列举

单位：万元

项目内容	金额	资金拨付方法	主管部门	年度
温饱工程项目	7	Z 县和 W 县各 3 万，D 县 1 万	州农机推广中心	1993
	100	D 县和 Z 县各 25 万元，W 县 50 万	州农技推广中心	2001
	75	三县各补贴 25 万元	州农技推广中心	2002
边疆民族贫困村卫生室建设项目	60	每个行政村卫生室省一次性补助 3 万元，共实施 20 个村	州扶贫办、卫生局	2003
乡镇中心卫生院建设资金	220	每平方米 1000 元，总建筑面积 2200 平方米	州扶贫办、卫生局	2003
农村能源建设资金	338	沼气池每户补助 500 元，农村改灶每户补助 100 元，太阳能热水器每平方米补助 50 元	州扶贫办、林业局	2003
计划生育扶贫资金	13	Z 县 3 万为计划生育"三结合"补助，D 县 4 万，W 县 6 万，为设备补助。	州计生委	1998
省扶贫攻坚乡绿色工程	20	W 县 2 万元，D 县 6 万元，W 县 12 万元	州林业局	1997、1999
改建"草棚村小"建设项目	396		州教育局、财政局农村科	1997
贫困乡通信建设项目	170	Z 县 DW 乡 70 万，D 县 YL 乡 100 万	州以工代赈办	1999
财政扶贫资金畜牧专项事业经费	50	BD 乡、KP 乡各 25 万元	州农牧局	2001
卫生扶贫专项经费	15	三县各 1 个乡，每乡 5 万元	州卫生局	1997
畜牧扶贫工程示范项目建设资金	22	W 县、D 县各 11 万元	州农牧局、县以工代赈办	2001
林业扶贫项目	100	经济林果每亩补助 60 元，共 60 万；沼气建设每户补助 200 元，共 40 万	州林业局	2001
农业科技扶贫承包项目	50	Z 县和 W 县各补助 25 万，其中种子、农膜、肥料、土壤调理剂等生产资料补助 23.7 万，培训补助 1.3 万	州农业技术推广中心	2002
乡村公路建设扶贫项目	100	三个县各实施一个乡	交通局	2001
贫困监测经费	0.1	X 州补助 1000 元	扶贫办	2001
中央财政扶贫资金项目管理费	21	按下拨扶贫资金的 1.5% 拨付	州财政局、扶贫办	2000
中央财政扶贫资金项目管理费	5	补助州扶贫办用于扶贫项目管理	州扶贫办	2003
小额信贷扶贫试点乡工作站经费	6	每个试点补助 3 万元	县小额信贷办	1997
小额信贷工作站经费	13	按贷款规模的 2.9% 补助	扶贫办	1998
小额信贷工作经费	51	按贷款规模的 2.5% 补助	扶贫办	1999~2001

国家对"温饱工程"的补贴资金与实施计划于每年一季度由财政部下达到省财政厅,每年的资金规模根据国家预算安排的扶贫资金总量、各地贫困人口和人均纯收入的变化、政策调整等有所变化;再由省财政厅、省计委、农业厅和省扶贫办确定实施项目的县和乡镇,联合发文将国家补贴资金和省级配套资金一并下达到X州财政局,各地的任务和资金根据实施条件略有差异;州财政局不需要进行分配,直接按照省下达的计划下达到三县财政局;由县财政局下达给县级农业技术推广中心;最后由农技中心按县政府确定的区域组织实施。此外,各级农业部门要按照项目资金总额的5%为同级的农技中心提供配套项目执行费,用于制定项目技术实施方案、搞好新技术示范推广、技术培训和田间技术指导。

县农技中心要根据项目执行情况写出总结报告并且提出下年度的"温饱工程"计划,计划经县扶贫办审核后报县财政局核准,然后层层上报至国家扶贫部门和财政部门,作为下一年度分配项目资金的依据。

第二,国家设立项目的专项资金,同时将项目的相关内容,如指导思想、工作目标、实施内容、资金的传递范围等下发到省扶贫办,通过这些规定来保证扶贫资源在从国家逐级向下传递的过程中按照项目设计的意图和路径进行。省扶贫办具体组织项目的申报工作,由国家确定并批复后直接将资金拨付到项目,例如中央财政支持科技扶贫项目(见案例3-2)。

案例3-2 中央财政支持科技扶贫项目中的资源传递过程

1999年开始,中央财政设立科技扶贫专项资金,旨在建设一批科技扶贫示范基地、示范户,最终推动其他农户脱贫致富。专项资金设立后并不是直接由国家或省来分配资金,而是将项目申报的各项要求下发各省,由各省在国家规定的框架下组织项目的申报,根据项目的可行性、预期效益以及对当地脱贫致富的推动程度等因素决定扶贫资源的分配。对项目的规定体现在以下方面:

项目的指导思想:以科技为先导,通过财政支持,在贫困地区开展农牧业先进技术推广和培训,提高贫困地区经济发展的科技含量,加快贫困地区脱贫致富的步伐,积极探索贫困地区加快经济发展的途径。

项目的主要目标:基本解决项目区贫困人口的温饱问题,并使项目区具有经济持续发展的能力,包括相应的科技水平,与市场紧密联系的相关主导产业和具有一定素质的农民群体。

项目主要内容:(1)种植业、养殖业优良品种的推广;(2)先进实用技术的推广应用;(3)对项目区贫困农民特别是青年农民进行实用技术培训。

资源的传递范围:(1)项目区必须在国家扶贫工作重点县内;(2)贫困人口集中、覆盖面广、项目实施对贫困农民增收效果显著。

资金拨付:每个项目原则上补助100万元,实施期1年,省级财政可视项目规划和财力状况适当予以配套。

以2006年为例,省财政厅和省扶贫办把项目申报工作的通知发到各地(州、市)财政局、扶贫办。X州两部门接到通知后组织各县进行项目申报,并按照上述条件进行项目的筛选,最终选定Z县LJ乡野猪养殖项目。首先,州扶贫办会同财政局进行项目可行性报告和标准文本的编制,报省财政厅和省扶贫办备选;其次,省扶贫办和省财政厅共同组织专家对州上报的项目进行评审、筛选和上报;然后,中央确定并批复项目后,将省当年所有获得批复的项目和资金一并下到省财政厅;最后,由省财政厅和省扶贫办联合发文通知Z县,会同县畜牧局等相关部门组织项目实施。

(二)省级项目

大部分专项项目是由省根据当年安排的资金规模,结合地方实际自行确定的。例如:计划生育扶贫项目、扶贫攻坚乡绿色工程项目、改造"草棚村小"项目等。一般是由省财政厅、省扶贫办和项目的主管单位联合发文,下达关于该项目的计划和资金,通常指标直接分配到县,有些甚至直接确定了项目的实施地点。没有确定的,由州扶贫办和州财政局将指标下达到各县,各县扶贫办上报具体的名单以及项目规划,经州扶贫办和财政局审批同意后下达项目的实施名单及对项目的批复。下面以"2003 年边疆民族贫困村卫生室建设项目"(案例3-3)和"农业科技扶贫承包项目"(案例3-4)为例,说明在这两个项目中的资源传递过程。

案例3-3　2003 年边疆民族贫困村卫生室建设项目

2002 年,省委、省政府出台了《关于进一步加强农村卫生工作的意见》,要求加强对贫困村卫生室的建设,发挥扶贫资金的使用效益。因此,2003 年省扶贫办、卫生厅和财政局联合发文,实施"省贫困村卫生室建设项目",计划在 2003~2010 年,对全省贫困地区、边疆民族地区无业务用房的 1500 个行政村每村建设一个卫生室,以改善贫困地区农村医疗卫生基础设施状况。

每年由省扶贫办、省卫生厅、省财政厅根据当年省财政预算情况编制年度计划,报省政府审定后下达各地。计划下达后,任何单位和个人都不得擅自调整和变更。2003 年,省下达给 X 州的计划为 20 个村,每村一次性补助 3 万元,60 万元一次性拨付至 X 州财政局的扶贫资金专户。各县根据省下达的计划,确定具体实施的村,并严格按照项目建设内容编制年度计划,报地(州、市)扶贫、卫生、财政联合审批执行,并报省扶贫办、卫生厅和财政厅备案。项目批准后,由州财政局预拨 50% 的项目启动资金至各县的扶贫资金专户,其余 50% 按项目实施进度进行回补报账。

村卫生室新建业务用房的建筑面积为 60~80 平方米,建筑标准为砖木结构,由各县统一设计施工。贫困村卫生室建设用地,由项目村所在县人民政府协调解决,不得使用扶贫资金支付征地费。专项资金只能用于村卫生室业务用房建设,若建房后资金有结余,可以用于购买医疗器械和药品,严禁用于其他方面。卫生室的基本医疗设备和药品由地、县政府负责解决。卫生室建成后,县扶贫办和卫生局要与项目所在村办理资产产权移交手续,移交后的村卫生室为村民委员会的固定资产。

在项目的实施过程中,各级扶贫、卫生部门为项目的管理机构,其中省级负责总体计划、资金下达和督促检查;地(州、市)级负责项目审批和检查验收;县级负责具体的实施和管理工作。

资料来源:省扶贫办

案例 3-4 农业科技扶贫承包项目

该项目由省政府分批实施,具有连续性。项目的实施内容和覆盖面逐年进行调整和充实。资金来源为两部分:94% 来自于财政扶贫资金,主要用于对项目的补助;6% 来源于其他农林水事业费,主要用于工作经费。2002 年,该项目的资金规模为 500 万元,计划在全省 8 个地州 18 个县中较为贫困的乡推广 7 项农业实用技术 45 万亩。实施范围、项目内容、资金分配都由省财政厅、省农业厅和省扶贫办共同确定,资金由省财政厅按照确定好的计划直接拨付到项目实施地所在县的扶贫专户。以 X 州为例,省直接确定了 Z 县的 DW 乡、SB 乡、JJ 乡以及 W 县的 YC 乡、BJX 乡、KP 乡为项目实施地点,并详细规定了资金的具体投向。(见表 3-3,下页)

资料来源:省扶贫办

从上述案例中不难看出,专项项目通常不是通过由下向上申报项目获得审批而来,而是从上而下确定的,项目往往不是侧重于解决某一地区的特定问题,而是侧重于解决全国或者全省的普遍性问题。扶贫资源传递的最大特点在于其资源传递的方向非常明确,决策中缺少基层的参与,同时执行中的弹性较小。扶贫资源传递的终点基本不直接针对农户。

表3-3 2002~2003年农业科技扶贫承包项目资金分配表

单位:万亩、万元

地点	项目所在县	Z县			W县			
	项目所在乡	DW乡	SB乡	JJ乡	YC乡	BJX乡	KP乡	合计
实施面积(万亩)		1.05	0.65	0.7	1.1	0.8	0.5	4.8
项目内容	优质专用麦类综合高产栽培技术	0.2	0.2	0.5	0.2	0.1	0.1	1.3
	优质专用玉米高产栽培技术	0.3		0.2	0.2	0.15	0.05	0.9
	加工型脱毒马铃薯高产栽培技术	0.25	0.25		0.3	0.1	0.2	1.1
	夏播油料作物栽培技术	0.3			0.1			0.4
	优质芸豆、杂粮杂豆综合高产栽培技术		0.2		0.4	0.35	0.15	1.1
补助经费(万元)		11	6.5	7.5	12	8	5	50
用途		用于购买种子、地膜、肥料、土壤调理剂等生产资料补助23.7万元,用于培训补助1.3万元。			用于购买种子、地膜、肥料、土壤调理剂等生产资料补助23.7万元,用于培训补助1.3万元。			
项目承担单位		县农业技术推广中心						

三、扶贫资源在综合性项目中的传递

造成贫困的原因是多方面的,单一地解决某个方面的困难很难取得理想的扶贫效果。综合性项目往往从影响贫困人口脱贫的各个方面入手,进行有针对性的扶持,能够在一定程度上克服单一项目之间不能很好地衔接和匹配的问题。

X州的综合性项目主要有整村推进项目、劳动力培训及转移项目、异地开发项目、安居工程、民族特困乡综合扶贫项目等。本文以整村推进项目为例,描述和分析扶贫资源在综合性项目中的传递过程。

国家从80年代后期起,扶贫资源一直是以县为单位投放的。在1993年制定《八七扶贫攻坚计划》时,确定了592个国家扶贫工作重点县,覆盖了全国73%的贫困人口。进入新世纪以后,贫困人口的分布有了变化,592

个国定贫困县只能覆盖55%的贫困人口,继续以其为扶贫投入的主要对象,势必使将近一半的贫困人口得不到有效扶助。针对这种情况,国家在确定重点县的同时,又确定了148,051个重点扶持的贫困村,重点村分布在全国1861个县内,从而将贫困人口的覆盖面提高到83%。2001年,在《中国农村扶贫开发纲要》中提出的重大措施之一就是以这些贫困村为单位制定和实施村级扶贫规划。根据各地的经验和约定俗成的概念,将围绕着这一内容所实施的扶贫项目统称为"整村推进"项目。

贫困村的选择包含8个因素:人均粮食产量、人均现金收入、恶劣居住条件房屋的比例、恶劣饮水条件家庭的比例、长期有健康问题的妇女的比例以及适龄儿童没有入学的比例。当地政府通常会根据当地的实际情况来调整这些因素以及所占的权重。X州共有184个行政村,其中155个村被确定为贫困村。省、州政府以不同的方式对这些村分层次、分批实施整村推进项目。一是以行政村为单位,实施以基础设施建设为主的扶贫重点村项目;二是以自然村为单位,对重点村项目中未能覆盖的自然村实施以解决群众温饱的项目为主的安居温饱村项目。

整村推进项目的资金主要由三个部分组成,包括中央和省级财政整村推进项目资金、州级财政配套资金和对口帮扶资金。此外政府还要求各县围绕贫困村脱贫目标,整合以工代赈、扶贫贴息贷款以及农牧、林业、交通、教育、水电、卫生等资金,优先安排整村推进点的项目资金。"十五"期间,X州共投入12,554万元实施整村推进项目,其中中央、省级财政资金4,915万元,州财政投入240万元,对口帮扶资金1,270万元,整合资金85万元,群众投劳折金6,044万元。

按照规定在资金的投入领域中,基础设施应占60%、产业建设占20%、社会事业占10%,其他占10%。同时建设项目要围绕着整村推进的目标进行,即:(1)全村农民人均纯收入达到668元和人均占有粮食300公斤以上;(2)人均建成一亩左右的稳产基本农田地;(3)解决贫困户住房困难问题;(4)基本解决人畜饮水困难;(5)户均发展1~2项稳定可靠的产业增收项目,有条件的配套一口沼气池或节能灶;(6)符合条件的,户均输出一个劳动力;(7)基本解决适龄儿童入学难和贫困群众看病难的问题;(8)基本实现村村通简易公路和村间道路基本硬化。

扶贫重点村项目和安居温饱村项目中资源的传递过程分别如下:

1.扶贫重点扶持村项目

该项目为省部署的综合性扶贫项目,全省从 2001～2010 年共安排4000 个行政村,采取以基础设施建设为主,解决群众温饱的项目为辅的手段实施综合扶贫开发项目。各地的指标由省统一安排。省分配给 X 州 100个重点村名额,占全州总村数的 54%。重点扶持村项目分批实施,2007 年全部完成。各县拿到名额后,按 1:2 的比例选出各自重点村名单上报,经州政府研究决定 100 个重点村和首批实施的 23 个重点村名单。

扶贫重点村首先要制定村级扶贫规划和年度项目规划,由于项目建设以群众投工投劳为主、政府补助为辅,所以州扶贫办要求项目投资总额按政府补助资金的 200% 来设计。然后经过从村到乡、到县的审查后报州扶贫办,由州扶贫办组织评审组对村级规划项目进行评审,最后由省财政厅、省扶贫办评审后批复实施。

X 州 2001 年选取 3 个村进行试点,每村补助资金 80 万元;在此基础上,2002 年实施 20 个村,每村补助资金 60 万元,首批项目资金规模总额为1440 万元;2003 年实施 20 个村,每村补助资金 40 万元;2004 年实施 11 个村,每村补助资金 40 万元。2004 年之前,每批项目两年实施完成,资金分两次拨付;2004 年起改为一年实施完成,资金也改为每年一次性拨付。

扶贫重点村中的建设项目主要有基础设施、经济发展、科技推广、社会事业四类,具体见表 3－4。

表 3 - 4　2003 年 20 个扶贫重点扶持村项目资金分配汇总表

单位:万元

类别	项目	建设内容	资金总额	中央和省级资金	自筹及投工投劳
基础设施	修路	新建村社公路 43 公里、人马驿道 15.6 公里	59.20	22.20	37.00
	通电	10KV 输电线 350 根、变压器 4 台、水泥杆 12 根	10.35	6.65	3.70
	农田建设	坡改梯 180 亩、新开田 10 亩、基本农田防畜围墙 4 公里	17.70	6.70	11.00
	水利工程	人畜饮水工程、沟渠 3.8 公里、钢管 5.4 公里、胶管 8.3 公里	192.40	84.55	107.85
	安居工程	570 户住房困难户安居工程	501.23	185.23	316.00
经济发展	种植业	种植药材 100 亩、干果 50 亩	6.00	3.70	2.30
	养殖业	牦牛良种改良、大牲畜养殖	84.10	42.00	42.10
	生态建设	建设生态林 1000 亩、沼气池 138 口	36.60	18.80	17.8
	其他	农用积肥、溜索 2 根、磨面机 10 台	6.00	6.00	0.00
科技推广	农户培训	农村实用技术培训	15.00	14.00	1.00
	科技示范	推广小麦、青稞良种 120 亩、杂交玉米 160 亩、白芸豆 150 亩	6.02	1.52	4.50
社会事业	教育	维修村小学 2 所	5.75	2.75	3.00
	卫生计划生育	维修卫生室用房及医疗设备购置	4.00	4.00	0.00
合计			948.15	400.00	548.15

2. 安居温饱村项目

该项目为省部署的扶贫工作,全省从 2001 ~ 2010 年共安排 5000 个自然村实施综合扶贫开发项目,各地(州、市)的指标由省每年统一安排。安居温饱村的实施范围是全州农民人均纯收入 924 元以下且重点村项目中未能覆盖的自然村,并按照先难后易的原则逐步推进。中央和省级财政资金投向 30 户左右的自然村;对口帮扶资金投向 50 户左右的自然村。由中央和省级财政资金安排实施的自然村同样是由省政府下达各县的指标和名额,各县按省下达的数量,以超额 30% 的比例提出分配意见上报州扶贫办和州财政局,经州扶贫办主任办公会议研究商州财政局后报经州政府分管领导批准,最终确定实施项目的自然村名单。由州级财政和对口帮扶资金安排实施的自然村则由州政府根据自身财政状况和对口帮扶资金的规模,结合当地的实际确定分配名单。

X州的首批安居温饱村项目于2002年开始进行,省下达的资金和指标是实施15个村,每村补助20万元。X州根据情况实施了19个村,并安排州级财政90万元,实施6个村。

2003年,指标和补助标准不变,省政府下拨项目资金300万元,X州根据实际情况仍然安排实施19个村,并安排州级财政15万元,实施1个村。每村的补助金额从14万到19.5万元不等。为了接受群众和社会的监督,从2003年起,州扶贫办将审批的扶贫项目在当地日报上公示,安居温饱村项目成为第一个在报纸上公示的扶贫项目。

从2004年起,省加大了整村推进工作的力度。2005年安居温饱村项目的资金规模是2595万元,其中中央和省级财政资金1525万元,按每村25万元的标准实施61个自然村;州级财政配套资金70万元,实施3个自然村;对口帮扶资金1000万元,实施20个自然村。

三县扶贫办接到项目通知后采取州、县、乡、村组干部参加的现场办公方式,到项目实施地现场规划具体实施项目,由县扶贫办和县财政局提出安居温饱村项目规划请示,联合上报州扶贫办,经批复后实施。建设内容要求以"五有"为目标(即人人有饭吃、有房住、有水喝、有病能就医、孩子能上学),以能直接解决贫困群众温饱问题的项目为主,包括安居工程、人畜饮水、村舍公路、农田建设、文化活动室、输电工程、学校建设、技能培训等(见表3-5)。

表 3-5　2003 年 19 个安居温饱村项目资金投向表①

单位:万元

序号	项目名称	建设规模及内容	总投资	国家补助	群众自筹
1	安居工程	728 户住房困难户新建及修茸	424.53	203.62	220.91
2	人畜饮水	32.3 千米管道、渠系水池	59.10	31.45	27.65
3	村社公路	新建公路人马驿道 13.5 公里、卫生路 6.91 公里	56.90	23.42	33.48
4	农田建设	新建农田 10 亩、新修田间渠 2 公里、农田防畜围墙 1.5 公里	9.00	4.30	4.70
5	输电工程	新建输电线路 11 公里、改造输电线路 5.5 公里	36.50	18.71	17.79
6	技能培训	实用技能培训 320 人	2.15	2.15	0.00
7	学校建设	校舍修缮 2 幢、球场改造 1 块	3.00	1.50	1.50
8	草场建设	草场建设 1000 亩	4.00	1.40	2.60
9	文化活动场所	新建 2 个文化活动场所、新建 410 平方米水泥球场 2 个	23.00	11.00	12.00
10	其他	购置一套磨面机	0.50	0.50	0.00
11	标志牌	安居温饱标志牌	3.50	1.95	1.55
合计			622.18	300.00	322.18

四、财政扶贫中资源传递的特点

(一)无偿性

财政扶贫资金属于转移支付性质,是以无偿性作为其首要特点的。我国的国家性质是工人阶级领导的,以工农联盟为基础的人民民主专政的社会主义国家。社会主义的本质强调解放生产力,发展生产力,消灭剥削,消除两极分化,最终达到共同富裕。国家性质决定着国家的职能,政府作为国家职能的承担者和执行者,实施财政政策是政府履行其职能的一个主要部

---

① 不包括州级财政 15 万元扶持的 1 个点。

分,是与最终实现共同富裕的目的相一致的。政府的财政收入主要是国家通过宏观调控的手段履行对经济进行调节,对市场进行监管的职能。财政支出除了维持政府自身的运转之外,更侧重履行社会管理、公共服务的职能,其中以转移性支付为主要方式的财政扶贫资金的传递就是政府职能的一种体现。追求平等,帮助弱者,实现公平与正义是我国政府的责任所在,国家财政的来源和使用都是以维护社会公平与正义为属性并作为其基本的特点,对贫困的扶持只能以无偿性作为其特点。而在财政扶贫中作为资源传递的前端,其无偿性是实现整个反贫困功能的首要保障。

(二)规模不断扩大,但仍以供给为导向

国家自 1986 年有组织、大规模地开展专项扶贫工作以来,财政扶贫资金的投入持续稳定增长。2001～2005 年,中央财政累计投入扶贫资金 572 亿元,年平均增长 6.47%。但尽管如此,由于对扶贫资金需求的测算受许多不确定因素的影响,同时受财力因素制约,中国政府财政扶贫资金长期以来仍是以供给为导向。

(三)计划指导性强

财政扶贫资金的传递是以项目为依据的。各级政府在扶贫项目的前期规划中虽然对项目的具体规定不同,但都体现了政府运行机制中的计划指导性强这一特征。财政扶贫中无论是哪一级确定的项目,都明确规定了项目的建设内容、资金的拨付方法、额度、使用范围及管理方法。资金由国家财政部逐级向省财政厅、地(市、州)财政局、县财政局传递,每一次的传递都不能改变资金的投向和使用范围。

项目规划是通过从村到乡、到县、到州的层层审查把关,最后由省财政厅、省扶贫办评审后批复实施的,通常不允许改变项目和资金,并明确规定"擅自调整项目和资金的,不予报账"。虽然也规定了"除特殊情况确需调

整的,须经主管单位①同意后方可调整",但一般项目调整很难得到正式的批复。例如:Z县扶贫办上报的《关于LJ乡NR扶贫重点村村级规划建设项目调整的请示》等都未予以批复。由于前期规划的水平较低,这种刚性的规定有时也增加了资金漏出的机会,或者导致资金使用效益的低下。

(四) 资源的整合程度不断提高

由于贫困成因的多样化,需要多种扶贫资源的高度整合。从来源看,财政扶贫资金不断与其他各类资金加大整合力度,以期形成合力;从投向领域看,随着资源总量的加大,一方面扶贫项目的数量不断增加,另一方面也使扶贫项目的重点有能力由过去单纯发展生产向促进农村经济社会全面发展转变,因此项目内容涉及农村教育、医疗卫生、经济发展、社会事业、生态环境等诸多方面。

(五) 自力更生为主,国家扶持为辅

这是财政扶贫资金使用的基本原则,也是资源传递过程中的鲜明特点。以2005年为例,财政扶贫资金的总投入是3917.4万元,群众投工投劳折金总额为3494.65万元。一方面,这是由我国现阶段农村扶贫资金供需情况决定的。由于贫困地区经济实力微弱,对扶贫资金的需求量极大,而国家财政扶贫资金的投入有限,因此国家财政部门在尽可能增加扶贫投入的同时,要引导贫困农民投工投劳。另一方面,动员贫困人口投工投劳,发扬他们自力更生的精神,不仅大大提高了贫困人口的参与程度,也有助于改变"等、靠、要"的现象。在整村推进项目中充分体现了这一特点,群众投工投劳折金在项目的资金构成中所占的比重最高。

---

① 根据项目的不同,主管单位也不同,通常是省级和地州级地扶贫办。

第四章 X州信贷扶贫中的资源传递

信贷扶贫工作始于上世纪80年代中期。信贷扶贫资金作为扶贫资源的一个重要组成部分,额度大约占到50%左右。信贷扶贫资金和财政扶贫资金最大的不同在于财政扶贫中资金来源于各种税收,其发放基本上是无偿的;而信贷扶贫中的资金来源于个人储蓄和企事业单位存款,它通过信用方式借出,是以归还为前提的。本章拟对信贷扶贫中的扶贫贴息贷款和小额信贷扶贫两种模式中的资源传递过程加以分析。

一、扶贫贴息贷款

(一)贴息贷款的资源传递过程

扶贫贴息贷款是由农业银行传递的。国家按照因素法将扶贫贴息贷款分配到省,2000年以前省只能将贷款投向国家确定的扶贫开发重点县,2001年以后,国家把传递范围调整为"以国定贫困县为主要对象,也可以用于省、区确定的扶贫开发重点县"。2002年,该省将国定贫困县和非国定贫困县资金的使用比例规定为70%和30%。虽然X州所辖三县都是国定贫困县,这一规定对当地并无影响,但这一做法确实保证了全省范围内非重点扶持地区的贫困人口在一定程度上分享国家的扶贫资源。

省按此比例向下分配,并将贫困人口数量和资金使用效益作为资金计划分配的主要依据,由省扶贫办计财处与项目处、异地开发处、小额信贷处商议后提出分配原则,报请主任办公会研究,按办公会研究确定的原则,结合上年使用扶贫贷款的情况,商农业银行提出省扶贫贴息贷款切块分配计划,将资金按比例留省统筹和分配到地、县。分配计划经主任办公会研究审核后报省扶贫开发领导小组,批准后行文下发各地(州、市)扶贫部门执行。地(州、市)则按省确定的数额将贷款拨付至县一级的农业银行。

同时,为了加大地(州、市)一级扶贫部门的资源调控能力,从2002年起增加了地级的机动指标①。为了加快资源传递速度,省扶贫办通常先以上年的数额为参照下达指导性计划,将各县的指标分配下去,待中央信贷扶贫资金规模下达后,再下达各地(州、市)的机动指标。在实际工作中,由于近年来国家分配给各省的扶贫贷款总额是逐年增加的,这样各县的指标通常与往年持平,而州级的机动指标随之增加。

扶贫贴息贷款是按贷款项目发放的。这一做法改变了过去资金切块、平均分配的做法,能够避免贷款的盲目性。除专项用于小额信贷和易地开发项目外,贴息贷款传递的终点大多为实施项目的企业。项目由各级扶贫部门和农业银行在国家规定的投向范围内共同确定。X州及所辖三县两级负责推荐立项的扶贫贷款项目主要用于种、养业和农业龙头企业,同时对省政府确定的扶贫重点扶持村中规划的产业扶贫项目给予优先立项扶持。

贷款资金自上而下逐级下拨,项目则从下到上逐级上报。

贷款主体要提供一系列的申报文件和材料,主要有:(1)经下一级政府或扶贫领导小组同意的项目立项申请报告;(2)当地计委、经委等部门对农产品加工企业和基础设施建设项目的有关立项批复;(3)当地农行对该项目的意向性书面意见;(4)项目可行性研究报告(当地政府特意强调报告要有一定深度);(5)可行性研究报告的专家评审意见;(6)项目所需的环境评估报告;(7)贷款主体和当地政府签订的扶贫协议(用以明确扶贫的责任和义务);(8)贷款主体在项目申报或资金使用过程中遵守扶贫协议、专款专

---

① 例如2002年共拨付X州扶贫贴息贷款3300万元,其中1200万元为州级机动指标,其余三县各700万元。

用、不违规违纪的承诺。

项目立项的依据主要有四条:第一,资金是否重点流向贫困地区;第二,通过项目实施当地贫困群众是否受益;第三,项目的投资和规模是否适度;第四,贷款主体的资产和运作是否正常。

各级扶贫部门在申报的项目中筛选一批符合当地实际、有市场前景、能带动贫困群众解决温饱的项目,提前建立半年到一年的项目库。入库的项目,按要求完备手续,动态调整。向农行推荐立项的项目按规定应从项目库中筛选。例如 X 州 2003 年从项目库中选择实施项目的比例为 75%,这一数据每年统计,成为衡量当地扶贫工作的指标之一。

立项的项目投资总额要大于贷款项目。省、州、县根据各自的权限推荐立项项目,实行分级推荐立项。县级扶贫部门负责对 50 万元以下项目进行推荐立项;地(州、市)级扶贫部门负责对国家扶贫重点县 50 万~500 万元、非重点县 50 万~300 万元项目的推荐立项;省级扶贫部门对重点县 500 万元以上、非重点县 300 万元以上项目的推荐立项。此外,州扶贫办需对予以推荐立项的扶贫项目进行严格把关,确保 70% 以上的贷款用于国家规定的重点扶持项目。凡超越权限进行推荐立项的项目,一律不予以确认,严重的要对推荐单位进行通报批评。申请贷款规模在 1000 万元以上或不足 1000 万元但有争议的项目,在省扶贫办项目处审查把关的基础上,申报单位还须请省级有关专家和部门负责人对项目选择、规划设计、技术方案、资金投向、投资测算、财务状况、组织管理等进行评审。通过评审的项目,由省扶贫办批准后向省农业银行推荐;未能通过评审的项目纳入项目库储备。

国家要求农行按照"放得出、收得回、有效益"的原则来选择项目。农行可自主选择、独立审贷,最终确定可以获得贷款的项目以及贷多贷少、贷长贷短,但是必须要在扶贫部门推荐立项的范围之内进行评估审批。没有扶贫部门立项而投放资金的项目,不能使用扶贫贷款。经农行审批的贷款,任何部门不得随意对贷款进行调整和分解,更不能挪作他用,否则当地将被扣减当年或下年的扶贫贷款指标。

(二)资金规模及投向

X 州自 1986 年发放扶贫贴息贷款以来,总体来说其规模在扶贫资金总量中所占的比重极大,尤其是 20 世纪 90 年代中期以来,一直是扶贫资金最主要的来源。而且除个别年度外,基本上呈递增趋势。虽然新世纪以来比重略有下降,但在扶贫资金的构成中仍然占最主要的地位(见表 4 - 1)。

表 4 - 1 X 州扶贫贴息贷款资金规模①

年份	扶贫资金总额	扶贫贴息贷款	所占比重(%)
1991	2145.37	414.37	19.31
1992	2110.10	642.10	30.43
1993	2115.80	496.80	23.48
1994	3236.20	988.20	30.54
1995	4786.00	2504.00	52.32
1996	6059.00	3770.00	62.22
1997	8474.50	5746.00	67.80
2001	8101.42	4727.00	58.35
2002	6625.00	3854.00	58.17
2003	8004.50	3670.00	45.85
2004	10771.14	5973.00	55.45
2005	15141.05	6475.00	42.76

① 说明:(1)1998~2000 年三年的数据缺失。(2)1997 年之后,X 州开始从扶贫贴息贷款资金中切出一块实施小额信贷。扶贫办的资料将两者数据列在一起,因此 2001~2005 年的数据中包括了小额信贷的部分。由于小额信贷资金所占的比例极小(通常在 5% 左右),所以上述数据总体上依然反映了扶贫贴息贷款的规模变化。

　　作为支撑贫困地区经济社会发展的重要力量,国家对扶贫贴息贷款投放的领域有明确的规定,主要是那些能够带动低收入人口增加收入的种养业、劳动密集型企业、农产品加工业和市场流通企业以及一些基础设施建设项目。在实际工作中,被主要用于扶持省确定的100个龙头企业和各地州确定的龙头企业。

　　扶贫贴息贷款投放之初,X州的扶贫贴息贷款主要用于工业项目,很少能直接到达贫困农户手中。例如X州1991～1993年共获得扶贫贴息贷款1553.27万元,实施的主要项目有:纸浆厂、电站、铅锌矿、铜矿、木制品厂、电冶厂、保健饮料食品厂等。

　　新时期,政府更多地开始利用扶贫贴息贷款推进产业结构调整和农业产业化发展。X州在扶贫规划中明确提出要实施整村推进、产业开发、劳动力培训转移为中心的"一体两翼"战略。整村推进和劳动力转移项目更多的是依靠财政扶贫资金来实施,而产业开发的扶贫资金则主要来自于扶贫贴息贷款。州政府在结构调整和产业扶贫上的思路是立足优势资源,培育特色产业。第一,大力发展特色经济作物;第二,把畜牧业作为贫困地区农民增收的重大产业扶持;第三,开发有特色的旅游产品;第四,重点培育和扶持一批农业产业化龙头企业。这一思路在发放扶贫贴息贷款时主要体现为:扶持科技示范园,提高科技含量,发挥示范带头作用;扶持种养业大户,发展能人经济;扶持农贸市场建设,促进商品流通;扶持农村基础设施建设,改善生产条件。虽然从X州扶贫办近年来推荐立项的项目中我们可以看到当地政府的努力(见表4-2),但是受到现有体制、经济发展条件等诸多因素的限制,扶贫贴息贷款中农业产业化龙头企业所占的份额依然较低,对种植业、养殖业和加工业的扶持力度仍然不够。

表 4 – 2 2003 ～ 2004 年 X 州扶贫办推荐立项的项目①

单位:万元

序号	贷款项目或单位	贷款金额	自筹金额
1	Z 县生态移民	500	
2	XL 公路 37 公里和 DL 吊桥 100 米	500	373
3	F 镇 16 公里油路	500	650
4	TX 油路 20 公里	500	37
5	TD 桥 150 米、JD 桥 104.6 米	500	329.6
6	地热生态风景旅游度假区扩建项目	150	
7	W 县电站 35KV 输变电项目	325	280
8	Z 县泌尿肝胆专科医院住院楼改扩建工程		
9	Z 县特色乳业开发建设项目	450	240
10	Z 县畜产品开发扩大生产项目	260	360
11	杂交玉米制种基地建设项目	200	250
12	X 州疾病预防控制中心		
13	W 县木制品厂	100	
14	W 县供销社药材土产公司	117	
15	W 县酒厂	51	
16	WD 供销社	149.7	
17	KP 供销社	125.2	
18	TC 供销社	89	
19	YC 供销社	280	
20	D 县日用品工业公司	270	
21	B 镇供销社	91	
22	W 县自来水厂	65	
23	W 县建工集团	197	
24	开发区天然营养植物开发公司	100	
25	DL 客栈	180	200

① 表格中的空白处为数据不详。

26	Z县乡镇特产品交易市场	200	
27	X州旅游脱贫服务中心	300	520
28	X州农村剩余劳动力技能培训服务中心	300	520
29	X州民族歌舞展演中心	120	
30	D县生态旅游景区基础设施建设	500	
31	Z县绿色无公害农产品交易市场	200	223
32	Z县利达驾驶员城和废旧物资回收站	200	500
33	X州国际劳务输出机构	400	100
34	某旅游景区建设项目	300	4123
35	Z县某食品进出口公司	500	574
36	Z县民族医药开发项目	400	325
37	Z县某旅游商品开发项目	350	800
38	Z县民族村旅游开发项目	300	900
39	Z县某酸菜厂	350	269
40	某大酒店经营周转金	500	
41	X州某大酒店提升改造项目	200	974
42	Z县民族风情宫	500	790
43	Z县汽车维修中心	200	268
44	某药浴康体中心	500	160
45	D县垃圾处理场建设项目	500	1700
46	全国病虫区域监控站X站建设项目	100	100

（三）扶贫贴息贷款资源传递中存在的问题

1.扶贫贴息贷款的贴息期限过短。现行的扶贫贷款资金贴息政策规定,扶贫贴息贷款的使用期限按生产周期确定,贴息期限为一年。在贴息期限内,贷款执行优惠利率,利息由国家财政补贴。由于超过一年的贷款,不再执行优惠利率,因此贷款期限普遍较短。而贫困地区的项目特别是种植业、养殖业、加工业之类的项目,存在着生产周期长、比较效益低、自然风险大等特点,难以在一年内产生效益。这样往往容易造成项目才刚刚起步,尚未产生效益便面临需要偿还贷款或者无法享受贴息的问题。结果很多实施的项目成了半拉子工程,难以成为有利于贫困地区建设,有利于贫困农户增加收入的项目。

2. 资金投向上重点不突出。大型基础设施项目所占比重过高,对种、养、加项目的扶持不够。国家要求重点支持能够带动低收入人口增收的种养业、农副产品加工业,但是从表4－2中可以看出,在46个州扶贫办推荐立项的项目中,种植业、养殖业和加工业加在一起也仅有7项。按照规定扶贫贴息贷款可以适当兼顾农村基础设施建设,但主要是节水灌溉、人畜饮水、农村沼气、草场围栏等小型项目。但是当地大型基础设施的项目资金几乎都是500万元,是州级审批范围的上限。此外,州扶贫办显示的一些数据及文件表明,经省推荐立项的一些较大的种养加项目,银行未予支持,也并没有说明理由。

3. 不良贷款居高,有些地方不良贷款甚至超过50%。

4. 扶贫资金不能入村到户,对贫困农户的直接扶持不够,贫困农户从项目开发中获益甚微。尤其是2002年8月起农行将各区、乡的分支机构收回,在基层不设网点使得农户更难以得到贴息贷款。

出现这些问题的根本性原因在于信贷扶贫资金在传递过程中,分配主体目标的矛盾性。这种矛盾性表现在三个层次上:首先,是农业银行自身存在的贷款政策性安排和商业化运作的矛盾。扶贫贴息贷款不同于其他扶贫资金,属于政策性较强的商业运作的信贷资金。政策性要求资金的使用以最贫困的群众受益为目的,在投向上突出种养业项目;商业性要求"贷得出、收得回、有效益"。因此农业银行在执行扶贫政策的同时,还存在商业的要求。如担保抵押不落实的项目,决不能贷款。而贫困地区最大的困难就是经济落后,担保抵押往往最难落实,因此产生"贷款难"和"难贷款"的问题。从2000年开始,有些地方的农行还实行了贷款责任制,每年规定清收任务,放出去的贷款收不回来要被追究责任。在这样的压力之下,扶贫贷款更不会以农户为对象了。

其次,是扶贫部门和农业银行之间的矛盾。在现有体制下,对贴息贷款项目的审查权主要集中在扶贫办手中,农行只能在各级扶贫办批准同意推荐立项的项目中最终确定放贷对象,自己不能自定项目。但同时农业银行要对所批准的贷款项目承担经济风险。在这种情况下,扶贫办在项目前期审批中的倾向性基本上决定了贴息贷款传递的范围。但是仅靠对项目实施范围的政策性规定显然难以保证这种倾向性与农业银行的倾向性一致。

最后,最根本的矛盾来自于地方政府自身面临的困境。X州是少数民族聚居区,其生存与发展问题既是经济问题,又是政治问题、民族问题。贫困问题的严重性、贫困地区绝对贫困的长期性、相对贫困的日趋扩大,共同决定当地政府有着巨大的脱贫动力。但是在现实生活中,地方政府同样是理性经济人,在现行的政治制度和绩效考核体系下,有追求财政收入最大化、追求高GDP的内在倾向。尽管发展地方经济和扶持贫困人口这两方面的根本利益一致,但亦存在着长远利益和短期利益的矛盾。政府在资金供给严重短缺的情况下,往往会利用有限的精力和财力,把资金投入到对增加财政收入最为直接的领域,而这些领域与扶贫目标并非总是吻合。

二、小额信贷

目前X州的小额贷款项目根据项目目的、资金来源和运行机构可以分为三类:小额信贷实验项目、政策性小额信贷扶贫项目和农户小额信贷(见表4-3)。本文所讨论的是第二类。小额信贷扶贫是专门的小额信贷机构向贫困农户提供小额有偿有息的信贷资金,实行"有偿使用、小额短期、整贷零还、小组联保、滚动发展"的原则,同时指导帮助支持贫困农户实现可持续发展的一种全新的扶贫方式。对这一概念的强调是想解释由农村信用社传递的农户小额信贷并不在本文讨论范围之中的原因。农户小额信贷并非严格意义上的扶贫小额信贷。第一,两者的服务对象不同。扶贫小额信贷以农村中的贫困人口为投放对象,而农户小额信贷则是以农村中有生产能力的一般农户为服务对象。第二,资金来源不同。农业银行传递的扶贫小额贷款主要来源于扶贫贴息贷款中的切块资金,而农村信用社传递的农户小额贷款则来自于信用社吸收的存款以及中央银行给予的再贷款。第三,贷款的方式不同。扶贫小额贷款需要几户联保、多次还款,而农户小额信贷则通过评定信用等级的方法放贷,并且要求一次还清。

表 4 - 3　中国小额信贷项目的类别

类别	目的	资源来源	传递机构
小额信贷实验项目	探索小额信贷的各种模式及政策建议	国际机构捐助或软贷款	非政府组织为主
小额信贷扶贫项目	帮助贫困农民脱贫	扶贫贴息贷款	中国农业银行
农户小额信贷项目	扶持"三农"	农村信用社存款和中央银行再贷款	农村信用社

(一)小额信贷中扶贫资源的传递过程

X 州的小额信贷扶贫工作起步于 1997 年 6 月。当时省政府在 X 州的 W 县 YC 乡和 D 县 YM 乡各安排 50 万元进行小额信贷扶贫工作的试点。到 1997 年底,共组建 142 个小组、44 个中心组,参与农户 710 户,投放资金 64.6 万元,回收率达 100%。试点成功后,这一扶贫方式于 1998 年在全州 15 个扶贫攻坚乡铺开。2000 年,州扶贫办出台《关于进一步加强 X 州小额信贷扶贫工作的意见》,提出了"积极试点、认真总结、规范发展、逐步推广"的方针,明确了小额信贷要以贫困村为主战场、以贫困户为主要对象、以扶持发展种养业为重点的投放方向,并且提出了规范小额信贷管理工作的具体制度和措施。此后,小额信贷工作在全州范围内全面实施。

X 州的小额信贷扶贫资金主要来源于四个方面:第一,由农业银行传递的信贷扶贫资金;第二,由扶贫部门传递的对口帮扶资金;第三,由财政部门和扶贫部门共同传递的财政资金;第四,由非政府组织传递的社会资金。由于非政府组织传递的社会资金规模极小,来源很不稳定,法律地位模糊;对口帮扶资金也不是小额信贷的主体;而用于小额信贷的财政资金,在不同程度上存在着界限不清晰、运行不规范的问题①,因此,本章只针对农业银行

---

① 《国家财政扶贫资金管理办法》和《省财政扶贫资金管理暂行办法》中都规定了财政扶贫资金不能用于小额信贷及其他形式的有偿使用,但是在实际中很难区分来源于财政资金的那些小额信贷资金是属于一般的财政资金还是财政扶贫资金。

系统传递的信贷扶贫资金中用于小额信贷的部分进行分析。

省、州及所辖三县在同级扶贫开发领导小组内设立小额信贷扶贫领导小组及工作机构——省、州、县小额信贷办,并在乡镇设立乡镇小额信贷站;同时在省、州、县各级农行相应设立管理小额信贷扶贫贷款的机构,这两个机构协调配合,共同保证小额信贷中扶贫资源的有效传递。

省扶贫开发领导小组统筹计划,确定全省的小额信贷规模;同时地(州、市)、县级对小额信贷资金的实施规模有计划权和调控权。在程序上表现为由州扶贫办和州农业银行向省农业银行上报年度小额信贷扶贫资金计划。经省扶贫办和省农行协商后,由省农行下达各地(州、市)、县的小额信贷扶贫贷款计划。县级对计划进行调整,须经地(州、市)小额信贷办和农行共同研究同意后才能调整实施。总体来看,X 州小额信贷的资金规模不大,从1997 年 6 月到 2005 年末,全州的小额信贷扶贫资金累计发放 3716 万元。此外,现有的数据显示,小额信贷发放规模也不均衡。2003 年,全州的小额信贷规模是 970 万元,而 2004～2005 年两年的发放总额为 805 万元。

小额信贷是新生事物,刚起步时不为群众所知。因此,乡镇小额信贷站首先对村干部和群众进行小额信贷基本原则、制度、程序方面的培训,动员贫困农户积极参与小额信贷。

在县小额信贷办公室的领导下,由乡镇政府协助乡镇小额信贷工作站在各乡镇建立小额信贷小组和中心。申请贷款的农户按照自愿的原则,每五户结成联保小组。小组中的每一户从贷款开始到还贷都要承担“五户一连,风险共担,一户不还,四户分摊”的联保责任,以确保较高的还款率。在确定联保小组时,工作站的人员通常会动员专业户带动贫困户,教给贫困户生产技术和生活消费的技巧,发挥五户联保的作用。

农户提出贷款申请后,乡镇小额信贷站首先要逐个对农户的生产、生活状况、人员构成、文化程度、贷款额度、准备实施的具体项目以及脱贫计划等进行详细的了解,从而为确定扶持对象打好基础。然后在调查摸底的基础上,按照“小组拿意见,中心或村委会二审搞筛选,乡镇工作站三审定方案”的三审原则自下而上逐级审定。三审通过后,由农行与农户签订贷款合同,资金直接贷给农户①。审查中发现有以下情况的不予贷款:丧失劳动能力和以救济为生者不贷;好吃懒做、有恶习者不贷;还款意识差和原有贷款未还清的不贷;不执行计划生育政策的不贷;智力低下和无生产能力的不贷;非常住人口不贷;不愿意组成联保小组的不贷;不自愿申请者不贷。

贷款项目以种养业为重点扶持对象,一般是可以解决温饱问题,促进贫困人口增收的项目。贷款资金实行有偿有息、循环使用3年的原则,三年为一周期。利息按照国家当年颁布的专项扶贫贷款利率和贫困户实际用款天数计收,坚持利随本清。每一次的贷款金额在1000~1500元之间。如果贷款农户扶持效果好、还款及时,贷款额度可以增加到2000元,最高限额不能超过3000元。根据2006年X州小额信贷办公室的统计数据,当年受益农户平均每户获得资金为1713.78元。

贷款不允许用来偿还债务、预交各种摊派、缴纳罚没款、办红白喜事、建住房,也不允许转存其他金融机构或转借他人使用。

放贷之后,小额信贷站还要对资金是否在15天以内到达项目、项目实施进度、资金是否专款专用、所选项目是否取得收益等内容进行检查。

还款时坚持整贷零还原则,实行24次还款制度,对于交通不便、居住分散确有困难的地方,可适当延长还款周期,选择12次还款制度。还款形式确定后,要报省小额信贷办备案。

为了化解和防范资金风险,乡镇小额信贷站按贷款比例向小组和中心收取费用,建立基金。此外,还定期召开中心会议,就放贷、还款、收款等事项交流经验、传递信息、技术指导、宣传政策等。

还贷情况直接和能否获得更多的扶贫资源挂钩。各级小额信贷办以乡镇为考核单位,对还款率高的地方继续放贷。还款率达到90%以上的,所需贷款规模由省农行统一调剂安排;还款率达到70%以上的,贷款规模由州、县农行统一安排;还款率低于70%的,只能在本乡镇的存量范围内收回

---

① 小额信贷实施之初是由乡镇小额信贷站向农业银行承贷承还,2001年之后,逐渐转变为由农业银行直接与农户建立借贷关系,将资金直接投放到户。

多少贷多少;还款率低于50%的地方只收不贷。

　　为了确保小额信贷扶贫严格按省委、省政府的要求顺利开展,省财政每年安排一定资金,作为工作站经费补助,以确保工作机构业务的正常开展。

　　归纳起来,小额信贷资金在传递过程中主要由各级农行设立的管理小额信贷扶贫贷款的机构负责对资金的管理;由各级扶贫办设立的小额信贷办公室负责规划的制定和对项目的管理,各自的职责如下(见表4-4):

表4-4　小额信贷扶贫中各相关部门的职责划分

机构	职责
省小额信贷办	1. 代省扶贫开发领导小组制定全省小额信贷扶贫的总体规划、实施方案以及拟定小额信贷扶贫的有关规定及管理办法等; 2. 统筹计划,确定规模,调配资金,监测审计,组织对小额信贷扶贫进行政策调研,总结交流经验,加强人员培训; 3. 宏观指导和监督检查各地和有关部门贯彻执行中央及省委、省政府有关小额信贷的方针、政策,小额信贷的业务工作和各项规章制度的执行情况。
州小额信贷办	1. 代地州市扶贫开发领导小组编制全区小额信贷工作规划、年度计划,按照省小额信贷办公室有关规定拟定全区小额信贷扶贫的具体贯彻实施意见; 2. 指导县、乡小额信贷的业务工作; 3. 培训县、乡小额信贷的业务人员,搞好统计监测,组织好小额信贷政策调研; 4. 加强与农行的联系合作,确保农行小额信贷扶贫贷款及时、足额到位; 5. 配合有关部门,加强对县、乡小额信贷扶贫资金的检查、审计和监察工作。
县级小额信贷办	1. 代县级扶贫开发领导小组编制小额信贷扶贫工作规划、年度计划; 2. 审查、检查小额信贷扶贫项目,搞好统计监测; 3. 加强与农行的联系与合作,确保农行信贷资金安全、及时、足额发放到群众手中; 4. 管理乡(镇)小额信贷工作站工作,抓好培训,组织好配套服务; 5. 配合有关部门加强对乡(镇)小额信贷资金的抽查、审计工作。
乡镇小额信贷站	1. 代本乡(镇)人民政府编制乡(镇)小额信贷扶贫工作规划和年度计划; 2. 选定扶贫对象,搞好建档立卡工作,组建管理各中心和联保小组工作,建立健全工作站站长、会计、出纳、信贷员岗位责任制,建立健全中心主任、小组长工作职责和岗位责任; 3. 帮助贫困户选好项目,并围绕项目提供产前、产中、产后各项服务; 4. 坚持每月召开一次中心会议,确保中心会议制度化、正常化,协助农行做好放贷工作,并认真负责地按农行《"小额信贷"扶贫贷款委托代收代管协议》做好信贷资金管理、收回及再贷工作。

中心主任	1. 组织小组成员选择开发项目,申请扶贫资金; 2. 每月召开一次中心会议,交流生产经验,传递市场信息,开展技术培训,落实联保责任,宣传扶贫政策; 3. 协助信贷员做好放款、收款及回收再贷工作。
小组长	1. 监督组员参加中心会议,监督组员执行规章制度; 2. 组织组员讨论、选择、实施好生产项目,确定贷款数额,合理使用贷款,落实联保责任; 3. 团结互助,督促组员按期还款付息和缴纳小组基金; 4. 协助工作站人员开展社区精神文明建设,参与社区发展规划的制定。
省级农行	1. 在省扶贫开发领导小组的统筹安排下,下达年度小额信贷扶贫贷款计划; 2. 负责农行小额信贷扶贫贷款的业务工作; 3. 按照农总有关规定,拟定管理小额信贷扶贫贷款的有关管理实施细则、办法,并定期进行监督、检查; 4. 承担全省各地(州、市)县扶贫信贷业务人员的培训工作; 5. 定期检查各地(州、市)县小额信贷扶贫到户的账务,配合省级有关部门对州、县小额信贷扶贫到户资金进行审计监察。
X 州农行	1. 按照省农行下达的小额信贷计划,及时下达到所辖各县支行; 2. 按照农总行及省分行的有关规定,拟定全区小额信贷扶贫贷款的有关贯彻办法,并定期进行监督、检查; 3. 管理全区小额信贷扶贫贷款到户资金的业务工作; 4. 培训县级扶贫信贷业务人员; 5. 定期检查县级小额信贷扶贫贷款到户账务,配合有关部门对各县小额信贷扶贫到户资金进行审计。
县农行	1. 严格按照上级下达的扶贫贷款计划,及时审查贷款项目,发放贷款。根据实际情况,确需调整贷款计划的,须报上级主管部门批准; 2. 管理乡(镇)农行小额信贷资金的业务工作; 3. 培训县支行所辖小额信贷扶贫贷款工作人员和财会人员; 4. 定期检查乡(镇)农行小额信贷扶贫到户资金的账务,配合有关部门对乡(镇)小额信贷扶贫到户资金进行审计; 5. 搞好统计工作,及时、准确地提供各类账表和票据。
基层信贷组	1. 按照农业银行下达的小额信贷扶贫到户资金规模计划,依据乡(镇)小额信贷工作站提供的贫困户贷款规模及生产项目花名册,1 个月内要与贫困户签订贷款合同,及时、足额地把农行小额信贷扶贫资金发放到农户手中; 2. 自主发放贷款,与乡(镇)共同做好回收以及回收再贷工作; 3. 加强对贷款的检查和贷款档案的管理工作,确保贷款的使用用途和使用效益; 4. 加强对小额信贷专职信贷员的管理工作,使信贷员尽职尽责地做好资金的发放和回收工作,最大限度地避免贷款资金风险; 5. 按回收资金总额的 5‰和回收利息总额的 5%的标准,每个季度结算一次,给乡(镇)工作站支付手续费。

（二）资源传递的特点

1.资源传递的终点以贫困农户为主

小额信贷不仅是一种信贷方式，更是一种能有效保证扶贫资源传递到贫困人口手中的扶贫方式，其资源传递的终点一般为贫困农户，有效地解决了扶贫资金入户难的问题。更重要的是"主要是由于它直接有助于改善穷人持续地获得资金的机会和途径，并在获得资金的过程中间接改善穷人获得其他财产的机会和能力"①。实行小额信贷扶贫方式的最初目的就是为了解决信贷扶贫资金难以入户的问题。总体来看，X州小额信贷的资金规模虽然不是很大，但是覆盖面较为广泛，到目前，全州29个乡镇中已有25个乡镇实施了农村小额信贷扶贫到户工作，共组建694个中心、4687个小组，覆盖全州184个行政村中的141个，使21,683户、108,415人受益。受益农户平均每户获得资金1713.78元。这些数据表明，小额信贷在资金入户这一点上较好地实现了政策的初衷。

2.资源传递的领域灵活，目标单一

贷款户可以根据自己的实际，因地制宜地选择从事与解决温饱、增加收入相关的项目，宜种则种、宜养则养、宜林则林、宜商则商。在累积发放的3716万元小额贷款中，扶持开发种植业734万元、养殖业1442万元、加工业224万元、其他1316万元。其他这一项占35.4%，这虽然是当地统计工作不够细致的反映，但也在一个侧面上体现了项目选择的灵活性和资源传递领域的多元化。

此外，资源传递的过程中，目的明确、目标单一，紧紧围绕解决温饱这一核心，重点扶持短、平、快项目，使贷款农户实现钱粮增收。例如，W县YZ乡贷款农户李xx家，全家5口人，劳力2人。贷款前家境贫寒，粮食都不够吃。1999年8月，得到小额贷款1500元，做小杂货买卖，一年后纯赚3500

---

① 吴宝国：《扶贫模式研究——中国小额信贷扶贫研究》，中国经济出版社2002年版，第22页。

元,还清了贷款后,买了一头牛、一匹马、两头猪,大大改善了生产生活条件。

3.在传递扶贫资金的同时,提高了劳动者的素质

这是小额信贷扶贫方式在资源传递过程中最引人注目的特点。小额信贷扶贫方式不仅为那些致富心切却没有发展资金的贫困农户提供了资金,更重要的是在贫困人群使用资金创造财富的过程中,增加了农户对信贷的认识,培养了他们参与市场的能力,提高了劳动者的素质。小组联保模式通过贫困家庭共同对贷款负有连带责任以增强抵御贷款风险的能力。整贷零还制度可以自始至终地督促贷款户努力生产,促使农户千方百计寻找增收门路。因为借款农户必须定期还款,这就促使他们周密计划、精打细算,转变了贫困户的依赖思想,激发贫困户自身的潜力,最终达到变"要我干"为"我要干"。定期召开的中心会议制度把贫困人口组织起来学知识、学技术、改变观念,提高生产经营能力,同时通过日常频繁的接触和讨论使这些贫困家庭建立起一种组织方式,有助于使贫困人口向自治组织转化。

(三)小额信贷扶贫资源传递中存在的问题

1.资源规模总量较小,不能满足扶贫需要

从总量上看,如前文所示,从1997年6月到2005年末,全州的小额信贷扶贫资金累计发放3716万元。2004~2005年两年的发放总额为805万元,仅占扶贫贴息贷款总额的6.5%。从资源传递的终点来看,目前仍然有30%以上的贫困人口得不到小额信贷扶持。从资金强度看,即使那些得到贷款的农户,近十年来累计得到的贷款平均只有1713.78元。由于资金规模的局限以及对贷款额度的限制,农户的贷款大多只能解决购买种子等最低级的农业生产活动需要。虽然小额信贷扶贫贷款的项目设计主旨就是为了解决生存性问题和满足简单的再生产,但是低资金强度在一定程度上减弱了某些扶贫项目的效果,也无法满足一些已经解决了温饱但需要维持生产的需要。当前我国农业产业结构调整持续升级,对资金的需求也在迅速增加,现有的信贷规模难以满足农户扩大再生产等方面的需求。

小额信贷扶贫项目资金的主体是扶贫贴息贷款的切块资金,如何切块在很大程度上取决于省级政府,然后是地(州、市)县政府。扶贫贴息贷款相对而言是比较大的一块资金,但是出于对利益最大化的考虑,各级政府对这一块总是切得小心谨慎。而与此同时,由于小额信贷机构没有合法的金融机构地位,使扶贫资金的来源受到限制,社会扶贫资金很难被用于小额信贷扶贫的实践之中。

2.非政府组织实施小额贷款扶贫项目法律地位模糊

依据我国目前的政策,非金融机构严禁从事金融业务,因此非政府组织实施小额信贷项目是不合法的。小额信贷的试点项目大多是由国际多边或双边组织或地方政府出资,由某些挂靠在政府机构之下的半官半民性质的社团机构进行实施。这种形式上的变通虽然缓和了与政策的矛盾,但并不能从根本上解决问题,由此也导致这些机构不能以合法的身份扩大规模,更缺少动员整合资源的能力及持续发展的可能。

第五章 X州社会扶贫中资源的传递

　　动员和组织社会各界参与扶贫,是我国扶贫开发工作的一条基本经验。按照扶贫资源提供的主体和传递的渠道,我们将X州的社会扶贫活动分为政府非专职机构扶贫、外国政府及具有政府背景的国际机构扶贫和国内外非政府组织扶贫三种模式,其中政府非专职机构扶贫又包括机关定点挂钩扶贫和对口帮扶两种形式。

一、政府非专职机构扶贫

　　虽然前文已经讨论过政府扶贫和社会扶贫之间的界限,在这里还是想进一步说明虽然扶贫主体同为政府机构,但政府扶贫与政府非专职机构扶贫之间仍然有所不同。

　　之所以把政府非专职机构扶贫列入社会扶贫的范畴,是因为从扶贫资源的来源和使用方式上看,政府非专职机构扶贫更具有社会扶贫的性质。以州财政局的扶贫活动为例,从扶贫资源的来源看,当其传递中央财政和省财政下拨的财政扶贫资金时,其行为属于政府扶贫;当其向内部职工发出倡议,募集物资向其所在的挂钩贫困点捐款捐物,或者动用其掌握的其他资源进行扶贫活动时,其行为属于政府非专职机构扶贫。从职能上看,前者是履行职责,做其分内之事,而后者——挂钩帮扶具体的扶贫点则是属于财政局基本职能之外的事务。从资源的传递方式来看,州财政局在进行社会扶贫时,资源传递方式更加灵活便捷、自主性更大、中间环节更少。例如,州财政局要求扶贫点的乡镇财政所必须建立扶贫资金专户,专项结算扶贫资金,挂钩扶贫的资金由州财政局直接拨付至专户,不必像政府扶贫中那样通过县级财政逐级传递。2002年,州财政局专门制定了用于挂钩扶贫点各建设项目的扶贫资金管理办法。这种做法本身就说明了州财政局在进行政府扶贫和进行社会扶贫时是不同的。

(一)机关定点挂钩扶贫中的资源传递

1.基本情况

1994年以后,各省和地(市、州)政府组织了大规模的定点扶贫工作,广泛深入地开展了包县、进村、到户的帮扶活动。以省级为例,1994年,该省作了挂钩扶贫工作的总动员,省委、省政府办公厅出台了《关于继续搞好省级机关挂钩扶贫工作的通知》,全省共有89个省级机关、55个科研院所、18所大专院校、43个社会团体、10个驻昆单位分别与73个贫困县进行了挂钩扶贫。其中,省教委和林业部西南勘查设计院挂钩Z县;省扶贫办、K市动物研究所和国家有色金属总公司挂钩W县进行扶贫活动。X州的机关定点扶贫工作正是在这一背景下全面展开并逐步走向制度化的。

1994年州委、州人民政府出台了《关于州级机关开展挂钩扶贫重点攻坚的意见》,按照上级政府提出的"省级机关挂钩扶贫要落实到乡,地、县挂钩要落实到村"的要求,当时共有33个部门和单位挂钩全州33个贫困乡的76个贫困村。

"九五"期间(1995～2000年),经过4次调整和充实,全州(包括州级和县级)共有250个机关单位确定了挂钩扶贫点。在挂钩扶贫点直接投入资金1538.1万元,帮助引资1613.4万元,捐物折款382万元。实施项目442个,引进技术46项,人才87人。举办各类培训班346期,培训各类人员23,467人。

根据《中国农村扶贫开发纲要(2001—2010年)》的精神,"十五"期间(2001～2005年),州政府对外积极争取省级机关单位与当地的挂钩扶贫,对内进一步充实和加强挂钩扶贫工作。2003年3月,州委、州政府办公室下发《关于进一步加强挂钩扶贫工作的通知》,适当调整了挂钩扶贫点,要求各挂钩单位要成立领导小组,确定具体责任人,并出台了《挂钩扶贫年度量化考核标准》。

"十五"期间,X 州共有 1 个国家部门、12 个省级部门、90 个州级部门以及 175 个县级部门实施挂钩扶贫工作。国家和省挂钩单位在挂钩点上直接投入资金 823 万元,物资折款 11.8 万元。州县两级机关投入资金 2625.8 万元,物资折款 442.57 万元。全州有 1996 个党员和干部实行结对帮扶3207 户。

2. 资源传递过程

(1)机关挂钩扶贫分配方案的确定

在挂钩扶贫工作的初期,按照"地、县挂钩要落实到村"的要求,州政府的做法是在一些最贫困的乡镇中确定最贫困的村,然后把实施定点扶贫的单位和这些村一一确定对应关系。由于初期实施挂钩扶贫的单位较少,所以有时一个单位要与几个村挂钩。随着挂钩扶贫工作的深入,实施定点扶贫的单位逐年增加,州政府通常采用在地域上划小帮扶范围的做法,使扶贫资源的传递不交叉重叠。但是一方面从扶贫方来说,由于挂钩扶贫单位拥有的权力不同,其动员扶贫资源的能力也大相径庭;另一方面从被扶持方来说,由于地理位置、致贫原因的不同,其贫困状况与分布也有很大差别。简单地确定对应关系不能保证扶贫资源充分、有效地传递。因此 2002 年州扶贫开发领导小组完善了挂钩扶贫的分配方案。

首先州扶贫办将全州副处以上的单位都确定为挂钩扶贫单位,全州共有 77 个单位。然后州政府根据动员资源的实力将这 77 个单位分为两个层次,其中 36 个单位为较有实力的单位,分别是:(1)州人大办军分区、(2)国税局、(3)林业局、(4)人事局、(5)民政局、(6)科委、(7)旅游局、(8)党委办、(9)宣传部、(10)统战部、(11)城乡局、(12)财政局、(13)水电局、(14)计委、(15)土管局、(16)地税局、(17)经贸委、(18)广电局、(19)政协办、(20)州纪委、(21)组织部、(23)政府办、(24)农牧局、(25)扶贫办、(26)教育局、(27)文化局、(28)交通局、(29)卫生局、(30)民宗委、(31)州农行、

（32）州人行、（33）建设局、（34）司法局、（35）审计局、（36）工商局。

另外41个实力较弱的单位分别是：（1）州电力公司、（2）螺丝湾电站、（3）移动公司、（4）粮食局、（5）安全局、（6）计生委、（7）残联、（8）团委、（9）直属工委、（10）环保局、（11）电信局、（12）社会保障局、（13）工商行、（14）公安局、（15）法院、（16）农发行、（17）保密局、（18）林业公安、（19）保险公司、（20）技术监督局、（21）州委农工部、（22）检察院、（23）邮政局、（24）老干部局、（25）州建行、（26）州民族专科学校、（27）体委、（28）文联、（29）报社、（30）党校、（31）州志办、（32）药检局、（33）档案局、（34）气象局、（35）监察局、（36）统计局、（37）政法委、（38）工商联、（39）党史办、（40）州创新办、（41）妇联。

州扶贫办对两类单位按照不同的依据确定不同的分配原则。对于前者安排贫困程度深、扶贫攻坚任务重的行政村。分配原则是：36个单位中的40%平均分到各县、30%根据各县贫困人口数量多少按比例分配、30%则根据各县所辖乡镇分布在澜沧江沿岸的个数按比例分配。对于后者则安排那些未列入省、州各类重点扶持项目的自然村。这是因为：第一，自然村比行政村的范围要小，扶贫工作容易开展；第二，政府确定扶贫项目实施点时通常是瞄准那些最贫困的地方，那些未被列入各类重点扶持项目的，当地的贫困程度通常较其他地方要轻一些。分配原则是：41个单位中的40%平均分到各县、30%根据3县中非重点扶持行政村的个数按比例分配、30%则根据3县中非重点扶持的自然村个数按比例分配。（见表5-1）

表5-1 2002年X州挂钩扶贫名额分配方案表

分配依据	36个单位				41个单位				合计
	平均分配	上年末贫困人口数	澜沧江沿岸	分配小计	平均分配	非重点村个数	非特困自然村	分配小计	
所占权重	40%	30%	30%		40%	30%	30%		
Z县	5	3	0	8	6	5	2	13	21
D县	5	2	4	11	6	1	1	8	19
W县	5	6	6	17	6	6	8	20	37
合计	15	11	10	36	18	12	11	41	77

州扶贫办根据上述原则,将单位确定到县,由各县提出具体定点方案后报州政府,经批准后执行。

(2)选派干部蹲点扶贫

在确定了机关单位与贫困村各自的帮扶关系之后,各单位主要采取选派干部蹲点和到挂钩点所在乡镇担任扶贫副乡(镇)长两种方式推动扶贫工作。第一种方式比较简单,一般是由挂钩单位确定到扶贫点蹲点的人数和期限,然后在本单位的干部中轮流选派。

第二种方式则是由州委、州政府统一安排部署的。在《关于从党政机关、事业单位工作人员中选派扶贫副乡(镇)长工作的意见》中,州委、州政府对人员的选择、工作方式都作了明确的规定。主要内容包括:①保证干部在挂钩点每年10个月以上的工作时间(含争取项目、资金等的时间);②扶贫副乡(镇)长的工作应以扶贫为重点,不分管挂钩点所在乡镇的其他工作;③任期未满、未接到有关部门的通知之前,不得自行回原单位工作;④未经所在乡镇党委、政府指派或同意,不得离开扶贫工作岗位,否则按旷工处理;⑤对下派人员一般不予调换,如确需调换或需临时回原单位工作的,应报州委组织部或州人事劳动局同意后办理等。

(3)确定党员、干部结对帮扶制度

在单位挂钩和干部蹲点的基础上,将帮扶单位的党员和干部与挂钩点的贫困户一对一建立联系制度,一方面明确帮扶责任,另一方面使帮扶重点落实到贫困农户上。其具体措施如下:

第一,将全州的万余贫困户分别由州、县、乡(镇)3级党政机关、企事业单位、文教系统的党员、干部结对帮扶。参与结队帮扶的人员:州一级为副处以上的干部(含非领导职务);县一级为副科以上的干部(含非领导职务);乡镇一级主要是党员干部和农村党员中先富起来的农民党员。

第二,副处以上干部结对的贫困户,如果出现结对不平衡的现象,由县级组织部门和"村建"工作领导小组统一在本县范围内进行调整。

第三,结队帮扶关系一经确定,负责帮扶的党员、干部应按如下要求开展扶贫工作:①到贫困户家中深入调查其贫困状况和致贫原因;②帮助农户制定脱贫计划;③帮助农户利用小额信贷资金发展生产;④帮助农户在子女就学、农用技术推广、拓宽致富门路等方面力所能及地予以帮助;⑤乡镇级、县级及州级的党员干部每年到帮扶点的次数分别不少于5次、3次和2次。

第四,结对扶贫工作中州、县级的组织实施由州、县"村建"工作领导小组协同当地扶贫办负责,下设办公室;乡镇一级必须建立工作领导小组,由乡镇党委负责领导。各部门、各单位确定一名领导负责该项工作,确定一名联络员经常与领导小组办公室保持联系,同时要制定结对扶贫的方案并把联系贫困户的党员干部名单、主管领导和联络员名单逐级上报"村建"工作领导小组和扶贫办。小组办公室统一建立党员干部的工作档案卡,便于联系和考核。其内容如下:①党员干部建点工作的依据;②选点时的贫困状况;③帮扶措施和帮扶目标;④到帮扶点的次数、解决的问题及帮扶的成果;⑤年终考核情况。

3. 资金来源及投入领域

机关定点挂钩扶贫的资源主要来源于:第一,帮扶单位从自己主管的专项资金中拿出一部分来投向其挂钩联系点;第二,动员本单位职工捐款捐物;第三,直接来自企业、个人、社会团体等的捐赠。其投入领域主要以能直接帮助贫困农户解决生产生活问题的项目为主。以2004年部分挂钩单位的扶贫实践为例(见表5-2,2004年部分机关定点挂钩扶贫中的资金投向),可以清晰地看出机关挂钩扶贫活动中资金的来源及去向。

表5-2　2004年部分机关定点挂钩扶贫中的资金投向

挂钩单位	扶贫点	资金来源及投入领域
州国税局	NX乡 XY村	1. 16万办公经费,建1所希望小学 2. 5000元业务经费,为每户农户购买40米胶管用以抗旱 3. 社会筹资45000元,为农户建篮球场、村党支部活动室、购置乒乓球桌、电视、电脑等 4. 干部捐款16000元,购置生产生活用品

省公路局	XR 乡	1. 筹集资金 700 余万元，修建 19.3 公里油路 2. 投资 30 万元架设连接乡镇与中学的桥梁 3. 倡议筹资 10 余万元，修建政府办公楼 4. 捐赠书籍 1000 余册，并开展捐资助学活动
州广电局	XR 乡 CKT 村	1. 捐赠物资折金 4000 元 2. 3 万元办公经费，建设村医疗室
州日报社	ZL 乡 LML 村	1. 内部筹集 1 万余元，为村民购置变压器 2. 逢年过节捐款捐物，为农户购置生产生活用品
州计生委	LJ 乡 LJ 村	1. 委里投资 1 万元购买炸药等材料，组织村民投工投劳，修通 3.8 公里的土路 2. 全委 8 名干部职工每人结对帮扶 1 户有孩子读书的农户，每人捐资 200 元为孩子购买书本和学习用具 3. 春节前夕为每个农户送去 1 袋米、1 床棉被、1 双鞋 4. 业务经费中挤出 3000 元经费购买胶管以抗旱
Z 县地税局	WJ 乡 CJ 村	1. 内部筹资 2 万元，用于修路 2. 帮助农户牵线搭桥，在购销旺季销售山货，拓宽致富门路
州交通局	YC 乡 JX 村	1. 投资 480 万元，修建 24 公里公路 2. 全局 27 名干部确定结队帮扶对象，局领导另外每年为 1 位贫困学生捐助 200 元。 3. 对村里的剩余劳动力进行培训。 4. 春节前夕给每所村小学和村公所送 1 台电视机及桌椅板凳。
州科技局	KP 乡 CZ 村	1. 与村民共同商定脱贫致富计划 2. 捐赠 2200 元现金
州水电局	XR 乡 SB 村	1. 投入 100 余万元，用于全村的通电、农田灌溉、人畜饮水、畜种改良等项目 2. 新建村小学教学楼、教师及学生宿舍、村公所、卫生室 3. 捐赠慰问金
X 州藏学院	NX 乡 XF 村	1. 捐赠大米 2 吨 2. 发动干部职工捐款 1 万元 3. 资助 2 名当地学生每年每人 1200 元，直至中学毕业

4. 资源传递的特点

（1）强制性与自愿性相结合。

自从 1987 年国务院召开第一次中央、国家机关定点扶贫工作会议之后，定点扶贫工作便纳入政府的正式工作之中。此后，中央政府不断强调要把机关定点扶贫工作作为一种制度，长期坚持下去。因此从其产生和发展的背景来看，机关定点挂钩扶贫是在中央的统一安排之下逐级向下动员起来的。虽然这项工作不属于各单位的"本职工作"，但也绝不是可干可不干的事情，因而具有一定的强制性。

但是单位不同，对象不同，情况不同，任何一级政府通常也只能就帮扶的原则提出质的要求，而无法就如何帮扶、投入多少做出量的规定。例如 2003 年 X 州扶贫办《关于进一步加强挂钩扶贫工作的通知》要求："各部门要根据自己的工作职责和特点，充分发挥各自的优势，群策群力，在资金、物资技术等方面大力支持贫困地区的开发建设。所有参加挂钩的单位，务必把扶贫工作作为本单位的一项重要政治任务。各单位要成立领导小组，由主要领导负总责，亲自抓、亲自管、经常下去检查指导……，至今尚未建立挂钩联系点的州级国家机关副处以上单位，要由扶贫办负责安排，尽快补点。"因此在具体怎么干、干多少上有着很大的空间。所以，从许多项目的实施来看，其实并不完全是上级政府的硬性安排，而是出于帮扶单位的自愿行为。

尽管如此，我们依然可以看出政策对其的影响。例如 2003 年出台了《X 州农村扶贫开发纲要》和《进一步加强挂钩扶贫工作的通知》之后，X 州该年共在挂钩扶贫点上直接投入 750 万元，物资折款 230 万元，引进资金 296 万元，培训人员 3084 次，党员干部结对帮扶 1538 户，捐款 49.4 万元，捐物折款 47.4 万元，比 2001 和 2002 年有了大幅度的增长。

（2）资源传递围绕州政府的扶贫工作重点进行。

在州政府出台的《继续搞好州级机关挂钩扶贫工作的意见》中，明确提出"挂钩扶贫工作要着眼和落脚于保证党的基本路线和农村政策的有效贯彻执行"。如果这只是一个原则的话，那么州政府在部署扶贫项目的实施时，通常对此会有更加具体的要求。例如，2003 年州政府扶贫工作的重点是安居温饱工程，项目实施意见中明确指出："州、县挂钩扶贫点有安居温饱任务的，挂钩扶贫单位要抽出得力人员驻村帮户，协助完成该项工作"。又如 2005 年，州政府扶贫工作的重点是整村推进项目，州政府要求扶贫办"在确定项目的同时，提出整村推进与挂钩扶贫相结合的方案报州委、州政府，并以州委、州政府文件下达实施"。因此政府的扶贫政策、扶贫工作重点就成为挂钩单位开展扶贫活动时的工作导向，挂钩扶贫活动也成为政府扶贫有效和必要的补充。

(3)有针对性,能保证资金落实到最贫困的人口身上。

首先在扶贫地点的选取上,充分考虑了贫困人口的分布特点,确定帮扶区域大多是贫困人口集中的贫困村;其次,在定点挂钩扶贫中采取了干部蹲点扶贫的措施,保证了挂钩单位对帮扶区域内贫困情况的充分了解;最后,通过实施党员、干部结对帮扶,使帮扶者和帮扶对象从一个整体变成一个个具体的个人或家庭,从而进一步明确了责任。帮扶过程中信息的相对完全和充分保证了资金能够最终落实到最贫困人口的手中。

(4)资源传递渠道畅通、过程简单,能保证资源的有效传递。

挂钩扶贫中扶贫资源是由资源提供者即挂钩单位自己或者自己所管辖的在当地的机构或系统直接传递的。首先扶贫方式的选择、扶贫项目的确定和扶贫对象的瞄准都是由挂钩单位自己确定。这些决策的做出建立在他们与帮扶点相对密切的联系和充分的了解之上,同时充分考虑了自身动员扶贫资源的能力。再加上上级部门对项目并无硬性规定,这就保证了所确定的扶贫方案比较切合实际,可行性强。其次扶贫项目的实施通常是由挂钩单位组织当地群众一起完成,资源传递过程简单而直接,同时由于资源总量通常不大,因此漏出的可能性较小。

(5)资金规模不大,传递的效果大多不具有可持续性,扶贫工作基本停留在救贫济困、解决温饱的层面上。

从表5-2中可以看出,挂钩扶贫中尤其是省以下的单位,由于其动员资源的能力有限,所以提供的扶贫资源规模一般不大。资源的规模决定了扶贫的方式和扶贫的效果,最常见的扶贫方式是捐款捐物和资助在读学生;扶贫项目基本上属于单一项目,尚不能产生综合效益。

此外,在机关定点挂钩扶贫工作中,由于参加挂钩扶贫的单位越来越多,而县、乡(镇)、村的数量相对固定,因此上级政府通常采用划小扶贫范围的方法来保证帮扶对象的不交叉重叠。这种做法虽然有效地避免了重复投资、渠道交叉的现象,但也存在着难以产生规模效益的缺陷。

"坚持济贫帮困与开发扶贫相结合"这一工作原则决定了挂钩单位在开展工作时不仅仅是"条件好的修桥修路,条件差的捐款捐物",更应该将工作的重心转移到引导当地农民进行生产经营项目的开发,提供有益的信息和脱贫致富的机会,为农户牵线搭桥,拓宽致富门路,进行新思想、新观念和国家相关政策的宣传以及提高农民利用政策、信息、当地的资源等各种方法获取收入、提高自身摆脱贫困的能力等方面上。虽然在实际中大多数单位也确实在上述方面尽力而为,但是总体上看,这些方面发挥的作用还不够充分,定点挂钩扶贫方式的潜力还有待于进一步挖掘。

(二)对口帮扶中的资源传递

1.基本情况

早在新中国成立初期,该省的一批烟草、钢铁、化工等基础工业的建设就得到S市的技术援助。20世纪60年代,在周恩来总理的亲自关怀下,S市与该省建立了对口支援的友好合作关系,包括YA医院等在内的一批S市的企事业单位迁到该省,投身边疆建设,为边疆民族地区的稳定发展和巩固边防作出了贡献。同时,S市也从当地得到了大批原材料物资补偿,双方形成了良好的合作基础。

由于这样的历史背景,1996年国务院在部署东西扶贫协作工作时,将该省作为S市的对口帮扶对象,双方建立了协作关系。10年来(截至2006年上半年),S市政府共投入无偿帮扶资金8.27亿元,实施教育、卫生、文化等各类社会事业帮扶合作项目2300多项,实施了以解决温饱、整村推进为主的帮扶项目2675项,新建希望学校、光彩学校198所,帮助培训各类人才16.2万人次,输出安置劳务18801名。此外,S市的企业在该省累计投入经济合作资金16.3亿元。这些帮扶合作项目帮助受援地区广大贫困农户改善了基本生活,有力推动了当地扶贫的进程。目前,S市共有12个单位帮扶全省的22个国定贫困县。

2004年4月,S市党政代表团到当地考察时宣布,在原来的基础上,新增X州为重点对口帮扶地区。此后在两地对口帮扶协作领导小组第七次联席会议上,正式确定由S市的两个区和两大国有企业具体负责对口帮扶X州。

2.资源传递过程

X 州的对口帮扶工作是在州对口帮扶领导小组的统一领导和组织之下进行的。领导小组在州扶贫办设办公室,主要履行对全州对口帮扶工作的指导、协调、整合、部署、探索、监督、检查、验收、材料归档等工作。与此同时当地还设立了对口帮扶协作联络小组,其主要任务是根据 S 市委、市政府每年确定的帮扶任务,与州领导小组办公室共同做好对口帮扶项目和资金的落实工作。

每年由 S 市政府合作交流办下达对口帮扶项目资金计划,然后 X 州按照省对口帮扶领导小组确定的协作项目内容,结合 X 州的实际情况和当前所需的建设项目,统一提出请求帮扶的项目。项目通常分为两大类:即整村推进项目和社会事业项目。

整村推进项目由基层的干部群众共同酝酿,经乡、镇政府确定后报县对口帮扶领导小组通过审核审查后正式上报州领导小组办公室和联络小组,经审定后,由州领导小组报州政府,再由州政府分别报 S 市政府及下辖相关各区的合作交流办审批。

社会事业项目则由社会事业实施的行政部门组织项目规划并报州发改委立项批复后,报州领导小组和对口帮扶协作联络小组,经审定后,由州领导小组报州政府,州政府报 S 市政府审批。

2004 年 X 州请求 S 市帮扶的项目主要有 9 项:

(1)安居温饱自然村 150 个,每村援助 20 万,每年实施 25 个村,资金 500 万,共 6 年。主要实施人畜饮水、村落卫生路、卫生厕所、畜种改良、产业开发。

(2)援建住房特困户安居工程,实施新建、维修、改造 4500 户,每户援建 4000 元,主要改善住房条件。

(3)援助贫困学生完成不同等次的学业,年计划援助 1600 名。年平均每个贫困学生补助 1000 元,援建资金 160 万,援助初中生 630 名,高中生 300 名,高小生 600 名,大专生 30 名,中专生 40 名。

(4)开展劳务技能培训协作,根据 S 市劳务市场需要,开展职业培训后到S市就业,每年实施3000人。

(5)开展卫生扶贫,实施医务人员培训(年计划培训30名)。援建贫困乡村卫生院(所),援助医疗仪器。

(6)S市的企业参与X州的扶贫开发,主要开发畜牧业、生物(野生食用菌、药材、野生菜类)、矿产等,在X州建基地,把当地的产品开发出来,进入国内外市场。

(7)旅游航空业合作,双方向民航总局申请,开通S市到Z县的旅游航线。

(8)X州干部到S市挂职,每年实施20人。

(9)组织X州扶贫工作干部到S市参观考察学习,以开阔眼界、更新观念。

这些项目基本涵盖了对口帮扶的内容。从项目内容中可以看出,其中的大型综合性项目主要是上级财政的扶持项目,例如安居温饱自然村和安居工程项目。这些项目的资金与财政扶贫项目资金统一规划,统筹使用,并通过项目实施区域的划分保证投入上的不重复。项目确定后,由S市财政局将项目资金划拨给X州财政局,由X州扶贫部门管理和实施。

2005年5月,X州为了确保帮扶项目的规范运作,出台了《东西对口帮扶协作X州项目管理暂行办法》。《办法》对项目申报的申请、审批、签约等基本程序和项目管理、验收以及资金管理、考核、奖罚等环节均作了严格的规定。对帮扶协作项目实施质量、工期、概算三大控制目标考核,并对安全生产、工程管理、环境保护、资源节约等方面进行综合考核,要求各项工程合格率必须达到100%,优良率必须达到85%以上。要求所有建设项目均要实行质量终身责任制,并规定,将对在帮扶协作项目实施过程中作出突出贡献的单位和个人进行奖励,对施工不合格以及不正当竞争行为或其他违法违纪行为进行惩处。

自2004年S市和X州开始实施对口帮扶以来,到2006年底,S市政府共投入帮扶资金6210万元,社会各界爱心捐资1706万元,其资金主要来自两个方面:第一,在地方财政收入中切出一块,设立专项资金用于对口帮扶;

第二是动员社会捐助。资金基本上也是以项目为依托,涉及多个领域(见表5-3)。

表5-3　2004～2006年对口帮扶中扶贫资源的主要投向

领域	项目	扶贫内容及方式
综合项目	整村推进	61个项目,扶持4192户贫困群众
基础设施	修路	新建和改扩建公路161.47公里 林间道路硬化28.54公里
	农田建设	新增基本农田200亩
	水利工程	通水工程2200米 解决35个村民小组8854人和12327头牲畜的饮水问题
	安居工程	710户住房困难户安居工程
经济发展	生态建设	修建太阳能825套、沼气池26口
科技推广	农户培训	农村实用技术培训67030人
社会事业	教育	实施7个农村寄宿制中小学项目 建设3个远程教育网 新建州幼儿园综合教学楼等地校舍6654平方米 全州贫困生救助 Z县三中引水工程及房屋修缮工程
	文化	修建文化活动场所2530平方米 州党员电教化教育建设项目 州国家公务员培训中心设备添置 X州日报彩印中心建设项目
	卫生	援建传染病防治中心、妇幼保健中心 新建34个村卫生室 W县计生服务站康复中心、州食品药品监督局更新设备 多次组织医疗队为贫困群众义诊 帮助培训医务人员
人力资源	培训	培训党政干部及各类技术人员130余人次
	到当地挂职	11名来自S市国税局、儿童医院等单位的干部到州财政局、州医院、州民族中学等单位挂职

3. 资源传递的特点

(1)资金规模较大,来源较为稳定。

由于扶贫资源的提供主体是东部发达地区政府,经济实力较强,通常有能力提供较多的扶贫资金。自2004年8月到2006年底,S市共投入对口帮扶资金7,916万元(包括社会捐款及捐物折金)。对比X州的扶贫资金投入情况:2004~2005年两年间中央财政扶贫资金的总投入为5,207.49万元;两年间X州的扶贫资金总投入为25,912.19万元。尽管两者不能在时间上完全对应,但依然可以看出对口帮扶资金的强度。

从资金来源的稳定上看,和机关定点挂钩扶贫一样,对口帮扶也不仅仅是自发的活动,而是中央政府自上而下的安排,是双方都须认真完成的政治任务。由于中央政策不断强调以及对口帮扶显示出来的社会、经济及其他效益都保证了其来源的稳定。S市政府关于要加大"十一五"时期帮扶力度的声明也证实了这一点。

(2)在资源传递的目标上强调扶贫与经济协作两方面的有机统一。

对口帮扶中的最大特点在于除了扶贫之外,双方还存在着经济等方面的合作关系,资源的传递并不是一方向另一方单向地输出,而是一种双向的互动,追求双赢的结果。S市与帮扶对象之间的合作主要体现在利用当地的资源优势和S市的经济、技术优势,通过对口帮扶这条纽带,促进双方的共同发展。S市一些龙头企业到当地投资办厂,实现产业转移、旅游业的合作等等,不仅可以将对方的资源优势转化为经济优势,对企业本身的发展来说,还能提高产品竞争力,凸现独特资源和生产原料优势。在帮助该省进行劳动力转移和劳务输出的过程中,S市也因此获得了稳定的务工人员。这正如双方在2005年对口帮助协作领导小组第八次联席会议的《会议纪要》中所强调的:"S市在对该省进行帮扶的同时,将在产业转移和技术转移方面展开合作,推进跨地区产业转移和技术转移是双方经济合作的重点"。两省市遵循市场规律,优势互补、各展所长,推进企业开展互利合作,促进了共赢发展。互惠互利、共同发展的模式成为实现项目可持续发展的持久动力。

(3)资金主要由当地的扶贫部门管理。

机关定点帮扶中的扶贫资源通常由各帮扶单位自行确定使用方式和扶持项目或委托自己所管辖的机构、系统代为执行。与此不同的是,东西对口帮扶中的扶贫资源主要是由当地的扶贫部门统筹管理。这样做的好处在于:第一,便于当地政府整合扶贫资源,形成合力;第二,节约管理成本。如果由帮扶单位直接管理,那么势必需要增设机构、增派人员,而且由于所设机构与当地各级部门之间缺乏制约关系,将会增加沟通和协调的难度。缺点在于增加了资源传递的环节,同时不利于对资源传递过程的监控。

二、具有政府背景的国际机构扶贫

本文在这里特别强调了"具有政府背景的国际机构",目的是将国际机构和国际非政府组织加以区分。从扶贫资源的来源上看,两者都属于利用外资扶贫,但是从资金规模、资源传递的过程和特点上来看,两者有着很大的差异,因此本文分别论述。

20世纪80年代初期,联合国系统的相关机构最先参与到中国的扶贫开发工作中。国际机构与中国扶贫部门的直接合作则始于1990年国务院扶贫办与世界银行联合开展的中国农村贫困问题研究。随后,一些国际双边机构和金融组织也开始了对中国贫困地区的援助。20世纪90年代中期以后,在"八七扶贫攻坚计划"的推动下,更多的国际机构纷纷进入扶贫领域。

(一)外国政府及具有政府背景的国际机构在 X 州的扶贫活动

据不完全统计,到2006年底,共有20余个国际机构从不同角度参与了中国的扶贫开发工作(蒋晓华,2007)。根据 X 州扶贫办及相关部门提供的资料以及笔者的调研资料,国际机构在 X 州的扶贫活动主要有以下几项:

1. 世界银行中国西南扶贫项目

多年来,世界银行一直是与扶贫系统合作开展项目最多、援助规模最大的国际组织。中国西南扶贫世行贷款项目(简称西南项目),是中国政府部分利用世行贷款,对广西、贵州、云南3省(区)的35个特困县(全部是国定贫困县)实施的大规模综合扶贫项目。项目实施时间为1995~2000年。针对项目区复杂的贫困原因,西南项目是一个由多个子项目组成的综合性扶贫项目,主要子项目有:(1)教育子项目。通过实施建设、助学金、教师及管理人员培训、提供课本与教学实施等途径,提高面向贫困人口的初级教育普及率与质量。(2)卫生子项目。通过整修与建造村卫生室及乡卫生院,建立村级合作医疗基金;加强疾病预防与控制、妇幼保健方面的计划,提高省县卫生行政人员的管理水平,从而改善贫困人口享受初级医疗保健的条件。(3)劳务输出。通过一种自愿的体制,鼓励山区绝对贫困人口输出劳动力,并对工人安全和生活条件进行监测和报告。(4)农村基础设施。包括劳动密集型的农村道路、安全饮水供应系统、小型灌溉系统、农业排水工程、沼气池和农村供电系统的建设。(5)土地与农户开发项目。通过开展种植和养殖活动,提高山区农业生产力,扭转环境恶化趋势。(6)乡镇企业发展。(7)机构建设与贫困监测。

1995 年,X 州实施了该项目卫生子项目中的第六项目——综合性妇幼卫生项目。

1996 年,西南项目卫生子项目继续实施,在西南一些省区开展了"疾病预防项目"(即卫Ⅶ项目),其中包括计划免疫和健康促进两个子项目。X 州又实施了疾病预防项目中的计划免疫子项目。

2. 世界银行贷款和英国政府赠款中国结核病控制项目

世界银行贷款和英国政府赠款中国结核病控制项目,是利用英国政府赠款软化世界银行硬贷款(降低利率),支持中国中西部地区及经济欠发达的 16 个省开展结核病控制的项目。该项目是在世界银行停止向中国提供软贷款后,我国政府与世界银行利用新的融资模式开展扶贫项目的首次尝试。

该项目于 2001 年 8 月通过世界银行和英国国际发展部的评估,2002 年 2 月完成项目谈判,2002 年 3 月 21 日得到世界银行执行董事会的批准,2002 年 3 月 24 日签署了项目的法律文本并召开了项目启动会。该项目执行期为 2002～2009 年,贷款期限 20 年,年利率为 2%,贷款宽限期 8 年。项目覆盖新疆、云南、贵州等 16 个省区,经费总投入 2.42 亿美元,其中世界银行贷款 6660 万美元,英国政府提供的赠款 3740 万美元,日本政府赠款 1397 万美元,中国中央政府投入 2451 万美元,各级地方政府提供配套资金

9984 万美元。2004 年,X 州 Z 县争取到了这一项目。

3. Z 县农村综合开发项目

由新西兰政府提供援助,中新双方按 1∶1 资金匹配,项目总金额为 897.5 万元人民币,涉及林业、农业、畜牧业、水利、生态旅游和教育、卫生、小额信贷等领域。1999 年 3 月在 Z 县的 JT 镇 HP 村等地实施。

4. 东亚城市青年反贫困扶贫项目

2004 年,X 州争取到联合国教科文组织的"东亚城市青年反贫困扶贫项目"。州扶贫办、农牧局、妇儿工委等成员单位积极参与项目的实施,共同举办服务、美容美发等培训,在具体工作中努力做到"四个到位",即思想认识到位、责任落实到位、发动到位、输出服务到位。仅州妇儿工委 2004 年就举办培训班 4 期,受训 225 人。学员经过 21 天的培训和考试后取得初级等级证书,其中 26 名学员通过省会城市的家政服务处介绍到城市各类家庭进行服务,绝大多数学员被推荐到城区从事家政、美发、酒店等服务工作,使农村青年依托一技之长增加了非农收入,转变了观念,学到了一些经营管理知识。根据 2006 年 1 月 11 日《XX 日报》上杨昱昊、肖志雄所著的《劳务输出添翼扶贫》一文,"东亚城市青年反贫困扶贫项目"实施后,2005 年上半年转移农村劳动力近 3 万人,务工收入达到 5600 多万元。

5. 日本"安全工程无偿援助"项目

2006 年,X 州向日本驻华大使馆申请的"安全工程无偿援助"项目通过了审批。项目经费 40 万元,地方配套 20.9 万元,在 X 州 Z 县的 DW 乡、WJ 乡、D 县 YL 乡、TD 乡、W 县 TC 镇、ZL 乡内,针对藏族、傈僳族农村妇女素质偏低,缺乏妇女保健、科学种植等知识和养殖、农产品加工等技术的情况,开展了专项培训。

(二)资源传递的特点

世行贷款扶贫项目可以归纳为 5 句话:成片开发,综合治理;集中资金,统一投入;规划到村,项目到户;明确职责,规范管理;强化监测,改进提高。在扶贫资源的传递过程中主要表现出以下特点:

1. 贷款金额大、资金供给稳定，贷款期限较长、利率较低

对于世界银行等具有国际背景的非政府组织的扶贫贷款，国际金融界把它们通称为软贷款。因为这种贷款有一个特点，它的贷款利率要比商业贷款低很多，带有很强的公益性质，并且这些贷款都是由政府财政来进行担保发放的，贷款期限都很长。

以世界银行为例，截至2004年底，世行贷款项目累计投资人民币72.18亿元人民币，其中西南扶贫项目的资金援助规模为2.475亿美元软贷款、5000万美元硬贷款；秦巴山区扶贫项目的资金援助规模为1.8亿美元软贷款，3000万美元硬贷款。贷款期限为20年，含5年宽限期。再如世界银行贷款和英国政府赠款中国结核病控制项目，取得世界银行贷款6660万美元，贷款期为20年，贷款利率仅为2%，贷款宽限期为8年。

2. 资源使用效益较高

在利用国际援助资金的项目中资金的使用效益通常高于财政扶贫资金的使用效益。不仅如此，根据世界银行质量评价小组和业务评价局的评估结果，中国执行的受援项目其效果更多的时候高于平均水平，优于其他受援国。

3. 扶贫资源传递过程中内容与目的的双重性

从内容上看，国际机构扶贫项目不仅提供了强大的贷款援助，带来了发展所需的资金，而且带来了知识的传播，提供了强大的专家援助和技术援助，引进了科学的项目管理方法和管理模式，带来了其他国家制度建设和经济建设的成功经验，给中国扶贫工作注入了新的理念和活力。从目的上看，国际机构扶贫中资源传递的核心目的除了改变项目实施地的贫困状况外，更为重要的是要推广在国际范围内被证实有效的扶贫模式、经验及理念，培养一支具备与国际接轨的素质与能力的高素质项目管理队伍，并探索形成一种更适合中国扶贫开发实际情况的运作机制。例如世界银行的扶贫战略强调机会（Opportunity）和授权（Empowerment），即通过刺激经济增长，为贫困人口扩大经济机会，让市场更好地为贫困人口服务，同时增强贫困人口自身的决策能力。其项目设计和实施是以农村可持续发展为目标，以全程参与的理念为基础,以能力建设为宗旨,以制度创新为关键。其核心理念是资金扶持的作用是有限的,能力提高的作用是无限的。最好的扶贫效果不是短期的增收,而是自我发展能力的提高。因此在扶贫资源的传递中,不仅重视物资资源的传递,同时注重制度建设、管理模式、人员培训、机构建设、能力提高等非物资资源的传递。

4.使贫困人口受益和让贫困人口参与两大核心思想贯穿整个扶贫资源传递过程

世行项目中突出强调将贫困人口放在提供服务的中心位置,同时他们相信只有贫困人口真正了解自己需要什么、什么样的帮助最有意义,因此在项目选址、提出项目、项目动员、项目规划、项目设施、项目评估、项目监测每一个环节的设计过程中都听取贫困人口的意见和看法,充分考虑如何发挥贫困人口的主人翁意识,如何让贫困人口最大限度地参与到扶贫项目中来。让项目农户明确其权利、义务和责任,并保证农户从广泛参与中受益。

5.资源传递过程中的系统性强,整合程度高

扶贫是一项系统工程,需要各种资源的高度整合才能发挥出最佳的效益。以世界银行为代表的国际机构扶贫项目在这方面有许多值得借鉴的经验。以秦巴项目为例,该项目共包括八类子项目:1)农业开发项目,含种植业、养殖业和水产业;2)劳务输出项目,重点建设贫困地区劳动力经过村、乡、县、省顺利输出到达就业地点并成功就业的运行路线与机制;3)二三产业项目,含乡村工业、农贸市场建设及其他项目建设;4)教育项目,主要是农村中小学教育及农民技术培训项目;5)卫生项目,主要是农村医疗卫生网络建设及改善乡村卫生条件;6)基础设施建设,主要指公共设施建设如乡村简易公路、人畜饮水工程的建设;7)监测项目,含贫困监测及项目实施监测系统建设;8)机构建设项目,主要是项目管理机构建设。每个分项目中又设计多项互动的建设内容,如教育分项目包括建筑、课桌椅、减免书杂费、营养补助、师资培训等建设内容。从内容上看,扶贫项目试图通过多种项目的组合,从不同角度解决不同原因导致的贫困问题,同时利用各个项目之间的有机联系相互促进,扩大单一扶贫项目的效果;项目的选择和设计上表现在自然资源的开发和人力资源的开发相结合,农业的开发和二三产业的开发相结合,当地开发与劳务输出相结合,促进贫困地区经济全面持续发展;从资金构成上看,资金来源包括世行信贷和硬贷款、国内配套资金和自筹资金;在项目的实施过程中强调贫困农户、各级领导干部(尤其是项目县、乡的主要领导)和相关专业部门的多方参与;在项目的管理中表现为决策系统、管理系统、技术系统、实施运作系统和监测系统相互配合。

6. 重视对扶贫资源传递过程的监测

国际援助机构的扶贫项目非常注重对项目全过程的监测,通常在项目设计之初,已经将项目监测作为整个项目的重要组成部分或子项目包括在内,并安排专门的扶贫资金用于监测。以世界银行西南项目为例,项目监测费用为4799.2万元,占项目总投资的1.79%[①]。其监测系统包括两个部分:第一,贫困状况监测系统。1995年,在世界银行的支持下,中国国家统计局和国务院扶贫办合作,在利用世界银行贷款开展综合扶贫活动的西南项目区,建立了中国第一个贫困监测与项目影响评估体系,通过抽样调查,对广西、贵州、云南的35个项目县的贫困缓解和扶贫成效进行全面的反映和独立的评估。从1995年到2001年,国家统计局农村社会经济调查总队、项目省农调队以及项目县农调队或统计局每年对调查村、户和个人情况进行调查,共计收集约22.1万笔村级数据、1210万笔住户数据和4114万笔个人数据。抽样的目标指标人均纯收入达到预定的精度标准。第二,项目管理监测系统。项目监测的组织体系由区、县、乡、村4级项目机构或人员组成,项目监测评价功能由项目区监测评价网络传递完成,各级项目办都有明确的监测职责分工。西南扶贫项目在大型综合性扶贫项目管理监测方面进行了探索:(1)通过报表、检查、验收、监测户、专题会议、计算机系统,采取交互式监测方法体系开展项目监测工作;(2)对项目效益到户的跟踪监测作了积极的尝试,建立项目监测户网络;(3)开发了"综合性扶贫项目计

---

① 《中国西南扶贫项目案例研究》http://www.worldbank.org.cn/Chinese/Content/SWPRP.pdf.

算机农户监测管理系统"对项目进行管理①。这些做法为中国政府扶贫项目提供了很好的借鉴。

三、国内外非政府组织扶贫

(一)国内非政府组织的扶贫活动

1. 中国青少年发展基金会

中国青少年发展基金会倡导和组织的希望工程是目前该省参与人数最多、社会影响最大的公益活动,在当地的管理机构是省青年基金会。1992年开始在 X 州起步,1998 年之后,X 州加快了希望工程建设,到 2003 年为止,累计投入资金 1330 万元,建希望小学 55 所,使 98% 的适龄儿童走进了课堂。以 Z 县为例,截至 2005 年底,该县累计接受捐款捐物 740.41 万元人民币,共救助大、中、小学贫困生 1334 人,援建希望小学 25 所,希望工程受助生和希望小学覆盖了全县 11 个乡镇。例如,2005 年 8 月 21 日,来自全国各地的 25 名清华大学总裁同学联谊会"捐资助学滇藏行"代表团成员向希望工程捐款 30 万元,用以帮助 X 州的贫困学生。其中 10 万元已帮助 Z 县的 20 名贫困大学新生顺利入学(每人 5000 元),20 万元在 Z 县援建了 1 所希望小学。

2. 中国儿童少年基金会

1989 年由中国儿童少年基金会发起并组织实施的"春蕾计划",是一项旨在救助贫困地区失学、辍学儿童重返校园的社会公益事业,自 1994 年以来在包括 X 州在内的全省 16 个地(州、市)展开,当地的管理机构是省儿童基金会。目前在 X 州三县共有 1 所春蕾小学和 3 个春蕾班,使 100 多名失学儿童重返课堂。

---

① 《中国西南扶贫项目案例研究》http://www. worldbank. org. cn/Chinese/Content/SWPRP. pdf.

3. 中国光彩事业促进会

光彩事业是我国民营企业家发起的以推动贫困地区脱贫致富进程为目标的开发式扶贫事业,以项目投资为中心,通过包括捐赠、培训在内的多种方式在促进贫困地区经济发展、扩大就业渠道、帮助下岗职工就业等方面发挥作用。光彩事业促进会其组织机构、业务主管单位是中央统战部。2005年 X 州成立光彩事业促进会,并制定了《X 州光彩促进会章程》。2005 年 6 月光彩事业"XX 雪水饮料"落户 X 州,香港信鹏发展有限公司董事长洪镇鹏先生和 X 州正式签订了总投资 168 万美元的雪水饮料开发项目。

4. X 州妇女联合会

X 州在妇联领导和组织下开展了一系列旨在提高贫困地区农村妇女素质,促进农村妇女增收的扶贫活动。主要有:(1)巾帼科技致富菊苣草项目。2005 年,在 X 州的 SJ 乡、LJ 乡等地推广种植菊苣 1109 亩,采取种养结合方式,发展新品种牛、猪、羊养殖业。项目区受益人口 6500 人,人均年增收 175.5 元。(2)"千万农家女,百万新技术"活动。结合农业新技术、新品种的推广应用,自办或配合有关部门协办开展了形式多样的技术培训班,使28269 名妇女掌握了 1～2 门实用技术。(3)三八绿色工程。组织农村妇女向非农产业和城镇有序转移,举办家政培训班 4 期,培训 225 名妇女,组织她们到城市从事家政服务。(4)"大地之爱,母亲水窖"项目。投资 48.6874 万元,修建大小水池 98 个,解决了 Z 县、W 县共 12 个乡镇 4145 人和15482 头牲畜的人畜饮水问题。

5. 省妇女儿童发展中心

"十五"期间,省妇女儿童发展中心在 X 州实施了香港救世军小额信贷扶贫项目。项目资金共计 40 万元,扶持 53 户示范户发展种植、养殖和加工业。2006 年,又争取到 8 万元该项目资金,为 Z 县 JJ 镇 35 户具有发展意愿而缺乏资金支持的妇女提供贷款,帮助农村贫困妇女通过发展养殖业来增加收入,促进发展。

（二）国际非政府组织的扶贫活动

目前,国际扶贫组织在 X 州开展活动的主要有 5 个机构:

1. 世界宣明会。该机构是一个发端于战乱中的国际基督教救援及发展组织,目前在全球约 100 个国家和地区开展工作,在华开展的项目涉及紧急救援、社区发展、社会福利等许多方面。目前在 X 州开展扶贫活动并没有设立机构。2001 年,在 D 县 YM 乡实施了一个通电工程项目。2002 年与州扶贫办联系。2002 年 11 月,州政府办公室成立了世界宣明会 X 州项目协调领导小组,此后,世界宣明会在 X 州的投入和项目涉及领域都有所扩大。到 2004 年扶贫资金投入约为 700 万元,主要投向为教育和卫生扶贫领域。2006 年 5 月正在计划一个为期 10 年(2007～2016 年)的"儿童为本区域发展项目",项目旨在为受助儿童提供教育、营养和医疗方面的帮助,并通过农业、教育、卫生及小型基础设施建设推动受助儿童所属社区的全面发展。

2. 国际帮扶协会。1999 年进入 X 州,2001 年与州扶贫办联系。项目资金投入不大,主要扶贫方式为外籍教师在 X 州民族中专任教、积极开展教育扶贫、定点在 YL 乡扶贫等,注重解决贫困群众的一些具体问题。扶贫经费全部由自己解决。

3. 圣爱特殊儿童援助基金会。2002 年与州扶贫办联系。2003 年该组织在 D 县 XR 乡创办了一所特殊教育学校,主要招收残疾儿童和孤儿,有 8 名教职员工和 16 名学生,经费全部自己负责。

4. 亚洲爱心扶贫组织。2000 年进入 X 州,2002 年与州扶贫办联系,在当地主要从事教育扶贫和网络医疗及康复活动,投资 30 余万元建立了 3 所小学。

5. 世界自然基金会——全球环境保护组织。世界自然基金会 KM 项目办成立于 2000 年,致力于开展综合保护与发展项目及开展贫困与环境项目的研究、示范和相关政策倡导工作,目前主要项目区域覆盖该省 6 个地州的 6 个县。世界自然基金会 KM 项目办在该省西北地区开展了综合保护与发展项目,旨在探索 X 州境内 BM 雪山保护区示范社区集体林森林资源有效管理和保护的模式,达到森林资源保护和社区生计稳步提高的"双赢"目标。目前项目区域已涉及 BM 雪山保护区内及周边社区 70 余个,通过农业、畜牧业、基础设施改善、能源替代等综合性项目手段,社区农户生计稳步提高。尤其是通过以可持续松茸资源管理为代表的森林资源可持续管理项目,使社区农户收入、社区自我管理能力、冲突管理水平、保护区资源共管意识和能力等方面都得到了显著提高,对整个 X 州和该省西北部在资源可持续管理方面起着积极的示范和推动作用。近年来,在 BM 雪山综合保护与发展项目有效管理和项目成功经验的基础上,项目办又在 X 州开展了"贫困与环境"项目,突破以往只开展社区试点项目和只同环保部门合作开展环境保护项目的局限,开始关注国家相关政策及非环保部门对环境保护工作的影响和贡献。

(三)非政府组织在扶贫资源传递中的优势与局限

1.非政府组织在扶贫资源传递上的优势

非政府组织在扶贫领域有着政府扶贫无法比拟的优势,这主要是由非政府组织自身的特点和性质决定的。所谓非政府组织,"就是不以营利为目的,主要开展各种志愿性的公益或互益活动的非政府的社会组织。"[①]非政府组织最重要的特点是非营利性、独立性和自愿性。在开展扶贫工作时,非营利性使其将贫困人口受益作为主要奋斗目标;政治上的独立性使其不必按照政府的计划开展工作,而是根据实际情况因地制宜地进行扶贫活动;自愿性使非政府组织的工作人员基于共同的信念、目标和兴趣组织起来,较为团结,具有理想抱负和奉献精神,官僚习气较少。在扶贫资源的传递上,其优势主要表现为:

第一,非政府组织资源传递的目标明确。政府在反贫困的行为中除了使贫困人口脱贫之外,还存在着地方经济发展、官员政绩、部门利益等多重目标,因此在扶贫资源投入时要兼顾多方利益,不可避免地导致扶贫资源的

---

① 王名:《非营利组织的社会功能及其分类》,《学术月刊》2006 年第 9 期。

漏出。而非政府组织是在一定的价值观指导下进行活动、不以营利为目的、致力于社会公益性事业的社会中介组织。非政府组织这种特有的性质使其在开展扶贫活动时始终以贫困人口为中心,他们将贫困人口受益作为资源传递的唯一目标。

第二,非政府组织资源传递的中间环节少,渠道畅通。非政府组织相对的独立性使其机制灵活,具有很强的适应性。非政府组织直接针对不同地区、不同人群的不同问题开展具体的、有针对性的扶贫活动,他们通常深入基层,直接接触贫困人口的生产生活,了解贫困人口的真实需求。在实施扶贫项目之前都会在前期进行可行性的调研和规划,对贫困户的需求十分了解,能把有限的财力、物力投入到对真正贫困人口的帮助中。他们往往亲自选择项目,和贫困人口一起组织项目的实施并亲自管理。扶贫资源一般不经过层层分配,而是直接到达具体的项目。另外非政府组织所实施的扶贫项目大多不是综合性的项目,也使扶贫资金不需要过多的分配。据中国扶贫办统计,非政府组织的扶贫项目成功率、资金回收率均在90%以上。

第三,非政府组织在资源传递过程中能够充分发挥协调和纽带作用,在非物质资源的传递上具有独特优势。

首先,作为政府与贫困人口的纽带,非政府组织的组织特性和活动方式使其既能深入到最基层的贫困人口之中,又能同政府保持密切的联系。因此非政府组织在开展扶贫活动时能够尽可能地普及和宣传国家的法律和政策,教育和动员广大贫困人口,使他们认识到自身的权利和义务;同时又可以代表贫困人口向政府反映他们的愿望、需求、意见和建议,从而影响政府的扶贫措施。

其次,随着越来越多的社会群体参与到扶贫事业中来,扶贫活动涉及到更多的组织和人群。非政府组织可以通过自身的网络同各方保持联系,组织各方人士参与,动员和运用当地的资源,协调利益分配,实施监督和评估,成为所在地与政府、企业、学术界、媒体以及公众之间的桥梁,充分发挥协调作用。非政府组织可以充分利用其中介机构相对独立的特点,成为信息加工与处理的枢纽,将有关各方联结在统一的信息网络之中,进行信息的传递与交流;还可以发挥自己拥有专家和专门技术知识的优势,在与扶贫有关的事务上提供技术和管理方面的咨询,对有关问题进行分析、研究与评估。

第四,非政府组织在确保贫困人口的真正参与方面可以发挥独特的作用。个人志向和情感动机是非政府组织能够动员的最重要的资源,因此非政府组织具有贴近民众的天然优势。贫困群体作为社会的弱势群体,一般是以分散的个体形式广泛分布于社会的各个底层,非政府组织的这种优势有利于在社区组织和社会基层组织开展工作时,将贫困人口组织起来,提高贫困人口对自我潜力的认识,培养他们独立互助的精神,促使他们参与到消除贫困的过程中来。特别是小额信贷等扶贫项目,"在投入资源的同时,启动受益人的责任心和积极性,并引导当地建立起有约束功能的信用链及其关系制度"[①]。同时,由于非政府组织能够动员的物质资源相对有限,只有倾听贫困人口的心声,调动贫困人口自身的力量,才能保证将有限的资源发挥出最大的效益。

第五,非政府组织扶贫资源分布的广度、深度及领域,在一定程度上可以弥补政府扶贫领域中的缺陷。

非政府组织实施的扶贫项目虽然与政府的相比多为一些单一性的较小项目,但其分布地区往往是大型项目未能覆盖或较难深入的偏远地区。在扶贫对象的选择上,非政府组织具有更强的针对性和灵活性,避免了政府项目中"一刀切"的做法,有着极为精准的瞄准机制,可以使扶贫资源传递到最需要帮助的贫困群体手中。从扶贫资源的传递领域来看,非政府组织实施的扶贫项目大多集中在医疗卫生、基础和职业教育、实用技术培训、妇女发展计划等领域以及其他一些以行政手段较难处理的项目上。这些都有效地弥补了政府扶贫中的不足之处。

正是由于上述优点,非政府组织相比政府而言,能够更好地瞄准贫困人口,减少扶贫资源的漏出,提高资源的使用效益。但与此同时,同政府扶贫项目比,非政府组织也存在一定的局限性。

---

① 王名:《NGO 及其在扶贫开发中的作用》,《清华大学学报》2001 年第 1 期。

2.非政府组织在扶贫资源传递中的局限性

第一,非政府组织的扶贫资源筹措能力有限。

总体上讲,中国的非政府组织仍处于起步阶段,无论是内部组织机构和规章制度,还是掌握资源的能力均十分落后。这是非政府组织开展扶贫活动的最大的局限性。非政府组织扶贫活动的资金大多来自于组织自身向社会的募集。据中国扶贫基金会副会长何道峰介绍,中国的非政府组织往往管理水平低下、动员能力不足。除了中国青少年基金会和中国扶贫基金会等少数几个规模较大的机构之外,平均每家一年只能够募集到7万元的扶贫资金。在扶贫领域,"大多数非政府组织既没有资源又没有行动,只是块招牌"。

政府限制非政府组织从事经营活动,使得非政府组织的经费来源较为单一。在筹集资金的方式上,借助个人声威募捐的方式较为常见,运动式的动员社会资源方式占主导地位。一些非政府组织面向海外及港澳地区的募捐还较为成功,而针对内地的募捐却很不相称。同时,政府在鼓励个人和企业捐赠方面的措施还极为有限,也使非政府组织的筹款效果大打折扣。非政府组织扶贫资金投入的不确定性、计划性差等特点,给扶贫项目的规划和资金管理带来困难,因而容易导致短期扶贫行为。

第二,非政府组织大多在微观层次上展开扶贫活动。

由于非政府组织的资源动员能力有限,通常非政府组织在开展扶贫活动时,相对政府扶贫活动而言,其政治和社会环境条件较差,从事扶贫项目的难度也较大,因此大多数非政府组织的扶贫活动主要针对贫困的症状和后果展开,而在解决贫困的结构性根源上力量有限。非政府组织实施的扶贫项目大多为单一性项目,而且多为教育卫生等领域,在短期内难以取得明显成效。

第三,非政府组织的独立性不够。

中国的许多非政府组织是依附于某个政府部门而搭建起来的,如中国扶贫基金会直属政府扶贫部门、中国慈善协会直属政府民政部门、中国青少年发展基金会直属共青团组织等。非政府组织的依附性主要表现为:非政府组织的行动要服从于政府或官方系统；其重要成员通常为官方人士或由有资深官方背景的人士担任；非政府组织开展的活动通常被纳入某个政府部门或某个官方系统的工作范围并服从其管理与控制①。这种格局短期内虽然有利于争取官方的支持和动员到更多的社会资源，但是不仅其决策权有限，通常还承担着政府部门的延伸职能，长期来看，不利于其成长为一个有独立地位、独立事业和广阔发展空间的部门。

第四，中国的非政府组织缺乏相应的法律支持。

尽管近几年来与非政府组织扶贫相关的法制条件已有一定改善，但是其法律地位、公益职能迄今仍不明确。整个社会对非政府组织的认知程度有限，政策也缺乏连贯性，当非政府组织出现问题较多时，政府对它的政策相对就紧，反之则相对较松。这些都制约了中国非政府组织的长期发展。

此外，一些境外非政府组织背景复杂，价值观与我国尚有较大差异和冲突，有些甚至带有明显的政治偏见。在当前国际形势日趋复杂的环境下，某些境外非政府组织在实施医疗卫生、教育、种养殖业等和农民生活息息相关的项目的同时，不能排除他们宣传一些背离我国主流文化的价值观，从而削弱当地政府公信力的可能性。如何在充分有效地利用这些扶贫资源的同时，加强对这类组织的甄别、监控与管理，也是应加以关注的问题。

---

① 郑功成：《中国的贫困问题与 NGO 扶贫的发展》，《中国软科学》2002 年第 7 期。

第六章 扶贫资源传递的制度化支持手段

　　尽管扶贫是全社会的责任,但就目前而言,政府依然是扶贫工作的主体,在扶贫工作中占据着主导地位,掌握着主要的扶贫资源,同时承担着主要的责任。充分动员扶贫资源并有效传递扶贫资源是扶贫开发工作成败的关键,也是当地政府和扶贫机构的重要职能之一。几乎所有的官僚制组织都是依靠各种规章、条例、会议、报告、文件等程式化手段以及分工、监测、考核、检查等制度化手段来维系其运行、履行其职责、实现其职能的。

　　在前面的三章中,重点探讨了扶贫资源是如何通过不同的渠道传递到不同的项目上并传递给不同的对象。本章将分析州委、州政府及其领导的扶贫机构是如何通过一系列程式化和制度化的手段以及多种方式的有机配合来保证扶贫资源层层传递下去的。

一、扶贫规划和年度计划的制定

　　行政目标反映政府的价值取向,行政目标的确定是一个博弈的过程,由利益相关各方的规制、冲突、折中和妥协最终形成。州政府行政目标设定的约束条件主要来自三个方面,一是国家和上级政府的要求与指令;二是当地社会经济发展的状况;三是州政府及政府部门和领导人的价值倾向。在扶贫工作中,行政目标的确定直接决定了扶贫资源传递的方向。

　　对 X 州扶贫资源传递的研究开始于州扶贫办的扶贫规划和年度工作要点。一般来讲,扶贫规划是较长一段时期内指导扶贫工作的纲领性文件,它规定了开展扶贫工作的指导思想、基本原则、工作思路、主要目标以及采取的政策和措施。年度计划则是在一年范围内对规划中的内容更为具体和明确的细化。在这两类文件中,我们可以全面直观地了解到国家的扶贫政策如何得到贯彻,扶贫资金将被当地政府用来做哪些事情。

(一)扶贫规划

X 州的扶贫规划主要有《X 州"七一四"扶贫攻坚计划》《X 州农村扶贫开发纲要(2001 - 2010 年)》《X 州"十一五"扶贫开发规划》等。扶贫规划可以看作是国家扶贫方面的最高政策在各地的实施细则。X 州前两个规划的出台就是省依据《国家"八七"扶贫攻坚计划》和《中国农村扶贫开发纲要(2001 - 2010 年)》结合全省实际,制定《省"七七"扶贫攻坚计划》和《省农村扶贫开发纲要(2001 - 2010 年)》,然后 X 州再结合本地的实际相应制定。对比这些文件,不难发现文件精神的高度一致性,规划的制定过程是把国家的政策意图和当地实践结合起来的过程,也是国家政策贯彻落实的开始。

现以《X 州"十一五"扶贫开发规划》的制定过程为例,来分析国家政策意图的传递过程。

2005 年是"十五"的最后一年,按照惯例,各级政府、各个职能部门都开始着手编制本级政府、本部门的"十一五"规划。X 州扶贫办是州委、州政府扶贫开发工作的议事协调机构,研究国家、省有关扶贫政策,结合 X 州的贫困实际,提出扶贫开发的建议和意见是其主要工作职责。该部门在制定"十一五"扶贫开发规划时主要是依据上级政府要求的内容来编制的。

具体来说,由省扶贫办按照省政府的部署,向各地州市发出《关于做好"十一五"扶贫开发规划编制的通知》,通知中明确而详细地规定了编制规划的指导原则、应着力解决的问题以及扶贫规划的撰写提纲。为了清晰地反映 X 州在扶贫事务上的决策权限,现将省扶贫办下发各地的《扶贫规划撰写提纲》附录如下。

××州(市)"十一五"扶贫开发规划建议提纲

前言:即编制规划的依据

一、××州(市)"十五"期间扶贫开发的基本情况

1. 主要成就

2. 基本经验

二、"十一五"期间××州(市)扶贫开发面临的挑战与机遇

存在的困难和问题要重点阐述

三、指导思想、基本原则和目标

1. 指导思想

2. 基本原则

(1)坚持自力更生与政府主导、全社会参与相结合。

(2)坚持重点突破与综合开发相结合。

(3)坚持扶贫开发与人力资源开发相结合。

(4)坚持整村推进与区域经济发展相结合。

(5)坚持解决温饱与巩固温饱同时推进。

(6)坚持开发式扶贫和让贫困人口直接受益。

3. 工作思路

4. 主要目标

四、扶贫开发的重点和主要内容

(一)对象和区域的重点

(二)扶贫开发工作的重点

1. 整村推进

2. 产业扶贫

3. 劳动力培训及转移

4. 安居工程

(三)主要内容

1. 加强贫困地区基础设施建设,切实改善生产生活条件。

2.大力推进经济结构战略性调整,建立贫困农民长效增收机制。

3.切实加强文教卫生、广播电视、计划生育等社会公益设施建设,统筹贫困地区经济社会发展。

4.加强贫困地区生态环境保护与建设,为贫困地区可持续发展创造条件。

五、政策和措施

1.切实加强领导,贯彻党政一把手责任制。

2.加大资金投入力度,建立财政扶贫资金稳定增长的长效机制。

3.加大资金整合力度,切实落实部门扶贫责任。

4.加大对边境民族地区的扶贫力度(直接过渡区、人口较少民族地区、边境地区),实施扶贫兴边战略。

5.抓好贫困地区干部队伍建设。

6.加强农村基层组织建设。

7.稳定和加强扶贫开发工作机构及队伍建设。

六、资金框算

在扶贫规划的制定中,扶贫工作的基本原则、扶贫开发工作的重点、主要内容以及政策和措施在省扶贫办拟制的编写提纲中是已经规定好的。由于各地的扶贫规划都是在既定提纲的框架下编制的,留给地方决策的部分只有工作思路、工作目标和资金框算三部分,而当地这一时期扶贫工作的展开又是以《规划》来指导的,这就保证了政策自上而下的贯彻。

(二)年度计划

扶贫办的工作是以年度为周期来展开的,其工作以"某年度工作总结和下一年度的工作要点"为一个新周期的标志,而每一年中规范化的行政运行程式则贯彻始终。如果说扶贫规划中仅就扶贫工作的内容和措施作了原则性的规定,那么在年度计划中则落实到了具体的项目和具体的建设内容。

年度计划的制定受着条条和块块两方面的影响,也就是省扶贫办在业务上的要求和州委、州政府在全局上的安排。具体来说,按照国家扶贫工作"四到省"原则,全州主要的扶贫项目都是由省确定的,全州具体的任务、指标和资金安排也都是由省统一下达的。这些下达的任务大致规定了州政府和州扶贫办在扶贫工作中行动的边界。在硬性的指标之外,哪些扶贫工作将会受到重视在很大程度上取决于州政府的对全州工作的部署。州政府每年都会出台《州政府 x 年度工作重点及各部门任务分解》《州政府 x 年度 x 件实事》等文件,这些文件中涉及到扶贫办的事务也会在其年度工作要点中体现出来。

对照这些文件,会发现来自这两方面的任务在很大程度上是重复的,省扶贫办布置的相当一部分任务也正是州政府要求完成的。这些重复的部分往往是扶贫工作的重中之重,这些项目不仅在资金上有保障,在政策上有倾斜,在实施过程中的协调也相对容易。例如,2003 年该省扶贫工作的重点之一是实施扶贫安居温饱工程建设。为此,省扶贫开发工作领导小组要求:"凡是实施扶贫重点村、安居温饱村、民族特困乡、易地搬迁等扶贫项目的要优先重点安排解决特困农户安居温饱问题。从扶贫重点村项目和民族特困乡脱贫项目中统筹 2000 万元的资金用于安居温饱工程。国家和省新增财政扶贫资金全部用于安居温饱工程建设。此外省级切块到部门的扶贫资金要向安居温饱工程倾斜。"未被列入其中的扶贫事务受到的重视程度、资源的投入程度则相对较低。

二、机构设置与职能划分

(一)X 州扶贫开发领导小组及其办公室

1. 成立的背景及机构沿革

1986 年中国政府确立开发式扶贫方针,实行以促进贫困人口集中区域自我发展能力的提高和推动区域经济发展来实现稳定减缓和消除贫困目标的战略。为贯彻实施这一战略,1986 年 6 月国家首次建立相应的扶贫机构:国务院贫困地区经济开发领导小组及其办公室。随着国家扶贫目标瞄准从贫困地区到贫困人口的转移以及扶贫手段从单纯的经济开发到经济社会综合发展,1993 年下半年,国务院贫困地区经济开发领导小组更名为国务院扶贫开发领导小组。1998 年和 2003 年中央政府换届时分别对小组成员进行了调整。目前的国务院扶贫开发领导小组由分管扶贫的国务院副总理担任小组组长,27 个相关单位的 28 位主要领导组成小组成员,其中扶贫办有 2 人参加领导小组,反映其决策权重的提高。与此同时,各级地方政府也上行下效地逐级建立了相应的机构。以 X 州为例,其机构的设立和沿革基本是在国家的制度框架下进行的(如图 6-1),具体如下:

1986 年,按照省扶贫工作会议精神,X 州及下辖 3 县都相继成立了贫困地区工作领导小组,下设办公室,并逐步配备专职人员。

1987 年 8 月,经州委常委会议讨论并批准,由 X 州州长担任 X 州贫困地区工作领导小组组长,由副州长、计划经济委员会主任、农工部副部长担任副组长,小组成员有:民政局长、民委主任、农行行长、人行行长、财政局长和扶贫办的一名干部。扶贫办属于州政府办公室下设的非常设机构、科级单位。

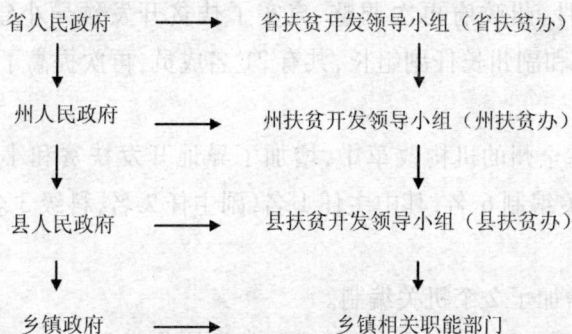

```
省人民政府    ──→    省扶贫开发领导小组（省扶贫办）
   │                        │
   ↓                        ↓
州人民政府    ──→    州扶贫开发领导小组（州扶贫办）
   │                        │
   ↓                        ↓
县人民政府    ──→    县扶贫开发领导小组（县扶贫办）
   │                        │
   ↓                        ↓
乡镇政府      ──→    乡镇相关职能部门
```

图 6-1　中国的扶贫工作领导机构

1990 年 8 月,领导小组及办公室撤销,设立了"X 州人民政府贫困地区经济开发办公室",负责全州贫困地区经济开发工作的组织领导和综合协调工作,扶贫办①为州政府直接领导的常设机构,处级单位,编制 5 人,领导职

---

① 州政府贫困地区经济开发办公室在当地政府文件中一般简称为"经济开发办",为行文一致,文中对该机构统一称为"扶贫办"。

数为 1 正 1 副。县级机构照此更改。

1992 年州委常委会议决定,充实加强扶贫办的职能,适当增加编制。同年 5 月,扶贫办的编制由 5 人增加至 9 人。

1995 年 12 月,X 州相应地将贫困地区经济开发办公室更名为"X 州扶贫开发领导小组",并对成员作了调整。调整后的领导小组由州委副书记任组长,州政府秘书长、州扶贫开发办主任任副组长,成员有州计委主任、财政局长、州农行行长、州人行行长、教育局长、科委主任、民政局长、民委主任、交通局长、农牧局长、林业局长、劳动人事局局长、经委主任、卫生局长、计生委主任、水电局副局长,共 16 人。

1997 年 5 月,在政府机构改革中,对州扶贫办的主要职责、内设机构、人员编制和领导职数进行了界定。州扶贫办内设秘书科、项目管理科、综合科 3 个科室,行政编制 8 名,后勤服务编制 2 名,领导职数为主任 1 名、副主任 2 名、科长 3 名。

1997 年 6 月,州政府再次调整、充实了扶贫开发领导小组,州长任组长,州委副书记和副州长任副组长,共有 21 名成员,再次提高了扶贫开发领导小组的权重。

2002 年,在全州的机构改革中,增加了异地开发扶贫和小额信贷扶贫两项职能。机关编制 6 名,其中主任 1 名,副主任 2 名,科级 3 名;工勤人员 2 名。

2004 年,增加了 2 个机关编制。

州所辖 3 县都成立了结构、职能类似的县扶贫开发领导小组及办公室。全州的 29 个乡镇,共有 18 个乡镇,共计 21 名扶贫专干。

目前,州扶贫开发领导小组由 23 个部门构成:政府办、扶贫办、财政局、计委、经委、农牧局、教育局、科技局、人行、农行、民委、交通局、水电局、广电局、人事局、文化局、民政局、计生委、残联、卫生局、林业局、劳动保障局、外事招商局。几乎包括了大部分州政府的主要职能部门。

2. 主要职能

州扶贫办的主要职能有:(1)贯彻执行中央、省和州委、州人民政府关

于扶贫开发工作的方针、政策,当好州委、州政府在扶贫开发中的参谋助手;
(2)根据全州扶贫工作的需要,研究拟定全州扶贫工作的政策、措施和规
划,经批准后组织实施;(3)执行国家和省扶贫资金管理办法,加强扶贫资
金管理,制定年度计划,拟定扶贫资金使用分配方案,监督、检查扶贫资金使
用情况;(4)组织实施易地开发、安居温饱、民族特困乡和特困村等扶贫开
发项目,管理好小额信贷。与财政、计划、金融等有关职能部门协调审定扶
贫开发项目、配合监察、审计等部门对扶贫资金项目进行监督检查和审计工
作;(5)动员组织州级机关、单位、社会团体开展挂钩扶贫和党员干部结对
帮扶工作,做好国家、省级机关挂钩扶贫和协调服务;(6)负责外援扶贫项
目和有关扶贫的对外交流与合作;(7)根据国家、省扶持贫困标准,确定扶
贫对象,指导各县扶贫办开展工作,做好扶贫资料的收集和统计工作;(8)
配合其他部门开展与扶贫有关的活动,例如实用技术培训活动、贫困地区科
技推广、希望工程等;(9)开展扶贫调查研究,做好扶贫宣传,传播信息,交
流经验等工作。各科室的职能分解具体如下(见表6-1):

表6-1　州扶贫办职能分解表

科室	职　　能	编制	人员配置
领导	1. 主任:主持全面工作,负总责,分管综合科 2. 副主任一:分管项目管理科(含小额信贷、外资扶贫) 3. 副主任二:分管易地开发科(含统计、挂钩扶贫、对口帮扶合作)	3人	主任1人; 副主任2人
综合科	1. 协助办领导处理日常工作,负责机关政务、事务的综合协调和管理工作 2. 起草有关文件,负责文秘、财务、信息、宣传、法制、档案、信访、保密、行政、接待工作 3. 车辆办公用品、物资等固定资产管理 4. 检查督促办理党组、办公会议和领导决定的重要事项,综合协调各科开展好工作 5. 提出有关扶贫工作的建议、意见、政策、办法和措施 6. 拟订和组织实施有关规章制度 7. 做好国家、省挂钩扶贫的协调服务工作,组织实施州级挂钩扶贫和党员干部结对帮扶工作	4人	科长1人;副科长兼秘书1人;收发、档案、打字、会计1人;驾驶员1人

项目管理科	1.深入贫困地区考察资源,发现扶贫项目并做好项目选择、审查和立项申报工作,积极向上争取资金 2.建立项目库 3.协助基层和有关单位,对扶贫项目进行评估、论证和可行性研究,并形成项目的可行性报告 4.做好扶贫项目管理中的组织、协调工作,监督有关扶贫项目的实施及资金的使用,开展资金的检查工作,进行项目效益监测。协助银行回收扶贫信贷资金 5.组织管理全州温饱安居工程和民族特困乡、特困村扶贫项目 6.贯彻落实好小额信贷的方针、政策,搞好计划、规模、资金调配,监测审计、政策调研、经验交流、人员培训等工作;提出小额信贷的实施方案、对策,总结完善制度 7.开展扶贫国际交流和对外扶贫项目合作 8.为全州扶贫项目开发提供信息、技术、咨询等服务工作	4人	科长1人;副科长1人;农、林、牧、水方面专业人才2人
易地开发科	1.贯彻落实上级政府有关易地扶贫开发的方针政策,编制全州易地扶贫开发的长期规划和年度计划方案 2.开展异地项目的前期工作,提出项目建议书,编制和提出可行性研究报告向上争取易地项目资金 3.负责协调督促实施好易地开发项目;搞好报账审核,协调转出方和接受方的相关利益以及政府工作关系;监督检查易地扶贫任务的落实 4.总结推广经验,培训工作,负责扶贫统计、监测工作	3人	科长1人;副科长1人;科员1人

3.机构性质

在政府机构系列里面,领导小组被定性为议事协调机构,严格来说,领导小组并不是一个单独的政府机构,更准确地说应该是一种决策协调机制。

政府作为社会治理的主要力量,必须寻找有效的管理方式和手段,提高自身的工作效率,具有简单结构的矩阵式组织是被广泛推崇的高效率组织结构和管理方式。领导小组就是类似的一种组织。由于扶贫事务的日益复杂,涉及到许多职能部门,而具体部门职能单一,社会动员能力和资源整合能力都相对有限,因此政府需要通过成立统一的领导机构以扩大资源整合的范围。同时,在现有体制缺乏行政协助制度的情况下,成立领导小组可以通过更高的权威来协调平级部门之间的关系,打破部门壁垒,加强相关部门之间的横向沟通,使原本复杂的任务或者由某一部门无法协调的关系变得简单,从而提高工作效率。从这个意义上说,扶贫开发领导小组的设立及机构的性质本身就是一种政府整合扶贫资源的手段。

(二)X州其他有关扶贫事务的临时机构

在机构建设上,除了不断充实扶贫开发领导小组的力量外,州政府还针对具体的扶贫项目或事务成立了许多临时机构,主要有:

1.X州世界银行贷款卫生项目领导小组

1996年成立,副州长任组长,州办主任、卫生局局长、计委副主任、财政局副局长任副组长,卫生局副局长任专职副组长,成员有:州委宣传部副部长、教育局副局长、妇联副主任、审计局副局长、民政局副局长、扶贫办副主任、广电局副局长。小组办公室设在州卫生局。

2.X州绿色扶贫攻坚工程领导小组

1996年成立,州林业局局长担任组长,州扶贫办主任担任副组长,小组成员包括州林业局副局长和农发行、计委、财政局、林业工作站以及州扶贫办的相关人员。小组办公室设在州林业局。

3.X州贫困统计监测办公室

1997年成立,办公室受州扶贫开发领导小组领导。统计局副局长担任主任,州扶贫办副科长担任副组长,2名工作人员由州发改委和州农牧局的科员组成。其主要职能是:组织实施全州贫困统计监测工作;汇总测算并向州委、州政府提供贫困相关的数据资料;领导、管理全州的贫困统计监测工作。

4.X州农村小额信贷扶贫协调领导小组

1998年成立,X州副州长担任组长,州扶贫办主任、州委农工部部长担任副组长,成员有:人行行长、农发行行长、扶贫办副主任、妇联主席、团州委书记。小组办公室设在州扶贫办,主要职责是向全省提出全州小额信贷工作实施规划计划方案;指导监督全州小额信贷工作的实施;定期收集、统计并上报小额信贷扶贫工作的执行情况。

5.X州易地扶贫办公室

1996年成立,2001年调整充实,办公室挂靠州计委,由副州长担任主任,州政府副秘书长、州政府办公室主任、计委副主任、财政局副局长、扶贫办副主任担任副主任。办公室下设规划计划组、项目实施组和项目资金管理组。2002 年,易地扶贫办公室改设在州扶贫办。

6. 世界宣明会 X 州项目协调领导小组

2002 年成立,X 州州长担任组长,2 名副州长和 1 名宣明会驻 X 州办事处的项目官员任副组长,成员有:州政府副秘书长、发改委主任、扶贫办主任、州教育局局长、卫生局局长、林业局局长、妇联主席、民政局副局长、农牧局副局长。小组办公室设在州扶贫办。主要职责是做好宣明会在 X 州实施扶贫项目的组织协调工作。

7. X 州扶贫开发规划评审小组

2002 年成立,X 州副州长担任组长,州政府副秘书长、扶贫办主任、计委主任担任副组长,成员有:财政局调研员、农牧局局长、林业局副局长、水电局调研员、交通局局长、统计局副局长、教委副主任、卫生局副局长、广电局副局长、农业银行副行长、扶贫办副主任、州政府秘书及办公室人员。办公室设在州扶贫办,主要职责是负责论证和审批全州县级和村级扶贫开发规划。省政府有相应机构。

8. X 州挂钩扶贫领导小组

2003 年成立,由分管副州长任组长,有挂钩任务的单位负责人为组员。

9. X 州合作对口帮扶领导小组

2004 年成立,X 州州长担任组长,3 名副州长担任副组长,成员有:州政府秘书长、计委主任、教委主任、财政局局长、卫生局局长、外事招商局局长、扶贫办主任、团州委书记、3 县县长。小组办公室设在外事招商局。主要目的是使对口帮扶合作规范化、便于集中管理。

10. 整村推进扶贫指挥部

2005 年成立,X 州州长担任指挥长,州委副书记、副州长任副指挥长,成员由相关部门领导组成。

11. X 州财政专项资金检查领导小组

这些临时机构大多数可以在省级政府中找到来源。这些机构的设立有其必要性和合理性。由于扶贫工作的日益复杂,政府通常将各项任务分解成一个个的项目,这些项目除了由主要的职能部门承担外,还需要若干相关部门的支持和协作。中国目前行政管理体制中条块结构最大的问题就是管理权限交叉重叠。就管理主体而言,条块结构导致对地方政府部门的多头领导;就管理客体而言,几乎每一项事务都有几个部门同时在管理。一项工作在这样错综复杂的权力交叉格局之下,能够对其施加影响的因素非常之多,导致"权威资源被大大地分散了"[①]。结果客观上造成政府在许多事务上都需要成立一个相应的领导小组,因为只有通过确立一个更高的也更为明确和集中的权威,才能保证政令的贯彻,任务的推进[②]。

但是设置过多也存在一些问题。从上面所列的领导小组可以看到,通常都是由州政府领导人担任小组组长,仅扶贫方面的工作 X 州州长就担任了 3 个领导小组的组长,分管扶贫的副州长担任了 5 个领导小组的组长。这样不仅分散了领导的精力,更为重要的是扶贫责任有可能并不是很好地逐级落实下去,而是由于有了更高级别的领导来承担责任,反而使本应各尽其责的主管部门有了可以推卸责任的地方,从而使扶贫工作的责任不够明确和集中。

(三)扶贫资源传递中各部门的职能划分

从纵向上看,省负责下达任务、计划、指标,审批各地(州、市)上报的项目实施方案;州负责计划指标的进一步下达,对各县上报的实施方案的审批,对项目资金的报账监督;县负责在接到总任务后,提出项目的具体实施方案;得到批准后组织项目的实施和资金报账。

横向上,从总体上看,一般是由项目的主管部门组织编制该项目的扶贫规划、可行性方案和具体施工方案及相关管理办法,按省扶贫办的要求编制项目相关的文件后上报计划。在项目的实施过程中,组织该项目年度计划的实施和执行;扶贫部门负责项目年度计划的审批和执行过程中的检查督

---

① 杨光斌:《中国政府与政治导论》,中国人民大学出版社 2003 年版,第 163 页。
② 童宁:《政府非常设机构成因探析》,《中国行政管理》2007 年第 3 期。

促,对项目实施进展情况的统计汇总和总结;财政部门负责制定扶贫项目资金的管理办法,根据项目计划整合资金,确保项目资金到位,并监督资金的正确使用。

具体来看,州政府主要的扶贫任务分解为:产业扶贫项目由扶贫、农牧、林业、粮食、科技、经贸委、供销社、科协部门负责;科技扶贫由科技、农牧、扶贫、财政部门负责;农产品流通网络、经济合作组织建设项目由供销社、农牧、科协、发改委、财政部门负责;贫困村通路建设由交通、发改委、扶贫部门负责;以工代赈及农田水利、人畜饮水项目由发改委、水利、农业综合开发部门负责;通电由水电、电力部门负责;通信由邮电、电信部门负责;沼气池节柴改灶由林业部门负责;广播电视"村村通"由广电部门负责;农村教育由教育部门负责;农村卫生计生由人口计生部门负责;劳动力职业技能培训和劳务输出由劳动保障、农牧、扶贫和经贸委负责,团委妇联等配合;残疾扶贫由残联和扶贫部门负责;特少普米族扶贫由民委和扶贫部门负责;贫困村组织建设和精神文明建设由组织、宣传、文化部门负责。

三、信息沟通

扶贫资源传递的一个必备条件是相关信息的有效沟通。扶贫工作的开展通常是在会议、文件等正式沟通方式和私人互动等非正式沟通方式的共同作用下进行的。

(一)会议

在实地调查中,我们发现会议是各级领导最爱使用的行政手段之一。可以说,在扶贫资源传递的每一个环节,都要借助会议这一形式来完成。下面就 X 州扶贫工作中主要采取的会议形式作出说明。

1. 政府常务会议

政府常务会议由州长召集并主持,主要是研究需要集体讨论决定的政府扶贫工作中的重大问题。其职责是:(1)学习传达中央和上级政府关于扶贫的重要文件、重要会议精神,结合本州实际,研究制定贯彻落实的意见、方案和措施;(2)讨论决定全州扶贫工作的长远规划和年度计划、扶贫资金安排等重大问题;(3)讨论决定扶贫领导小组的组成人员、任免及扶贫相关奖惩事项;(4)讨论州扶贫办等部门及下级政府向州政府请示的,须经政府常务会议研究批复的重要扶贫问题;(5)审议州政府向上级政府的重要请示、报告等文件;(6)研究处理关于扶贫的重大案件及突发性事件;(7)讨论研究全州扶贫工作会议召开的时间、规模、议程及重要文件;(8)其他应由州政府决定的重大问题。

2. 州长办公会议

州长办公会议由州长或分管扶贫工作的副州长主持召开,根据会议内容,确定会议出席人员。主要是研究州扶贫办或下级政府自己难以解决的重要扶贫问题,研究解决跨地区、跨部门的重要扶贫问题,或现场解决地区、部门扶贫工作中存在的困难和问题。其基本职责是:(1)学习传达上级关于扶贫的重要文件和会议精神,结合本州实际,研究制定实施意见、方案和措施;(2)研究解决地区、部门扶贫工作中存在的重要问题,协调县与县、部门与部门以及县与州级部门在扶贫工作方面的关系;(3)研究解决州扶贫办、各县扶贫工作中业务性的请示报告;(4)其他应由州长办公会议研究决定的重要扶贫问题。

3. 全州扶贫开发工作会议

扶贫开发工作会议是由政府召开或由州扶贫办以政府名义召开,通常是在全省扶贫开发工作会议召开之后进行,由州长或分管扶贫工作的副州长主持。主要内容是:(1)传达全省扶贫开发工作会议精神;(2)总结全州扶贫开发工作取得的成效和经验,分析面临的形势,部署全州新一轮扶贫开发工作;(3)解决全州性的扶贫工作问题或扶贫办系统内的工作问题;(4)向下级扶贫部门分解扶贫任务,与下级政府、扶贫办签订责任状。

4. 州扶贫开发工作领导小组会议

扶贫开发工作小组会议由领导小组组长召开,领导小组成员参加。主要内容是:(1)贯彻国家、省扶贫开发工作的有关政策,研究拟定全州扶开发的方针政策和规划发展战略;(2)根据国家、省相关政策,拟定全州农村贫困人口和州扶贫开发工作重点地区的扶持标准,研究提出确定和撤销贫困乡镇的意见;(3)协调拟定州扶贫资金分配方案,指导、检查、监督扶贫资金的使用,指导全州重点扶贫项目建设;(4)协调和指导全市农村的扶贫工作,做好市县两级机关在东部贫困山区的定点扶贫协调工作;(5)组织对扶贫开发情况的动态监测,指导扶贫的统计信息工作。

5. 涉及扶贫工作的各领导小组会议

前面已经提到除了扶贫开发工作领导小组之外,X州针对专项扶贫事务还成立了许多临时机构,其形式通常表现为"某某领导小组",各领导小组组长定期召开小组工作会议,安排、解决某项具体扶贫工作。

6. 扶贫办内部会议

扶贫办内部会议主要包括主任办公会议和全体工作人员会议,会议一般由扶贫办主任召开,主要议题包括:(1)决定扶贫办主任、副主任的分工和工作人员的调配;(2)决定一段时期内扶贫办的中心工作;(3)研究决定对扶贫办工作人员的奖励、福利和处分。

(二)文件

文件是政府命令下达和信息沟通的重要方式之一。从文件来源的方向上看,州扶贫办的来文单位主要有:国务院扶贫办、省扶贫办、X州委、州政府、3县扶贫办;扶贫办的发文单位主要有:省扶贫办、X州政府、3县扶贫办、州县各扶贫事务相关部门。从文件的形式上,有通知、指示、请示、报告、函等。下面以2004年为例,将州扶贫办的来文与发文情况列表如下(见表6-2、6-3),通过这些文件,可以从一个侧面反映出扶贫资源的传递过程。

除了上述程式化的信息沟通手段之外,该省为了更加及时和充分地掌握各地的扶贫信息,还制定了扶贫信息员制度和重点县专人联系制度。

扶贫信息员制度。1995年,根据省下发的《关于建立全省扶贫系统信息网的通知》的要求,X州及所辖3县的扶贫办及全州各级参加机关定点挂钩扶贫的各个单位都确定了一名政治思想过硬、业务能力强、综合分析水平较高的同志为信息员。信息员每月向省扶贫办提供 3 条以上的扶贫开发工作信息,供《省贫困地区动态》内刊选载。此外还须完成省扶贫办下达的临时性材料的调查编写任务及其他通信联系工作。

重点县专人联系制度。2002 年,根据国家扶贫办发出的《关于确定国家扶贫开发工作重点县联系人名单的通知》精神,省扶贫办实行重点县专人联系制度。该项制度主要目的是增加对扶贫重点县实际情况的掌握和了解。省扶贫办主任负责全办重点县联系人的协调工作,扶贫办的综合处、项目处、小额信贷处、易地扶贫处等 8 个处室分别联系全省 15 个有扶贫重点县的地(州、市),各处处长作为所联系地(州、市)的重点县的联系人。X 州的联系工作由省扶贫办计财处负责,所辖 3 县的联系人是计财处的处长。

此外,正式行政程序之外大量存在的非正式沟通方式,其效力也不容忽视。这类方式不受程序或规章的约束,属于个人之间的互动关系,是一种非常便捷的信息沟通方式。但是它对行政过程的影响却很难简单地用"利"与"弊"来衡量。

表 6 - 2　2004 年 X 州扶贫办各类发文内容列举

序号	文件名称	报送发单位	文件类型
1	加大 X 州扶贫工作力度,为建成全国最好民族自治州而奋斗	省扶贫办	情况汇报
2	关于 X 州易地开发扶贫与城镇化建设相结合项目给予立项的请示	省扶贫办	请示
3	X 州扶贫物资管理工作情况汇报	省扶贫办项目处	情况汇报
4	关于 2004 年主办的"切实加大扶贫攻坚力度"任务的贯彻落实情况汇报	州人民政府	情况汇报
5	关于对全州 2003 年扶贫项目进行检查验收的总结报告	州人民政府	验收报告
6	关于对州级机关单位挂钩扶贫进行调整的请示	州人民政府	请示
7	关于对 Z 县 2003 年度科技扶贫项目验收情况报告	州人民政府	情况汇报
8	X 州扶贫办关于 2004 年度民心工程落实情况的汇报	州政府办公室	情况汇报

9	对财政专项资金管理使用情况进行自查的情况报告	州财政专项资金检查领导小组办公室	情况汇报
10	关于对扶贫项目进行检查验收的通知	各县政府、检查验收组成员单位	工作通知
11	关于2004年第x批扶贫项目推荐立项的通知	项目所在县扶贫办及项目单位	项目审批
12	关于兑现《X州2003年扶贫工作目标管理责任状》考核奖惩的决定	三县扶贫办	工作通知
13	关于X州扶贫办领导人分工的通知	三县扶贫办	工作通知
14	关于下达2004年度重点扶持村计划实施名单的通知	三县扶贫办	项目审批
15	关于认真做好重点扶持村2004年度项目规划的通知	三县扶贫办	工作通知
16	关于2004年扶贫重点村建设项目的立项批复	三县扶贫办、财政局	项目审批
17	关于2004年扶贫安居温饱村建设项目的立项批复	三县扶贫办、财政局	项目审批
18	关于举办第X期扶贫技能培训班的通知	三县扶贫办、人事劳动局、农牧局	通知

表6-3 2004年X州扶贫办各类收文内容列举

序号	文件名称	来文单位	主要内容
1	关于转发《关于认真做好扶贫贴息贷款工作的通知》的通知	省扶贫办、省财政厅、省农行	政策传达
2	关于切实加强扶贫物资管理确保建材质量的通知	省扶贫办	政策传达
3	关于成立省扶贫规划领导小组的通知	省扶贫办	工作通知
4	关于苦战70天,确保扶贫三项重点工作全面完成的通知	省扶贫办	工作通知
5	关于下达扶贫安居工程实施任务计划的通知	省扶贫办	计划下达
6	关于下达2004年全省易地开发扶贫建设项目及投资计划表	省发改委、省扶贫办	计划下达
7	关于下发《省扶贫资金资金项目公告公示管理办法》的通知	省财政厅、省扶贫办	政策传达
8	关于成立X州对口帮扶领导小组的通知	州政府	工作通知
9	关于2004年办好八件实事落实责任制的通知	州政府	任务下达
10	关于印发X同志在全州农村工作会议上的讲话的通知	州委办公室	政策传达
11	关于拨付2004年中央财政扶贫资金项目管理费的通知	州财政局	计划下达

四、责任制与责任状

当扶贫工作的总目标确定下来之后,便进入为达此目标所进行的各项执行程序。科层制中,行政事务的推行必以相应的行政控制手段层层推行下去,以使任务得到明确无误的执行。正如周庆智博士所说:"为完成行政任务,行政主体有不断求助制度化手段的内在倾向。"[①]制度化手段之一就是在全州实行扶贫工作责任制和与下级层层签订责任状。

(一)责任制的确定

所谓责任制,简言之就是各项工作由专人负责并明确责任范围的管理制度。使用时根据责任人或责任内容的不同,在前面加上不同的前缀。比如"扶贫开发工作党政一把手责任制"、"扶贫系统资金管理使用责任制"、"扶贫开发目标管理责任制"等等都是在扶贫办各类文件中出现频率较高的字眼。实行责任制的根本目的在于通过确定合理的指标体系、有激励作用的考核奖惩体系和落实到人的责任体系以保证任务得以有效完成。

1994年根据省扶贫工作会议要求,X州开始在全州范围内实行扶贫开发工作责任制。当时的责任制主要是由州政府将扶贫责任落实到各县县长和州里各相关的职能部门负责人身上,包括州扶贫办主任、计委主任、农牧局局长、水电局局长和教育局局长。当时确定的指标体系共有6项:(1)农民人均纯收入;(2)当年解决贫困人口温饱的数量;(3)返贫率的控制;(4)解决人畜饮水的数量;(5)扫盲人口数量;(6)地方病——疟疾的防治。每一项都给出了明确的标准。同时制定了相应的奖惩办法,根据完成任务的情况给予责任人现金奖励或罚款。

十几年来,中央和省政府几乎在所有的扶贫文件中都会强调要实行各

---

① 周庆智:《中国县级行政结构及其运行——对W县的社会学考察》,贵州人民出版社2004年版,第130页。

项工作的责任制,这一制度也在不断地完善。责任制的使用范围不仅涉及到扶贫事务的各个方面,而且一直推行到了乡(镇)、村一级。此外新时期在实行扶贫工作党政一把手责任制还提出,要建立扶贫重点县的县长年度向省扶贫开发领导小组专题报告制度,要把扶贫开发工作作为考核重点县责任人政绩的重要标准,作为贫困地区尤其是扶贫开发重点县干部提拔任用的依据等内容。这些规定对责任制的有效实行提供了制度环境。

(二)责任状的签署

如果说责任制是保证扶贫资源传递过程中逐级落实、权责统一的一种制度安排,那么这种制度通常是通过"签署责任状"这一形式来体现的。责任状(有时也称作责任书)是对扶贫总目标分解的结果,是把综合的、复杂的扶贫工作变成各级政府、各个部门本职工作的过程。责任状中规定了需要完成的任务、完成的时间和完成的标准。

责任状的签署从责任主体来说分为横向和纵向两个层次(如图6-2)。对州扶贫办来讲,他们至少有两份以上的责任状,一份来自和州政府签署的责任状,内容为州政府工作要点中有关扶贫方面的工作;另一份来自和省扶贫办[1]签署的责任状,内容包括扶贫整体工作和专项工作,主要体现上下级业务部门之间的制约关系。此外,为了完成一些重大的扶贫项目,有时还可能产生额外的责任状。

从责任状的内容上可以分为整体工作和专项工作两类。例如州扶贫办与三县扶贫办签订的《X州扶贫工作目标管理责任状》属于前者,其内容包括了X州扶贫工作的各个方面;而《X州扶贫系统资金管理使用责任状》《X州扶贫安居温饱工程建设目标管理责任状》《X州异地开发扶贫项目责任书》等则只涉及某项扶贫工作或扶贫工作的某一方面。

---

[1] 有时是由州扶贫开发工作领导小组和省扶贫开发工作领导小组签署。

省人民政府 ——→ 省扶贫开发领导小组（省扶贫办）

州人民政府 ——→ 州扶贫开发领导小组（州扶贫办）

县人民政府 ——→ 县扶贫开发领导小组（县扶贫办）

乡镇政府 ——→ 乡镇相关职能部门

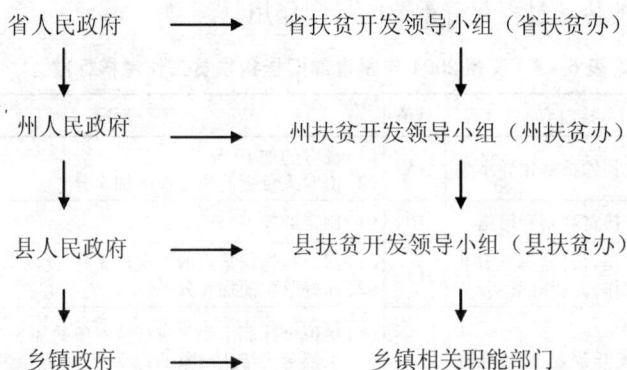

图6-2　X州扶贫工作的责任状签署

（三）责任状的考核与奖惩

与责任状紧密相连的是对其完成情况的考核以及建立在考核基础之上的奖惩。责任状中通常包含了考核的内容，有些在责任状中直接列明考核办法，有些则另行规定，有的直接就叫做"X州扶贫开发工作考核责任书"，基本方法都是针对责任状中每一项列出的内容给出分值和评分标准。任务期满后，对照考核办法中的条目予以评分（如表6-4，X州2004年州直部门挂钩扶贫工作考核标准）。

有些责任状附有考核的奖惩办法，如2003年，州扶贫办与各县扶贫办签订了《扶贫工作目标管理责任状以及奖惩办法》。2004年，根据这一办法在各县自评的基础上，州扶贫办抽调相关人员对各县进行考核。考核的具体方式是逐项对照责任状中要求的任务目标，评定各县该项任务完成情况的百分比，再乘以本项所占的比重得出该项的分值。所有项目的合计数为最后的考核结果，经州扶贫办主任办公会议研究后实行奖惩。2004年根据考核结果分别给予Z县、D县、W县3.2万、3.2万、3.6万元的奖励，同时规定，奖金中的80%用于推进工作经费，20%用于个人奖金。

从上述对整个过程的描述中不难看出，责任制与保证责任制得以落实的一系列制度一方面其本身是制度资源传递的表现形式和支持手段，同时对物质资源的传递过程起着重要的导向作用。

表6-4　X州2004年州直部门挂钩扶贫工作考核标准

序号	考核内容	分值	评分标准
1	是否成立挂钩扶贫领导小组	15	(1)成立的加10分 (2)由专人负责此项工作的加5分
2	是否制定扶贫规划和措施	10	(1)制定的加10分
3	挂钩单位是否经常深入挂钩点开展工作,并抓好落实	15	(1)深入挂钩扶贫点的1次加3分,此项最多加9分 (2)抓好落实的加6分
4	是否积极开展结对帮扶工作,积极为挂钩点筹集资金、捐款捐物,办好事实事	15	(1)单位全体职工都落实帮扶对象的加8分;全体党员干部落实帮扶对象的加3分;未能全部落实的加1分 (2)捐款捐物的加5分 (3)办好事实事的加2分
5	是否按要求及时报送扶贫工作总结和各种统计报表	20	(1)按要求及时报送工作总结的加10分 (2)按要求及时报送统计报表的加10分
6	是否对挂钩点投入资金,是否积极引进资金、培训人才	30	(1)直接投入5万元以下的加6分;5~10万元的加10分;11~30万元的加12分;30万元以上的加15分 (2)引进外资的加10分 (3)培训人次100人次以上的加5分
合计		105	考核成绩60分以下的为不合格 60~89分的为合格 90分以上的为优秀

资料来源:X州扶贫办

五、监测

采取科学的方法、确定统一的标准、建立相对独立的监测体系来确定贫困人口、把握贫困状况、控制资金流向、评估扶贫成果,这是政府制定扶贫政策、确保扶贫资源合理分配以及扶贫资源有效传递的重要依据和手段。

X州的贫困监测体系主要由贫困监测和项目监测两部分构成,前者是对贫困状况的监测,包括重点县贫困村住户抽样调查、贫困监测报表系统、农村建档立卡等内容;后者是对扶贫项目实施过程的监测,包括财政扶贫资金监管系统、年度开发项目资金监测季报、县级扶贫开发项目实施情况统计年报等内容。

从扶贫资源传递的角度来看,前者为决定扶贫资源的传递方向提供依据;而后者为有效传递扶贫资源提供保障。

(一)对贫困状况的监测

1.贫困监测体系的建立

1997 年以前,X 州扶贫监测工作主要是围绕贫困人口基本情况的普查与统计展开的。1991 年 4 月州扶贫办牵头从有关部门抽调一批骨干分赴 3县开展贫困户普查工作。全州共有农业人口 52,747 户、278,756 人,按照当时人均口粮 400 斤、现金收入 150 元以下的标准,其中贫困人口 15,324户、76,548 人。按照民族构成分类,贫困人口占本民族人口比例较高的是傈僳族、彝族、纳西族、普米族和白族。

1992 年,州扶贫开发办发出了《关于开展贫困人口建卡立册工作的通知》,1993 年完成了对 15,324 户贫困户建卡造册的任务。

1993 年,州扶贫办的贫困监测内容包括以下项目:总人口、农业人口、耕地面积、粮食总产量、人均纯收入、人均纯收入在 300 元以下的人数、当年发放的扶贫贷款、以工代赈的物品折款、项目所扶持的贫困户、当年解决温饱的人数。

1994 年,X 州正式开始进行农村住户调查,主要收集农村住户收支方面的数据。

1996 年,在世界银行贷款西南项目的影响下,省政府在全省 73 个国定贫困县建立贫困监测统计调查网点,其中在 X 州的 3 个贫困县共设有 23 个调查点。贫困监测工作由省扶贫办领导,日常工作由设在省统计局农村调查队的省贫困监测办公室负责。

在上级的要求下,1997 年 X 州也相应成立了贫困统计监测办公室,办公室设在州统计局,受州扶贫开发领导小组领导。其组成人员有 4 人,分别是州统计局副局长(任主任)、州扶贫办副科长(任副主任)、州发改委科员(工作人员)和州农牧局科员(工作人员)。其主要职能是:组织实施全州贫困统计监测工作,汇总测算并向州委、州政府提供贫困相关的数据资料,领导、管理全州的贫困统计监测工作。

建立农村贫困监测系统的目的主要是客观准确地反映当地的贫困状况,通过对贫困地区的生产条件、社会环境、生活水平等方面进行监测,为政府提供贫困人口数据、贫困人口的地区分布、特征分布以及变动情况和变化趋势,从而为政府确定扶贫资源的分配方案提供依据。

2. 监测的内容和方法

根据国家对农村贫困监测的目标,并借鉴世界银行在全省 10 个贫困县监测的经验,X 州农村贫困监测调查由 4 方面内容组成,即县级统计报表、社区调查表、住户调查表和个人调查表,从各个层面反映贫困县的资金来源与使用、社区环境、收支状况、受教育情况和就业情况等。

县级统计报表包括扶贫工作重点县情况、扶贫资金的来源和使用、扶贫成果等内容(见表 6 - 5,W 县 2001 年县级统计报表);村级(社区)调查表包括调查村基本情况、基本设施、社会服务、人口、资源、科技及扶贫项目参与情况等;住户调查表包括住户特征、财产设施、储蓄借贷、收入来源、生产及消费状况、灾害及社会保障、扶贫项目参与情况等内容;个人调查表包括家庭基本情况、健康状况、就业情况、劳动力外出情况、学生上学及儿童失学情况等内容。

为了保证监测内容的真实有效,要建立必要的抽样调查网点。从 X 州的 23 个调查点的分布上看,这些乡镇的调查点绝大多数分布在公路交通沿线,经济收入在全州属于上等水平,统计数据不能真实地反映贫困状况。因此在实际工作中,州贫困监测办把调查的重点放在全州 3 个县的 15 个重点扶贫攻坚乡上。贫困监测主要采取抽样调查的办法,每个县抽取 10 个村,每个村抽取 10 户,采用多阶段、随机起点、对称等距抽样方法进行抽样调查。调查后对结果实行统一的数据分析程序,并适时发布调查结果和监测报告。

此外,在 1996 年之后,由于广泛开展了机关定点挂钩扶贫工作,州扶贫开发领导小组还要求各挂钩扶贫单位在各自帮扶的贫困村进行贫困统计,报送州贫困统计监测办公室汇总。这一做法能够部分缓解贫困监测办人员不足,贫困监测点少以及监测点多分布在公路交通沿线所导致的统计数据不准确的问题。

表 6 – 5　W 县 2001 年县级统计报表

指　标	代码	计量单位	数量	指　标	代码	计量单位	数量
一、贫困县基本情况	—	—	—	12.卫生室及设施	A22	万元	59
1.年末乡村人口	A01	万人	13.2	13.技术培训/技术推广	A23	万元	55.5
2.村民委员会(居委会)个数	A02	个	80	14.资助儿童入学/扫盲	A24	万元	41.45
3.贫困村个数	A03	个	78	15.其他	A25	万元	1405.8
二、扶贫投资总额	A04	万元	5058.75	在扶贫投资中:农户直接贷款	A26	万元	681
按资金来源分:	—	—	—	**三、扶贫成果**	—	—	—
1.中央扶贫贴息贷款累计发放额		万元	10673	1.当年实施了扶贫项目的村数	A27	个	55
其中:当年中央扶贫贴息贷款发放额	A05	万元	2100	2.当年扶贫项目扶持农户户数	A28	户	1154
2.中央财政扶贫资金	A06	万元	1291.5	3.当年扶贫项目扶持人口数	A29	人	5500
3.以工代赈资金	A07	万元	571.45	4.当年项目吸收劳动力数	A30	人	2500
4.省级财政安排的扶贫资金	A08	万元	387	5.当年得到扶贫贷款的农户数	A31	户	135
5.利用外资(实际投资额)	A09	万元	0	6.新增基本农田面积	A32	公顷	152
6.其他资金	A10	万元	708.8	7.新增及改扩建公路里程数	A33	公里	119.3
按资金投向分:	—	—	—	8.新增经济林面积	A34	公顷	457.3
1.种植业	A11	万元	370	9.当年新增及改良人工草场面积	A35	公顷	200
2.林业	A12	万元	386	10.新增教育、卫生用房面积	A36	平方米	2092
3.畜牧业	A13	万元	530	11.当年解决饮水困难人数	A37	万人	1.47
4.渔业	A14	万元	0	12.当年解决饮水困难牲畜头数	A38	万头	1.8
5.农产品加工	A15	万元	0	13.年末尚未解决饮水困难人数	A39	万人	0.48
6.其他生产行业	A16	万元	569	14.年末尚未解决饮水问题牲畜头数	A40	万头	1.5
7.基本农田建设	A17	万元	704	15.当年退耕还林还草面积	A41	公顷	577
8.人畜饮水工程	A18	万元	390	16.当年组织培训参加人次	A42	人	34626
9.道路修建	A19	万元	480.5	17.向其他地区输出劳动力人数	A43	人	850
10.电力设施	A20	万元	67.5	其中:向外省输出劳动力人数	A44	人	100
11.广播、电视设施	A21	万元	0				

(二)对扶贫项目实施情况的监测

与上述通过在各贫困县所设的贫困监测点、采取抽样调查方法以了解掌握全州贫困状况的监测渠道相并行的,是由项目组织管理者按照固定的周期向州扶贫办上报的各类对项目实施情况的监测报表。从内容上看,有对具体扶贫项目施工进度的监测,有对扶贫资金到位情况和使用情况的监测,也有对项目产生效益的监测等等,监测范围几乎包括了所有的扶贫项目(见表6-6,贫困项目监测内容列举);从时间要求上看,有月报表、季报表

表6-6 贫困项目监测内容列举

监测项目	监测内容
扶贫重点工作项目资金到位情况监测季报表	项目计划总投资、累计实际到位财政扶贫资金
扶贫重点村工作进度月报表	本月完成工程量、本月项目收益人数
扶贫安居工程进度月报表	年计划户数、本月完成户数、累计完成户数、在建户数、累计完成百分比 年计划投资数、本月完成投资额、累计完成投资额
贫困地区农村劳动力转移监测确认表	姓名、性别、出生年月、家庭详细地址、是否培训、转移到企业时间、转移到企业名称、企业联系人、是否已经签订半年以上的合同、月工资收入、转移区域(省外、省内、县内)、监测时间
州级机关和企事业单位定点扶贫情况年度统计表	挂职人数、考察人数、本部门直接投入、当年引进资金、共上项目、引进人才、引进技术、举办培训、劳务输出、资助学生、帮扶党员干部人数、被帮扶农户数、解决安居户数
贫困地区农村劳动力培训转移情况统计季报表	本季度培训转移进度数(培训人数、培训后转移人数) 截至本季度累计转移进度数及效益情况(培训人数、培训后转移人数、签订半年以上合同人数、工资总收入、汇回家的总资金)
扶贫贴息贷款项目季度监测报表	贴息贷款资金发放情况、推荐立项项目数、推荐立项项目资金
易地搬迁试点工程项目实施进度月报表	资金到位情况、计划搬迁户数、完成搬迁户数

和年度报表。一般说来,受到省扶贫办和州委、州政府高度重视的项目往往被要求填写月报表。上级部门对扶贫项目实施情况的了解基本上来自于这些种类繁多的报表。在州扶贫办见到的各类报表中,有相当一部分内容不

全,许多栏目都是空白(见表6-7,Z县X贫困村规划实施情况监测表),因

表6-7 Z县X贫困村规划实施情况监测表(一)

指 标	代码	单位	数量	指 标	代码	单位	数量
少数民族聚居村	A01	—	1	13.粮食作物播种面积	A29	亩	4309
一、基本情况	—	—	—	14.经济作物播种面积	A30	亩	106
1.年末总人口	A02	人	2012	二、生活状况	—	—	—
其中:少数民族人口	A03	人	1486	1.农民人均纯收入	A31	元/人/年	599
绝对贫困人口	A04	人	1963	2.劳务输出总收入	A32	元	3500
低收入人口	A05	人	49	3.农民人均税费支出	A33	元/人/年	6.26
劳动力总数	A06	人	1007	4.粮食总产量	A34	公斤	489088
劳务输出人数	A07	人	7	5.缺粮的户数	A35	户	70
2.总户数	A08	户	426	6.居住简易住房的户数	A36	户	292
其中:贫困户	A09	户	300	7.文盲率	A37	%	24
五保户	A10	户	5	8.中、小学生辍学率	A38	%	20
3.自然村个数	A11	个	6	9.拥有电视机	A39	台	180
其中:通路的自然村个数	A12	个	3	其中:彩色电视机	A40	台	30
通电的自然村个数	A13	个	6	10.拥有机动车、农机具	A41	台	7
通邮的自然村个数	A14	个	0	其中:拖拉机	A42	台	7
通广播、电视的自然村个数	A15	个	6	摩托车	A43	台	0
通电话的自然村个数	A16	个	1	11.年末未解决饮水困难人数	A44	人	450
4.耕地面积	A17	亩	2968.45	12.年末未解决饮水困难牲畜头数	A45	头	1177
其中:有效灌溉面积	A18	亩	320	三、集体经济发展状况	—	—	—
梯田面积	A19	亩	319.82	1.村级集体经济收入	A46	元	4700
25度以上坡耕地面积	A20	亩	1959	2.村级集体经济实体收入	A47	元	—
5.桑园、茶园、林果园面积	A21	亩	0	四、规划实施情况	—	—	—
6.牧草地面积	A22	亩	0	1.是否是制定规划的贫困村,是为1,否为0	A48	—	1
7.养殖水面面积	A23	亩	0	2.村级集体经济实体收入	A49	—	0

8. 荒山荒坡面积	A24	亩	700	3.90%及以上按规划实施,是为1,否为0	A50	—	0
9. 年末大牲畜存栏数	A25	头	1505	70%~89%按规划实施,是为1,否为0	A51	—	0
10. 年末羊存栏数	A26	头	2188	50%~69%按规划实施,是为1,否为0	A52	—	0
11. 年末猪存栏数	A27	头	2573	4.规划设计的起始及截止年份	A53	—	—
12. 年末家禽存栏数	A28	羽	3000	5.规划设计的总投资额	A54	万元	—

Z县X贫困村规划实施情况监测表(二)

指标	代码	单位	资金额		指标	代码	单位	数量	
			计划	实际				计划	实际
五、扶贫投资总额	A55	万元			七、扶贫成果	—		—	
(一)按资金来源分	—	—	—	—	1.当年扶贫项目直接覆盖的农户数	A77	户	—	
1.当年扶贫贷款资金	A56	元	—		当年扶贫项目直接覆盖的农人数	A78	人	—	
2.当年财政扶贫资金	A57	元	—		其中:1)种植业覆盖的农户	A79	户	—	
3.当年以工代赈资金	A58	元	—		种植业覆盖的人数	A80	人	—	
4.当年帮扶资金	A59	元	—		2)林业覆盖的农户	A81	户	—	
(二)按资金投向分	—	—	—	—	林业覆盖的人数	A82	人	—	
1.种植业	A60	元	—		3)养殖业覆盖的农户	A83	户	—	
2.林业	A61	元	—		养殖业覆盖的人数	A84	人	—	
3.养殖业	A62	元	—		4)企业吸收贫困户劳动	A85	人	—	
4.农产品加工	A63	元	—		2.当年得到扶贫资金、物资的农户数	A86	户	—	
5.其他生产行业	A64	元	—		其中:当年得到扶贫贷款的农户数	A87	户	—	
6.基本农田、水利建设	A65	元	—		3.新增基本农田	A88	亩	—	
7.人畜饮水	A66	元	—		4.新增及改扩建道路里程	A89	公里	—	
8.道路修建及改扩建	A67	元	—		5.新增经济林面积	A90	亩	—	
9.电力设备	A68	元	—		6.新增及改良人工草场面积	A91	亩	—	
10.广播、电视接收设备	A69	元	—		7.新增教育、卫生用房面积	A92	平方米	—	
11.学校及设施	A70	元	—		8.新增桑园、茶园、林果园面积	A93	亩	—	
12.卫生室及设备	A71	元	—		9.当年解决饮水困难人数	A94	人	850	
13.技术培训/技术推广	A72	元	—		10.当年解决饮水困难牲畜头数	A95	头	258	

14. 资助儿童入学/扫盲	A73	元	—	11. 当年实施粮食作物项目的面积	A96	亩	4309
15. 其他	A74	元	—	当年实施粮食作物项目的产量	A97	公斤	48.91
六、当年扶贫贷款偿还情况	—	—	—	12. 当年实施经济作物项目的面积	A98	亩	106
1. 到逾期扶贫贷款额	A75	元	—	当年实施经济作物项目的产量	A99	公斤	5290
2. 扶贫贷款还款额	A76	元	—	13. 当年组织培训参加人次	A100	人次	—

此很难判断这些报表在多大程度上反映了当地的实际情况,也难以评价按期向上级报送报表的做法能在多大程度上起到对项目进度或落实情况的促进作用,但不可否认的是这一制度已经使监测报表成为上级政府把握扶贫资源传递过程的重要依据。

六、检查

检查的目的一方面为了确保下级的行政活动不改变所规定的方式,保证扶贫资源按照分配之初的设计落实到各个项目的每件事情上;另一方面,也为了更好地了解扶贫工作中下级遇到哪些问题,工作中存在哪些与计划任务标准不符的地方,以更好地指导下属工作。扶贫工作中的检查通过多种形式展开,主要有自查、上级检查、验收检查等方式。

(一)自查

自查在某种程度上类似于情况汇报,通常由州政府就某项或某几项具体的工作发出督察通知,州扶贫办按照督察通知的要求,将情况以书面形式予以汇报。一般来说,这种检查方式的主要目的有两个,一是起督促作用,二是便于上级政府掌握情况。检查事项多为州政府比较关心的、重点部署的任务,而非日常性工作。检查的重点侧重于任务的完成进度及项目实施过程中存在的问题。因此自查报告的内容通常采用"按图索骥"的方式,对照上级下达的计划、任务、指标逐项加以汇报,主要为:计划投资总额、资金到位情况、项目任务数量、项目的完成情况、项目实施中遇到的困难等。

（二）上级检查

按照《国家扶贫开发工作重点县管理办法》的规定："对重点县扶贫开发情况每年进行一次抽查,每两年组织一次省际交叉检查,每五年进行一次阶段性验收检查。"按照这一规定,省定期对各地(州、市)的重点县进行检查,检查的内容主要围绕省政府部署的扶贫重点工程或项目来进行。以2003年为例,省政府首先要求X州组织其所辖的3个国定贫困县进行全面自查,然后由省扶贫开发领导小组组织成员单位、邀请组织人事部门、地州市相关人员组成检查组进行抽查。在此基础上,再接受广西壮族自治区检查组的互查和国务院扶贫办的抽查。上级检查的最大特点在于政策性、法规性和全局性。

检查内容主要包括:(1)基本情况。各重点县是否以扶贫开发工作为重点;机构、编制、经费是否与扶贫任务相应;扶贫文档是否健全;同往年相比,思路、措施、方式或机制上有何突破;采取哪些针对性措施和取得的效果;遇到的困难和改进的对策;存在的不足和原因。(2)村级扶贫规划实施情况。重点贫困村和安居温饱村的标准、数量及分批推进计划;制定了扶贫规划的贫困村数量;抓重点贫困村和重点工作的具体措施,包括好的做法、存在的问题和解决办法;村级规划的主要经济社会发展指标与考核办法;各种扶贫资源是否捆绑使用到贫困村。(3)项目的实施情况。是否按县级、村级扶贫规划建立了项目库;从项目库中选择实施项目的比例;各类项目的比例及效益;项目的主要技术措施是否得到落实;项目使用的物资质量是否合格;项目建设的质量监理控制是否有效。(4)项目管理情况。项目管理的机构是否健全、合理,是否利于上下对口、横向配合;管理机构的职责是否明确、管理制度是否健全有效;较大单个项目和大宗物资是否按招标程序进行。(5)扶贫资金使用管理情况。各项扶贫资金安排到重点县、到贫困村的数量、比例、时间以及是否与项目工程进度配合;资金覆盖贫困户的情况及直接到户资金的数量或比例;扶贫资金投向及使用效益;扶贫资金、项目是否建立公示制度;财政扶贫资金是否实行专户管理和报账制。(6)群众参与及项目的效益情况。检查受益者的反映和参与程度,贫困人口参与水平是否提高;农业基本生产生活条件是否改善,实用技术推广是否有新的进展;教育、卫生状况和生态环境是否改善。

检查方式主要有:(1)实地检查,选择已实施项目实地检查,深入农户,听取受益贫困农民对项目的评价;(2)资料分析,审查项目文件、报表、关键数据、计划目标数据、检查项目目标完成情况;(3)听取汇报和座谈交流。听取项目管理单位、建设单位、设计单位、施工单位和项目乡的汇报,小范围与有关人员座谈。

(三)验收检查

验收检查主要是针对某一个具体的扶贫项目进行的,通常是在项目竣工之后由项目主管部门会同相关单位组成验收小组进行检查。扶贫资源传递到项目之后,政府需要了解项目是否按照设计标准施工,扶贫资源是否得到合理使用,是否产生了预期的效益。从某种意义上说,验收不仅是一种保证扶贫资源传递的手段,本身也可被视为扶贫资源传递过程中的一个重要环节。但是根据现有的材料,验收并没有纳入州扶贫办的常规工作之中。通常的情况是,州扶贫办接到州政府办公室对某一项目进行验收检查的通知后,组织财政、监察、审计、农牧等部门的人员共同组成"xx扶贫项目检查验收小组",对该项目的实施进行检查验收。

验收报告相对来说过于简略,内容主要集中于资金到位的情况和任务的完成情况两个方面,对资金使用的合理性和产生的效益涉及较少。此外,在各类资金管理办法和检查验收的通知等文件中通常有"检查验收结果作为下一年度安排扶贫资金项目的重要依据"的规定,但是根据所掌握的资料,在实际资金的分配过程中,这项规定因为缺乏可操作性的制度安排而并未明显地体现出来。

总体来说,自查、上级检查和验收检查都是下级对上级要求的一种被动应对,而非扶贫实施者的主动选择。就制度的设计而言,相对于其他两种方式,上级检查的内容较好地涵盖了对扶贫资源传递过程监控的诸个要素,关注到了扶贫资金的投向及使用效益、群众参与程度以及项目与减缓贫困的相关性等核心问题,但是由于缺少必要的约束保障机制,单凭检查这一环节无力改变在种种规划、计划以及责任制规定下形成的总的导向,因此在一定程度上难免流于形式。

第七章 X州扶贫资源传递过程中存在的问题

现有的反贫困模式是以政府为主导的。通过前五章的分析,不难看出在整个资源传递的过程中无论是资金投入、政策提供、组织宣传还是制度保障上,政府都占主导地位。因此本章以政府扶贫中资源传递过程存在的问题为主加以分析。

一、传递过程漏出现象严重

扶贫资源的漏出是资源传递过程中尤其是政府扶贫领域中最主要的问题。漏出主要表现在三个方面,一是扶贫资金被挤占挪用,主要体现在财政扶贫中;二是扶贫资金投向不合理,没有用于改善贫困人口贫困面貌的项目上,主要体现在信贷扶贫中;第三方面则体现在扶贫资金在县以下的分配中存在着平均主义的倾向,使得资金并未全部流向最贫困人口的手中。

在2004年6月因严格而被称为"风暴式"的审计报告中,扶贫资金的挤占挪用成为中国审计署审计长李金华关注的重点。据国家审计署官方网站报道,李金华称,审计署审计21个省(区、市)592个国家扶贫开发工作重点县的扶贫资金,发现财政扶贫资金被挤占挪用问题比较突出。其中用于平衡预算等4.28亿元,用于买车和弥补行政经费等1.5亿元;其他问题包括扶贫贴息贷款投向不合理,主要投向了交通、工业、电力、通信等基础性和竞争性行业,而用于扶持农户的小额贷款却逐年萎缩,不利于发挥扶贫资金的作用等。实际上,国家审计署曾多次对扶贫资金进行重点审计。更早前的一项审计报告称,1997年到1999年上半年,中央、地方共向国家贫困县投入的488亿扶贫资金中,有43.43亿元被挤占挪用。而另一项研究表明,大部分的财政扶贫资金因为贫困县的财政紧张而用于维持行政事业费开支和人员工资,2/3的扶贫资金没有配置到贫困户的生产与交换环节(汪三贵,1997)。

X州同样存在着类似的情况。根据2001年省扶贫办、财政厅联发文件《关于对部分贫困县使用扶贫资金违纪违规问题的处理通知》,该省审计厅2001年在对全省45个国定贫困县扶贫资金的投入、分配、管理和使用情况的审计中发现,包括X州在内的42个县不同程度上存在着资金拨付不及时、滞留、借用、挤占挪用、乱提管理费、虚列支出、自行改变项目计划和资金投向、配套资金不能及时足额到位、改变贷款投向、挪用贷款、提高利率发放贷款以及会计核算不规范、财务管理混乱等违纪违规问题。扶贫贴息贷款投向的不合理现象也比较严重,大多数的贷款投向了基础设施和龙头企业,对种植业、养殖业和加工业的扶持力度远远不够。这一点在第四章中已经分析过,此处不再赘言。

至于第三方面则是一种隐性的漏出。虽然X州的贫困是一种普遍的贫困、整体的贫困,但是同一个县的不同乡镇,甚至同一个乡镇的不同的村,依然存在着贫富差别。靠近公路和自然资源丰富的村相对而言贫困状况要好得多。虽然在当地的扶贫政策中经常提到要本着先难后易的原则,但是在实际中平均分配仍然是平衡各种利益关系的主要手段。

除此之外,扶贫资金在条件较好的地方往往可以产生更加明显的成效,地方政府出于对政绩和地方利益的考虑,在扶贫资金的投入上重工轻农、重大轻小、重富县轻富民,从而导致扶贫资源传递的方向往往偏离最贫困的地区和最贫困的人口。

二、审批的层次过多,级次过高

我国的扶贫资金管理体制从中央到地方有4层:中央—省(自治区)—

地(州、市)—县。按照"四到省"原则,大部分项目的审批权掌握在省级财政部门和扶贫部门。由于资金跟着项目走,项目的最终确定需要经过层层的申报,同时扶贫资金的投放则要求进村入户,因此项目规划和可行性报告要经过乡、县、州、省4个层次的逐级上报。由此带来了两个问题。

第一,由于各地情况的千差万别,信息容易失真。审批者远离项目实施地点,除了项目申报材料之外,少有其他信息来源以了解项目是否可行、是否符合当地需要,资金投放是否合理,因此,项目的审批通常只是走形式。

第二,项目的多层次审批延长了时间,导致资源传递时间滞后和传递过程中的低效。该省对扶贫资金的拨付时间有明确的规定:"省级财政部门应当根据主管部门项目计划,自收到中央下达的财政扶贫资金之日起15日内,将资金落实到项目并拨付到地州市级财政;地州市级财政应当在收到省下拨的资金之日起7日内将资金拨付到县级财政;县级财政自收到上级下拨的资金之日起10日内将扶贫项目的第一笔启动金拨付到扶贫项目的实施单位,并督促项目主管单位及时进行项目资金报账和回补剩余的项目资金。"

但在实际中,由于项目的层层申报、审批都需要一定的时间,因此除了少数发放对象明确的项目之外,这项规定几乎从未被严格执行过。扶贫资金到位晚可以说是各地的通病(如表7-1),下表所列时间仅仅是州下达资金的发文时间,距离真正到达项目还需一段时间。X州大部分的扶贫资金在10月份以后才能到达县,当时正是冬季,许多项目不宜施工,严重影响了工程进度,有些项目甚至到次年都未拨到项目。例如,在2004年7月州扶贫办对Z县2003年度科技扶贫项目进行检查验收的报告中写道:"Z县2003年度科技扶贫项目资金为12.5万元,规划实施4个养殖业项目和5个乡25期培训项目,到目前为止,除W乡购置2头种猪用以扶持一户养殖示范户、N乡扶持几户养殖本地土鸡外,其他项目由于资金到位迟以及到外地购种遇到封运期等原因,尚未实施,因此项目验收时机尚不成熟。"

在W县的资料中,我们也看到了类似的情况。该县2003年度的75万元科技扶贫项目资金由于资金到位迟,导致大部分项目未能实施。

表7-1 2004年部分财政扶贫资金下达拨付时间表

项目名称	金额（万元）	上级（省）拨付资金来文时间	州下达资金发文时间
安居温饱村	160	2004-03-31	2004-06-21
安居工程第一、二批	1107.6	2004-04-26	2004-06-21
扶贫重点村	200	2004-04-26	2004-06-21
扶贫重点县独生奖励第一批	60	2004-08-02	2004-09-09
重点县劳务输出	30	2004-09-16	2004-10-26
民族特困乡	100	2004-09-21	2004-10-10
财政科技扶贫	100	2004-11-01	2004-11-29
财政易地扶贫	150	2004-11-08	2004-11-16
中央财政扶贫项目管理费	30	2004-11-08	2004-11-29
中央财政扶贫资金	50	2004-11-18	2004-12-09
科技产业扶贫	250	2004-12-02	2004-12-13
扶贫重点县独生奖励第二批	8	2004-12-07	2004-12-09

三、参与扶贫资源传递的部门过多

在政府扶贫和部分社会扶贫中,一个项目实施所需要的扶贫资源往往由多个部门共同管理。例如各级发改委部门负责管理以工代赈资金,财政部门负责管理财政发展资金,农业银行管理信贷扶贫资金,民委部门管理少数民族发展资金,各级扶贫部门和参与社会扶贫的主体管理社会扶贫资金。各种扶贫资金在使用对象和范围上各不相同,涉及的管理部门又很多,为各级财政分配扶贫资金增加了难度。资金到达地方后,既有财政对有关部门的横向拨款,也有财政和其他部门各自的垂直运行,为扶贫资金的管理又增加了难度。诸多部门参与扶贫工作的管理,又使执行部门重复汇报、多头汇报成为必不可少的工作,无形中大大增加了工作强度。

除了参与扶贫资源传递的部门林立之外,扶贫项目的具体实施也由许多部门共同领导。尤其是目前随着单一扶贫项目逐渐过渡为综合性开发扶贫项目,一个项目往往涉及农牧、林业、粮食、交通、水利、科技、教育、卫生、经贸委等多个部门。由于缺乏必要的行政协调制度,各相关部门全局观念较为淡薄,各自为政、单打独斗的局面比较严重。扶贫信息相互封闭、扶贫工作各不支持,各投各的资金,各搞各的项目,管理资金的部门对项目情况了解甚少,而实施项目的部门又无法决定资金的分配、传递的进度等等,因而导致各类扶贫资源在扶贫项目中不能有效结合。同时部门间在政策制定、资金分配、管理和使用上的沟通不畅,使得资金的多头申请成为可能,从而增加项目不合理的成本支出。项目的重合安排及管理的不规范严重阻碍了扶贫资源的有效传递。

除了有权分配扶贫资金的部门太多之外,各项资金在设立之时,根据当时的需要,对不同资金有不同的政策规定,每种资金建立一套管理办法和一套具体的分配方法,既导致资金传递的范围过于宽泛,加大了资金管理的工作量,又增添了传递中的混乱和随意性。例如国家制定的主要有:《国家财政扶贫资金管理办法(试行)》《国家财政扶贫资金项目管理费管理办法》《国家扶贫资金管理办法》《国家以工代赈管理办法》《扶贫贴息贷款管理办法》《少数民族发展资金管理办法》。省级制定的主要有:《省财政扶贫专项资金管理办法》《省财政扶贫资金管理暂行办法》《中国农业银行某省分行"小额信贷"扶贫贷款管理实施细则(试行)》《省小额信贷扶贫管理办法》《省扶贫贴息贷款管理实施意见》《省劳动力转移培训专项资金管理办法》等等。其实,各种资金管理办法和项目管理办法的竞相出台正是管理部门多的真实反映。

多家参与扶贫资源管理的机构并列,导致扶贫资金多头管理,而协调往往是艰难的,因为每个部门都不愿意放弃对资源的控制权。各级扶贫办只是议事协调机构,难以对各个部门产生实际的影响力,更无权对扶贫资金进行整合,扶贫效益难以实现最大化。"各炒一盘菜,共做一桌席",是当地基层干部对扶贫项目资金管理使用现状的形象比喻。这样扶贫资源在传递的过程中就被过多的中间环节消耗掉了。

四、传递方式以计划和行政指令为主

建国之后,中国始终是"强国家、弱社会"的模式,政府几乎包揽全部社会事务。加上历史形成的中国共产党在社会主义建设事业中的核心地位,因此党委及其领导下的政府具有强大的资源动员能力。这种国家与社会的模式表现在扶贫事务上就是目前中国"政府主导型"的农村开发式扶贫模式。从扶贫资金的来源看,政府始终是中国农村扶贫资金最主要的提供者和大规模扶贫工作最有力的推动者;而政府制定和实施的各项方针政策,对贫困地区经济发展和贫困人口的利益所产生的影响更是长期而深远的。但是由于计划经济时代的影响,各级政府已经习惯了工作层层负责、上级命令下级的做法,在扶贫资源传递的方式上亦是省长、州长、县长、乡长、村干部、村小组长等逐级下压。尤其是对党政机关、事业单位、国有企业这些可以直接控制的领域,当地政府更是习惯性地沿用行政手段逐级传递扶贫资源。

在前文的分析中,我们可以看出政府扶贫中不论财政扶贫还是信贷扶贫,资源大多是通过下达计划、指标、任务等方式层层传递的。不仅如此,在社会扶贫的许多领域,下达任务、行政命令、加强领导、组织保障等方式也是政府惯用的方法。例如在第五章写到的机关定点帮扶工作中,上级部门连每年党员、干部具体要做哪几件事都加以明确规定,文件中甚至还写明了"乡镇级、县级及州级的党员干部每年到帮扶点的次数分别不少于 5 次、3次和 2 次"。从中不难看出政府具有强大的资源动员与组织能力,同时也反映出资源传递手段的单一化与简单化。

过于依靠行政手段传递扶贫资源的做法一方面使资源在传递过程中由于计划的刚性而脱离当地的实际,另一方面也导致下级政府重视完成上级布置的任务,而忽视扶贫资源所产生的效益。例如在对 Z 县某村农户的访谈中经常可以听到这样的话:"他们很少问我们老百姓最缺什么,最需要什么,或者最想在田地里种什么,我们懂不懂种的技术。他们只是定期分钱分东西给我们,或者下命令让我们种什么。""而许多具体的问题,比如严重缺水的问题,比如果树老化的问题,种养殖技术问题以及项目建成以后的维护等问题他们却很少过问,也很少主动帮我们想办法。"

五、资源传递过程中贫困人口参与不足

国际的反贫困经验表明,让贫困人口参与扶贫开发活动,是反贫困战略取得成功的保证。贫困人口本身是反贫困不可缺少的重要力量。但是我国长期实行的以政府为主导的反贫困模式使扶贫政策的制定、扶贫资源的分配都是自上而下进行的。在X州整个扶贫资源传递的过程中,从对扶贫资源分配规则的制定、分配方案的确定、资源的投入范围、资源的投入领域、项目规划的制定直到扶贫资源的传递终点,都缺少贫困人口的参与和对贫困人口应有的重视。因此贫困人口自身的作用表现得并不明显。

一方面,客观上基层政府缺少参与方法的专门技术。以整村推进项目为例,当省政府确定了实施整村推进并确定了相应的资金分配办法之后,首先要做的是由县政府来识别贫困村。按照国务院扶贫办推荐的识别办法,首先确定一些反映贫困状况(而非贫困原因)的尽量简单和具体的指标,然后要对指标赋予相应的权重,与贫困状况联系越紧密的指标,权重越大。权重是由村民代表和农村发展领域的专家参与最终确定的。村民代表包括极端贫困人口、贫困人口、普通住户、妇女等,以反映不同人群的意见。规划负责人向参与者详细解释各项指标以及如何确定权重,所有参与者都可以对所列的指标进行赋权。最后由县扶贫办计算各村指数,并进行排序[①]。对于当地的基层政府,显然缺少完成整套程序所需的资源和技术,因此在当地工作中,州政府要求县政府按1:2的比例来上报贫困村名单,县政府按照州要求的名额数量组织各乡(镇)村的负责人讨论决定。州在上报的名单中进一步筛选,而这一过程中显然缺少贫困人口的参与。在这样的程序中,乡镇干部有可能通过个人交情或游说等方式使本乡获得更高的贫困村比例;

① 参阅汪三贵:《中国新时期农村扶贫与村级贫困瞄准》,《管理世界》2007年第1期。

而州政府在筛选中也有可能出于对政绩的追求,而有意偏向条件较好的村。

另一方面,主观上政府的扶贫官员不同程度地存在着忽视贫困人口作用的内在倾向。在前文提到的案例中,我们能够直观地体会到扶贫官员对贫困人口自身脱贫愿望和脱贫能力的怀疑。在长期的计划经济体制下,政府部门历来主导项目及资金的计划和管理,他们倾向于认为贫困人口并不具有参与项目管理的能力,同时农户的参与在一定程度上也意味着管理部门权力的削弱。例如在村级规划的制定上,就笔者掌握的资料来看,当地政府并未按村级规划来实施项目,而是采用原有的项目申报和审批程序。

国内和国际的扶贫实践都证明,只有受益人群最清楚、最了解他们自己真正需要什么样的服务以及这些服务应当怎样提供。缺少贫困人口的参与会产生以下问题:第一,使扶贫资源传递的方向偏离贫困地区的实际;第二,资源传递过程不透明,缺少监督;第三,容易使贫困人口认为扶贫是政府部门的事情,建设扶贫项目是上级安排的任务,从而产生依赖思想,因此无法调动贫困人口自身的积极性,无法实现从"要我扶贫"到"我要扶贫"的转变。

六、资源主要传递到基础设施领域,其他领域则投入不足

在扶贫资源传递的领域上存在着严重的失衡,主要表现为扶贫资源主要投入在基础设施领域,对种养业的投入有限,对教育的投入严重不足。

中央对农村扶贫资金的投入领域作了明确规定,指出要将资金着重用于解决群众温饱的种植业、养殖业和以当地农产品为原料的深加工增值类工业项目。但是目前扶贫资金投放的领域主要是基础设施建设,对种养业投入的扶贫资源较为有限。2002年至2006年,在592个国家扶贫重点县的扶贫资金中,平均每年23.78%的资金投向种养加项目,而即使是在逐年

降低的情况下，平均每年投向基础设施建设的扶贫资金也有 36%[①]。

在 X 州，这一差距更为明显。2002 年省政府确定的"五大扶贫工程"是：县乡公路建设工程、饮水工程、村村通电工程、特色商品林建设工程、通广播电视建设工程，关注的重点大部分都是基础设施建设。省政府的政策取向基本上决定了州县政府的实施方向。以 2005 年 X 州的扶贫资金投放领域为例，从表 7 - 2 中，我们可以看到在当年扶贫总投入的 15,141.05 万元中，基础设施的投入占 78.22%，种养殖业的投入占 10.61%。

此外更为严重的是对教育扶贫投入的严重不足。反贫困不仅仅局限于经济领域，而是一项系统工程。教育是这项工程的重要组成部分之一。充分发挥教育在提高国民素质、增强贫困人口脱贫能力中的作用，是扶贫工作的一项重要战略。目前，一些传统的扶贫手段对剩余贫困人口往往效果不是很好，有的手段从长期来看有很大的副作用，有的手段成本过高，有的手段有很大的市场不确定性。而教育是最为兼顾效率和公平的手段。对于缺乏劳动能力和生活在极端恶劣自然环境中的贫困人口来说，对其提供免费的教育可以在维持当代人基本生存需要的情况下，有力提高下一代人的就业与迁移能力。然而在实际操作中，由于政府官员任期有限，其升迁在很大程度上取决于那些与经济指标密切相关的政绩考评，而教育的投资回报相对于其他领域来说具有长期性、见效慢的特点，其对经济增长的贡献也不能够被直接计算，因此这就降低了政府官员投入教育领域的热情。

根据全国农村贫困监测的抽样调查显示，2002 年至 2006 年，全国 592个国定贫困县平均每年仅有 1.84% 的扶贫资金投向培训及教育项目[②]。

X 州的情况也不例外。表 7 - 2 中的数据显示，2005 年当地扶贫资源用于教育方面的投入为 55 万元，仅占全年总投入的 0.36%。而且这 55 万元全部来自于社会资金。虽然省、州财政都在劳动力培训上投入了一定的资

---

① 国家统计局农村社会经济调查司：《2007 中国农村贫困监测报告》，中国统计出版社 2008年版，第 33 页。

② 国家统计局农村社会经济调查司：《2007 中国农村贫困监测报告》，中国统计出版社 2008年版，第 33 页。

金——尽管同样有限,仅占全年总投入的 1.14% ——但是这种投入大多存在着重视短期效益而忽视长久发展的问题,并不能取代对教育的投入。由于劳动力素质普遍较低,对其扶贫技能的培训大多集中在美容美发、建筑、厨师、司机等项目上,而这些项目对改善贫困状况所起的作用正在逐步递减。

表 7 - 2   2005 年扶贫资源投入领域分析表(单位:万元)

投入领域	总投资	中央财政①	省级财政	州级财政	以工代赈	贴息贷款	小额信贷	利用外资	投劳折款	其他资金
农田水利建设	1282.60	378.23	22.97	72.18	55.00	0.00			375.82	378.40
交通建设	1349.47	267.96	39.50	99.50	45.00	500.00			297.51	100.00
电力建设	5165.53	136.23	22.10	41.92		4800.00			115.28	50.00
教育	55.00	0.00	0.00	0.00		0.00			0.00	55.00
文化卫生	298.00	5.00	0.00	90.00		0.00		15.00	18.00	170.00
种植业	1110.35	213.30	10.00	37.52		500.00	150.00		129.53	70.00
养殖业	495.75	118.60	12.50	30.01		0.00	150.00		76.64	108.00
安居工程	4045.36	1303.08	119.92	126.53		0.00			2415.83	80.00
能源建设	102.04	61.25	2.52	0.00		0.00			18.00	20.00
科技培训与推广	173.05	89.85	25.00	2.20		0.00			5.00	51.00
其他	1063.90	149.69	399.70	40.14		375.00			43.04	56.60
合计	15141.05	2723.19	654.21	540.00	100.00	6175.00	300.00	15.00	3494.65	1139.00

资料来源:根据 X 州扶贫办统计报表整理。

七、对资源传递过程缺乏有效的监测手段

现有监测手段的低效主要表现在四个方面。

第一,监测数据的失真。扶贫资源传递过程中的监测行为主要是通过县级扶贫办填报各种报表,上报州扶贫办后再经过汇总完成的。因此报表

---

① 本表中以工代赈资金单列,未包括在中央财政扶贫资金中。而以工代赈资金的投入方向也同样是以基础设施建设为主。

中数据的真实性是监测行为有效性的前提。但是从扶贫办获得的数据中，存在着许多前后不一、自相矛盾的数据，有些仅用简单的计算就可看出其中的问题。试举三例：其一，在州扶贫办2006年《X州"十一五"扶贫工作总结》中记录，2005年，全州有1996个党员和干部实行结对帮扶3207户。而在对外的宣传中，2005年11月1日的《XX日报》第七版却写着"全州1996个党员和干部实行结对帮扶7671户"。其二，如在第二章提到的，1998年全州统计因缺乏生存条件需要搬迁的共有1997户，11846人。到2001年省政府实施易地扶贫开发项目时，这一统计数据为31,447人，3年间竟增加了2.65倍。到了2004年，这一数据已经变成了53,000人，又增加了1.69倍。其三，还是易地搬迁项目中，几乎所有的统计报表中户数与人数的栏目下都是按每户5人的比例计算后填写的，前后对照数份文件之后，基本可以断定这些数据并非实地统计得出，而是大致计算而来。这并不难理解，因为在制定项目规划时就是这样上报的："全州需要实施异地搬迁的人数为53000人，10600户"。按比例推算显然是一个比较简单的办法。

出现这样的现象也不难理解。数据失真可以分为数据虚假和数据不实两种。数字虚假是知道真实的数据，但是按假的上报，一般有夸大成绩和夸大贫困状况两种。前者用于汇报工作成绩（如例一）；后者用于争取扶贫资金（如例二）。数据不实是由于统计监测工作不到位，并不知道真实的数据，而是根据填表人个人的判断和估计大致计算得出（如例三）。由于上级部门对扶贫工作的了解主要来自于看文件、报表，而且由于分管部门多，要求上报文件的部门就很多，这些部门各自关注的项目、内容也不尽相同，于是各级扶贫部门每年要写的总结、汇报材料、自查报告、各种统计表格不计其数，工作人员要想逐项按要求核对后填写根本是无法完成的。所以上有政策下有对策，下级政府在完成这些任务的时候，基本上是原封不动地把旧年的文件复制一下，改动其中的主要数据而已。一份文件可以在十余处地方使用，有些甚至连其中明显的计算错误和输入错误都连续几年延续下来。

第二，指标体系设计的不科学。

首先表现在监测指标所关注的内容主要集中在各类扶贫资金的投入额

和贫困人口的经济状况上。对扶贫成果和贫困人口收入之外的贫困状况则关注不够。

其次表现在监测指标过于注重进程性指标。直接反映贫困人口生活水平的指标可以称为效果性指标;而反映扶贫工作过程或阶段性成果的可以称为进程性指标①。进程性指标并不能直接反映贫困人口生活水平的变化。比如,有学校村的比重增加,可使更多的人有机会接受教育,但是并不意味着贫困儿童就能接受教育。但是当地政府倾向于把进程性指标作为衡量扶贫成效的主要依据,对效果性指标则关注不够。表 7 - 3 中列出了 W 县 2002 年县级监测报表中对扶贫成果一项的主要监测指标,从中可以看出,这些指标中绝大多数属于进程性指标。

表 7 - 3　2002 年 W 县对扶贫成果的主要监测指标

监测指标	类型
1.当年实施了扶贫项目的村数	进程性指标
2.当年扶贫项目扶持农户户数	进程性指标
3.当年扶贫项目扶持人口数	进程性指标
4.当年项目吸收劳动力数	进程性指标
5.当年得到扶贫贷款的农户数	进程性指标
6.新增基本农田面积	进程性指标
7.新增及改扩建公路里程数	进程性指标
8.新增经济林面积	进程性指标
9.当年新增及改良人工草场面积	进程性指标
10.新增教育、卫生用房面积	进程性指标
11.当年解决饮水困难人数	效果性指标
12.当年解决饮水困难牲畜头数	效果性指标
13.当年退耕还林还草面积	进程性指标
14.当年组织培训参加人次	进程性指标
15.向其他地区输出劳动力人数	进程性指标

资料来源:《W 县 2002 年县级统计报表》。

---

① 参见鲜祖德:《转型时期中国农村贫困研究》,中国人民大学 2001 年博士学位论文。

再次表现为某些重要信息的缺失导致监测数据难以为评估及修订扶贫政策提供更为有力的依据。例如世界银行指出的"有关流动人口,尤其是外出务工的农村贫困人口,其生活和工作条件方面的信息;地区间生活成本差异的信息;有关项目参与和公共服务利用的信息以及有关家庭特征的更为详细的信息"等等,这类信息在当地的文件中鲜有提及。

第三,监测主体和项目管理主体同一。

扶贫开发"四到省"原则施行以来,资金和权力下放到省,但是国家对各省扶贫任务和责任落实情况的监测与考核却并没有相应办法。因此各级政府一直试图通过加强对自身行为的监测来提高有限扶贫资源的使用效益。对扶贫资源传递过程的监测主要由各级扶贫办完成,但与此同时对项目的管理也主要是由扶贫办组织的,这样一来项目的实施情况是由自身评定的,在存在利益诉求时,监测效果难免大打折扣。

第四,政府部门及监测部门主观上的不重视。

当地政府虽然也成立了相应的监测机构,组织过一些培训,下拨了部分贫困监测经费,但是总体来说对其重视程度还远远不够。贫困监测是一项专业技术性很强的工作,远非计算几个数据,填几份表格那么简单。政府往往愿意投入很多的资金来做扶贫项目,却不愿意花一部分资金来监测这些资金的传递过程和产生的效益,由此导致了监测行为难以达到预期的效果。

八、传递过程中注重投入而忽视效益

在州扶贫办翻阅了大量的文件之后,所得到的最深刻的印象就是当地政府非常重视扶贫资金的投入,其次关注的是任务的完成情况,而较少关注这些投入的资金到底产生了多少效益。在仅有的关注之中,绝大部分集中在项目覆盖的贫困人口户数和人数上,但这一数据并不能直接体现贫困人口的受益情况,也不能反映项目和减缓贫困的关联度。前文已经提到在扶贫监测中重视进程性指标而忽视效果性指标的问题,这在一个侧面上反映了对扶贫效益重视不足的问题。除此之外,我们还可以在扶贫规划的制定上找到根源。

X 州 3 县都制定了"十一五"扶贫规划,但是规划的侧重点无一例外地放在了投入的资金数和完成的任务数上面(见表 7 - 4),而几乎没有提到资金所要达到的预期效益。再进一步探究原因就会发现,上级政府在检查"十五"期间的工作时,就是要求下级政府上报表中所列的数据,也就是说上级政府对扶贫工作做得怎样、成效如何就是通过这些数据来评判的,这也就难怪下级政府按图索骥,在制定本地区扶贫规划时如此安排了。在这样的导向下,重视扶贫资源的投入而忽视其传递过程中所产生的效益则不可避免。

在对扶贫项目的验收上,验收小组关注的重点同样是资金的到位情况和任务的完成情况。笔者对比了 2001 ~ 2004 年度的几份验收报告[①]后,发现验收报告的主要内容基本相同,主要包括项目实施情况或任务完成情况、资金到位情况和资金的使用情况和取得的经验、存在的问题和建议三部分。

以《2004 年 X 的劳动力转移培训项目的验收报告》为例,第一部分项目的实施情况,主要是年初省政府下达了多少计划,各县培训了多少人,完成了劳务输出多少人等内容。其二是资金使用情况,资金到位率多少,是否按照规定使用报账制,是否专款专用,是否有挪用和挤占资金的现象发生。通常都写明"通过检查该县能对扶贫项目在实施前进行研究和论证,在实施过程中能够对扶贫项目进行有效地跟踪督促检查。在资金管理上,严格按照《财政扶贫资金管理办法》实行专户储存、专款专用、封闭运行,建立严格的项目资金管理制度,认真执行财务报账制度和财经纪律,加强审计监督,严控支出、精打细算,实行一支笔审批制度和回补报账制度,确保了资金的使用效益。通过检查验收,没有发现扶贫资金被挤占和挪与问题。"之所以不厌其详地摘录下来这段话,是因为几乎所有的验收报告中都会出现这段文字。其三是取得的经验和存在的问题,资金都到位了,计划培训的人数都完

①　主要包括《2004 年度劳务输出验收报告》《X 州 2004 年度财政易地扶贫搬迁项目验收报告》《X 州 2004 年度贫困地区劳动力转移培训项目验收报告》《关于对 Z 县 2003 年度科技扶贫项目验收情况的报告》《X 州 2001 - 2002 年度三项工程项目的验收报告》等。

成了,任务就完成了。资金使用情况和存在的问题、意见、建议同样都是套话,许多内容甚至年年相同,绝无二致。而这些问题到底解决了没有、解决了多少、如何才能解决,则很少有人提及。至于这个培训项目真正起到了什么效果、是否使培训对象掌握了相应的技能,这些技能是否对其脱贫产生影响、影响的程度如何,则更不在其中了。

扶贫规划和验收标准的倾向性直接导致了扶贫资源在其传递过程中,其核心内容——效益,被大大地忽视了,由此又直接影响了扶贫的成效。

表7-4 X州"十一五"主要扶贫项目规划内容表

项目名称	规划内容
整村推进	实施整村推进的行政村个数 投入资金的数额
富余劳动力转移培训	确定转移培训示范基地的个数 进行劳动力转移培训的人数 投入资金的数额
劳务输出	劳务输出的人数 投入资金的数额
易地安置	易地安置的户数、人数 投入资金的数额
机关定点挂钩扶贫	引进资金的数额 引进项目的个数 引进人才的人数 引进技术的数量
科技扶贫	科技扶贫项目个数 投入资金的数额
信贷扶贫	支持企业的个数,其中龙头企业的个数 支持项目的个数 投入资金的数额
利用外资扶贫	引进外资的数额 外资扶贫项目的个数
解决贫困人口	解决贫困人口数量 解决低收入人口数量

资料来源:根据X州三县"十一五"规划整理。

九、对资金之外的扶贫资源重视不够

通过前文的分析可以看出当地在扶贫资源的传递上,重视物资资源而忽视非物资扶贫资源的作用;在非物资资源中,又重视和部门利益相关的政策、制度、权威资源的传递,而忽视信息、文化、观念等资源的传递。贫困是由于资源的匮乏导致的,而这种资源固然是以资金为主要载体和表现形式的,但是随着反贫困的不断深入,应该看到非物质资源在反贫困中的作用,并发挥这类资源的作用。但是由于缺乏必要的重视、政策的引导和有效的传递机制,非物质扶贫资源在贫困地区仍然十分匮乏。

首先,传递渠道有限。

在调研的过程中,我们走访了当地的许多自然村,也和许多农户进行了访谈,我们发现在现代的主要信息传播媒介报纸、广播、电视、互联网、手机等方式当中,"电视一枝独秀"的状况非常明显。当地能接收电视节目的自然村比重超过78%。在有电视信号的村落中,当问及主要的娱乐方式是什么、平常大多数业余时间做什么、靠什么了解社会事件等问题时,分别有86%、72%和52%的人首选电视。

与此相对应的是报纸、广播日益萎缩,网络尚不普及。在我们所走访的村民中很少有居民订阅报刊杂志,没有一户家中有互联网。在当地的统计报表中几乎就找不到"网络覆盖率"这一项。据当地信息化办公室的数据显示,2006年州政府工作部门的网络接入率还不到50%,更不用说在偏僻乡村了。想上网的村民只能到附近镇子上的网吧上网。相对于声音和图像而言,文字与思维有着更加密切的关系。而这种以电视为主、文字媒介匮乏的信息传播模式弱化了理性思考和抽象思维能力,显然不利于贫困人口素质的提高。

其次,传递内容的局限。

电视由于其形象性、广泛性、通俗性和低廉的成本,成为当地村民最为重要的获取知识和信息的来源及娱乐休闲方式。但是由于电视内容主要以大众化、通俗化和商业化为主,在满足娱乐功能的同时,知识教育功能不足。在当地的电视节目中,贴近农民生活实际的、为农民服务的、传播民族文化的、宣传农业技术知识、扶贫政策的内容非常少。传递内容的局限,使电视这一信息传播媒介尚不能完全承担起传播信息、传达政令、传递知识、传承文化的任务。

再次,传递方式的单向性。

现有的信息传递方式以信息输入为主,对于边远地区的农村人群来说,只是被动地接受这些信息。由于知识文化水平的限制和互动式交流技术平台的缺失,贫困群体对接收到的信息在认知过程中产生的疑惑、自身在生产生活中遇到的特殊困难和问题以及他们对本地资源和信息进行宣传的尝试,都缺乏有效、畅通、便捷的交流和反馈方式。信息流向的单一,导致信息内容的有效性和针对性不足,对信息所产生的作用和结果也无法进行准确的测评和反馈,从而使信息传递的功能与作用大大衰减。

最后,缺少有针对性的引导。

在信息化时代,信息资源是一项重要的扶贫资源。然而作为一项准公共产品,信息平台的搭建和信息内容的提供需要政府、市场、社会等多元主体的协同努力。尤其是在经济基础薄弱、信息技术落后、市场力量微弱的贫困地区,由政府主导,提供政策指导、规划协调、资金和技术支持,以整合调动社会力量,建设有效的信息网络平台,实现信息资源的有效传递,是公共服务型政府的一项重要职责。然而由于对信息资源在推动经济社会发展中的重要作用认识不足以及资金技术等客观条件的限制,当地政府在推动信息网络建设的工作上尚存在着力度不大、进度不快的问题。

第八章 农村扶贫资源
传递过程的整体改进

在前面的七章中,笔者通过对 X 州这一个案的剖析,来折射出中国农村扶贫资源传递过程的现状。本章试图针对当前扶贫实践中存在的一些问题,从扶贫资源传递的主体、客体、过程、渠道、终点及领域诸环节提出一个整体改进的框架(见表 8 - 1)。这样做只是为了分析的方便,在实践中,各项措施构成了扶贫政策的有机整体,不可能严格地按照各个环节加以区分。每一项具体的措施其作用也是综合的,并不仅仅针对某个环节而起作用。

一、在政府主导之外充分发挥社会和市场在扶贫中的作用

对策之一:在继续发挥政府在扶贫工作中主导作用的同时,形成政府机制、市场机制和社会机制三者相互配合的局面,共同发挥在扶贫资源传递过程中的作用。

在扶贫资源的传递过程中,政府通过强制力量和税收制度配置资源,市场通过资源交换配置资源,社会则借助于价值观的推广和社会利益的诉求以配置资源。政府机制、市场机制和社会机制在解决贫困的问题上各有优势和局限,单纯地依靠其中一种无法获得很好的效果,因此需要三种力量共同参与、相互补充、形成合力。

首先要继续发挥政府在扶贫工作中的主导作用。在反贫困中政府承担着不可推卸的责任,也发挥着不可替代的作用。不管是何种类型的国家,贫

困的缓解必须以政府的干预为前提。目前贫困地区的发展环境落后、市场发育不完全、贫困人口素质不高都导致其自我发展的能力有限。没有政府的干预和引导,仅靠贫困人口自身不仅无法摆脱贫困状况,还将越来越落后于整个社会的发展。从目前的反贫困实践来看,无论是资金投入、制度供给还是宣传组织,政府始终是扶贫资源最主要的提供主体和传递主体。这主要表现在第一,充分发挥了执政党强大的资源动员能力和整合能力;第二,利用国家权威将扶贫工作纳入各级政府日常工作;第三,充分利用行政管理层次建立起有权威的传递渠道;第四,依托行政隶属关系,用责任状的形式建立起层层负责的责任制度。这些都使得反贫困走上了制度化和规范化的道路,是我国反贫困事业取得瞩目成绩的保障。

但是这并不意味着政府在扶贫工作的一切事务上都是最有效率的。政府是有限政府,表现在能力有限、资源有限、运行的手段和方式有限等方面。在资源的配置上,市场是更有效率的一种方式。事实上多年的反扶贫实践已经证明了以政府为主导的扶贫资源传递模式导致了扶贫资源使用中的漏出现象严重,整体效益不高。因此应该在传递过程中引入市场机制,用经济利益作为纽带在社会经济组织与贫困群体之间建立起合作关系,使扶贫开发各方面的效益都达到最大化。首先在市场经济条件下,生产经营活动的主体必须自主决策、自负盈亏。其次,政府在加大基础设施、教育、卫生等农村公共服务投入的同时,应该逐步减少并最终取消对农户生产经营项目的无偿资金支持,一方面可以逐渐培养贫困人口的自我发展能力,另一方面也大大减少了设租和寻租的可能。再次,完善农村金融服务体系,逐步放宽对民间借贷、民间融资的限制,允许和保护非国家金融融资机构的存在和发展,用市场原则促进各类金融机构之间的功能互补和适度竞争。最后,要引导经济组织特别是发达地区的资本、技术到贫困地区开发建设,吸引生产要素向贫困地区流动,在市场机制的基础上,寻求企业资金和政府目标的结合点,并在此基础上逐步形成持久的扶贫机制。

在政府机制和市场机制之外,充分调动社会资源来解决贫困问题是需要进一步努力的方向。第一,要坚持并完善国家机关对口帮扶贫困地区的定点帮扶和东西扶贫协作策略,将帮扶的重点从给钱给项目向给机会给信息给技术转变,将帮扶的方式从单方面的给予向双方的合作、互利模式转变。第二,应该调动各类文化教育机构、大专院校、科研院所、医疗机构及其他民间团体和组织的力量,开展各种形式的扶贫活动,允许他们运用资金、技术、人才、信息、管理等扶贫手段获取各自的利益。第三,鼓励和支持贫困人口按照自愿互利的原则建立以脱贫为目标的社会联盟组织和农村经济合作组织。有效利用社会组织和民间团体在扶贫工作中的优势,并使之与贫困地区的资源优势相结合,激发社会扶贫动力。第四,在社会上广泛宣传、倡导和培养慈善文化,增强社会各界和公民慈善意识,培育发展慈善组织,加强慈善组织能力建设,大力推进志愿服务活动,完善慈善政策法规,在全社会形成扶贫济困的良好氛围。

表 8 - 1　农村扶贫资源传递过程的整体改进

传递环节	改进方向	具体建议
主体	发挥政府、社会、市场三者的作用	在继续发挥政府的主导作用、加大扶贫资源提供力度的同时,动员全社会的力量共同参与扶贫,注重并发挥市场在扶贫中的作用
客体	在传递物质资源的同时,注重非物质资源的传递 加强与扶贫相关的政策和制度建设	注重部门政策与扶贫政策的一致性和配套性 注重机构、人员的能力建设 发行《中国扶贫信息报》,加大扶贫政策的宣传力度,提供实用信息
过程	改变扶贫多头运作的行政格局 简化扶贫资源传递过程,缩短扶贫资金投放时间 变自上而下的资源传递方式为自上而下和自下而上相结合的双向传递方式 完善监测和评估机制	成立国家—省—县三级的扶贫局,统一传递扶贫资金 扶贫资金直接拨付到县,同时向县下放审批权限 最大限度地让贫困人口参与到整个扶贫资源的传递过程之中 做好贫困人口的建档立户工作,重视对扶贫效益的监测和评估,尤其是要以贫困人口的受益情况作为评估的首要标准
渠道	救济式扶贫与开发式扶贫并举 注重财政扶贫和信贷扶贫两种不同性质的扶贫方式的划分和整合 政府扶贫和非政府组织扶贫相结合,共同传递扶贫资源	由民政部门和扶贫部门分别传递不同类型的扶贫资源 合并各类财政扶贫资金,统一由扶贫部门管理,明确其投放领域 加强政府与非政府组织之间的合作,取长补短,不断创新合作机制

终点	改进目标瞄准机制,以贫困人口为作为资源传递的终点	在扶贫项目的设计上以到户项目为主 进一步完善小额信贷扶贫方式
领域	加大人力资本的投资	大力发展基础教育、职业技术培训、劳动力转移培训,提高贫困人口自身素质;重视妇女的作用

二、在加强扶贫资金投入的同时,注重非物资资源的作用

对策之二:加强反贫困的相关制度供给,围绕反贫困战略,形成相互配套的政策群。

扶贫政策和相关制度作为最重要的扶贫资源,在反贫困中起着核心作用。一方面,反贫困政策应该有明确的政策目标和目标群体,因此应和其他政策,例如区域经济发展、义务教育、医疗卫生等政策相区别,不能简单地以某项政策来取代另一项政策中相似的功能。另一方面,反贫困是一项系统工程,除了开发式扶贫等各项直接减少贫困的政策之外,各项宏观、微观政策也都会对贫困人口造成显著的影响。因此,为了有效地减少贫困,需要各项政策、各个环节、各个领域的相互配合。反贫困政策不能独立存在。如果忽视了其他政策的配套性,不仅会削弱减贫政策的效果,还有可能给贫困人口带来更多的损害。因此在制定部门政策时,需要充分考虑政策对贫困人口的影响,更多地采用对贫困人口有利的部门惠农政策,而限制对贫困人口不利的部门政策。当某些必要的部门政策改革对贫困人口的不利影响不可避免时,必须有相应的补偿政策,使反贫困战略能够在一个良好的制度环境下发挥出更大的效益。

因此政府应该将扶贫政策融入国家的经济发展战略之中,除了有针对性地直接扶贫政策之外,逐步完善各项涉及贫困人口利益的其他政策:完善财政转移支付政策,为贫困地区提供更大的财力支持;深化农村土地和户籍制度改革,以落实"长期而稳定的土地使用权"为重点,打破城乡"二元制度结构"(迟福林,2006);完善产业政策和产业布局规划,在贫困地区建立以

劳动密集型为主的产业,促进贫困地区比较优势项目的发育;完善区域经济发展政策,形成区域相互促进、优势互补的合作机制,加强东部发达省区与贫困地区在资源、产业结构、劳动力就业及信息共享等方面的合作;建立科学合理的生态补偿机制;完善农村义务教育制度;完善农村最低生活保障制度;建立农村社区医疗服务体系,完善新型农村合作医疗制度和农村医疗救助制度;完善村民自治制度,推行村务公开和民主管理制度。此外应建立起有效的宏观政策协调机制,使上述政策形成合力,共同发挥政策在反贫困战略中的整体作用。

对策之三:在扶贫资金之外,充分认识并发挥其他各类资源,尤其是制度、组织、信息、文化等非物质资源在扶贫工作中的作用。

目前 X 州的扶贫资源以物质资源为主,物质资源中又以扶贫资金为主。加强对扶贫的投入是反贫困的必要措施,但是单纯的资金投入是远远不够的。一方面扶贫资金的边际效用正在逐渐递减,另一方面贫困人口需要的并不仅仅是资金。福特基金会认为,贫困不仅是一个经济问题,贫困和社会不公正是紧密相连的。穷人之所以穷,不是因为他们没有能力,而是因为他们得不到可以用以改善自己生活的东西。这也许是因为环境而造成的,也许是由于社会结构原因而引起的。因此在今后的扶贫工作中要更多地开发和利用扶贫资金之外的各类扶贫资源,除了前文所述及的制度与政策之外,还应该充分认识到组织、信息、文化等资源在扶贫中的作用。

在市场经济条件下,市场主体的竞争力强弱与组织化程度的高低成正比。自改革以来我国农民的生产经营活动仍以农户为单位,每一农户经营的土地非常有限,此外农户的生产经营行为过于分散,在生产经营上仍处于"户自为战"的状态,农户经营行为协调性很差,组织化程度极低,甚至有些地方根本没有。这使农户经营行为有很大盲目性,在市场竞争中抗风险能力低,很难形成优势,进而影响了农民收入的提高。因此政府应该支持和帮助贫困社区建立以贫困人口为主体的农村社区组织,并对其进行有效的引导和管理。

信息闭塞是造成经济滞后的重要原因。农业信息技术和信息资源的开发利用,是连接农户和市场的桥梁和纽带。由于贫困人口多处于分散状态,同时受自身文化素质所限,很难搜集到适应其需要的农业信息,面对充满风险的市场只能凭经验、凭感觉,有着很大的随意性和盲目性。同时由于信息化的不平衡发展,贫困地区人口也难以享受信息技术革命的成果,在信息与网络革命中被"边缘化"。在市场对农业发展的约束作用日益凸现的今天,我们应该充分认识到"数字鸿沟"对贫困的影响以及"信息扶贫"的深远作用。因此政府首先应该加大信息基础设施建设的力度,发展和推广以互联网为主的信息网络;其次要引导大众媒介更多地向贫困地区提供和他们的生活密切相关的、对生产生活有直接指导帮助作用的实用信息;同时培养和提高贫困人口的信息意识和利用信息的能力,提高贫困人口的科学文化素质,不断探索利用现代传媒传播农业信息和市场信息的各种模式。

中国的财政扶贫与贫困人口的减缓表现出了强烈的正相关关系,但是以解决温饱为导向的扶贫政策对贫困人口安于贫困现状的生活态度和根植于内心深处的思想贫困作用并不明显。就贫困的内涵而言,文化贫困和精神贫困是比物质贫困更加难以根除的痼疾。因此在今后的扶贫工作中应该充分发挥文化资源的作用,培育积极的社区文化,调动起贫困人口改变自身生产、生活条件和改变家乡贫困面貌的动力、热情和勇气。

三、简化扶贫资源传递过程,注重贫困人口的参与,提高扶贫资源传递效益

对策之四:改革现有的扶贫项目和资金多部门管理体制,进一步明确扶贫部门的权责关系;同时下放扶贫项目审批权限,财政扶贫资金直接发放到县,简化扶贫资源传递过程。

扶贫资源的传递过程从纵向上看,财政扶贫资金从中央到各省的分配主要采用的是因素法。从省到县这一级的资金分配不同的省采用不同的模式,多数省在参照上年基数的基础上,通过申报项目来争取资金;部分省预留一块资金全省统筹之后,其余部分采用因素法将资金切块分配到县。由

于资金跟着项目走,多数省还直接管项目的审批。从横向上来看,参与扶贫资金分配的部门有发改委、民委、扶贫办、财政部门和银行系统,参与扶贫资金管理的部门就更多了,通常和项目有关的部门都会包括在内。纵向上的层层审批和拨付使经手机构拥有了对扶贫资源再分配的权力,也为县级政府获得扶贫资源提供了寻租的可能和博弈的机会;横向上的多头管理造成了扶贫资金管理上的不一致性和使用上的重复性,人为地增加了扶贫资源传递过程中的阻滞因素,同时也为资金的有效监测带来了诸多的不便。这些问题最终都表现为扶贫资源不能及时、足额、有效地到位并发挥相应的作用。正如汪三贵教授所说,项目和资金的多头管理和难于协调以及省直接审批项目是问题的深层次原因。

为此中央政府应尽快调整扶贫多头运作的行政格局,组建一个稳定的机构来统筹实施中国的反贫困战略,加强综合行政职能和扶贫资源的整合能力。同时为了加快资金的运行速度和减少地方政府多头跑项目,应将扶贫责任分解落实到县、项目审批权限下放到县、资金也切块到县,确保权责明晰。

具体做法是成立国家—省—县三级扶贫局或扶贫总署,国家财政部门和扶贫局共同确定扶贫资金的总盘子,然后按照因素法确定分配到各省的扶贫资金总额,但并不拨付到省。省扶贫局根据全省的贫困状况科学制定资金分配因素和分配比例,并按照国家分配到省的资金盘子确定具体发放到各县的扶贫资金总额上报国家扶贫局和财政部,由财政部直接拨付至各县的扶贫专户。并向当地公布各种因素、分配比例及资金数额。这样既减少中间层次,避免资金滞留,也使分配过程公开透明。资金到县后,同时扶贫项目的审批权也下放到县,对于在县内实施的项目都应该直接在县里确定,然后报省里备案。只有跨县的项目才应该由省或市主管部门审批,然后由各县分别实施并在省下达到县的扶贫资金总盘子中列支。在审批时要大幅度简化立项手续,缩短扶贫资金从申请、立项、审批到投放的时间。

国家扶贫总局的主要任务是扶贫政策的制定,扶贫政策与其他部门政策的协调,扶贫资源的动员、筹集和分配;省扶贫局的主要任务是扶贫资金的监督、检查和评估;而县扶贫局最主要的任务是扶贫项目的审批、扶贫资金的使用和管理。同时各级扶贫部门还可以将项目的设计、论证、实施、监督和评估等职能委托中介机构完成。

这样做的好处在于:第一,中央把资金直接拨付到县,大大减少资源传递的中间环节,不仅保证了资金的足额和及时到位,也使得提高资金分配透明度更为可行。第二,县级距离项目实施地更近,对当地情况更为了解,由县级负责项目的审批提高了项目的可行性,同时由县级负责项目的实施,使得权责更为明晰。第三,省级从审批具体项目中脱离出来以后,相对独立于扶贫项目,可以避免项目监测检查和项目实施为同一主体的矛盾,更利于其发挥监督、检查和评估的职能。第四,由财政部门直接传递扶贫资金,扶贫部门统一管理扶贫资金便于扶贫项目的协调,能够提高资金的整合程度。第五,中介机构承担部分政府职能可以精简机构,降低成本,提高效益,权责分明,便于监管。

对策之五:建立贫困人口的参与机制,变自上而下的资源传递方式为自上而下和自下而上相结合的双向传递方式。

政府充分利用行政管理体系,发挥强大的资源动员能力开展扶贫工作是我国目前反贫困治理结构中的鲜明特点。现有结构的必要性毋庸置疑,但是这种结构最大的缺陷在于,政府与贫困人口的关系是救助和被救助的关系,整个过程中都缺少贫困人口的参与。首先,贫困人口总体上被排斥在扶贫政策的制定、扶贫资源的分配、扶贫资金的使用、管理和监督等各个环节之外,由此导致了扶贫资源传递过程中的一系列问题;其次,反贫困的主体和对象的责、权、利极不对称,贫困人口只有享受扶助的权利,而不必承担扶贫开发的义务和责任,由此容易滋生贫困人口对政府的依赖心理。另一方面,贫困人口是社会中的弱势群体,他们自身拥有和获取资源的能力有限,必须借助外部力量的输入才能够走上脱贫的道路。同时由于他们在决策时往往更倾向于个人利益和眼前利益,因此单靠贫困者自身的努力或单独依赖外界力量都无法取得扶贫开发的良好效果,相应地单纯强调从上至下的行政手段传递扶贫资源而忽视贫困人口的参与和作用发挥,或者单纯强调从下至上参与性治理结构而忽视政府强有力的宏观调控和管理都不能保证资源传递的效益。

国内国际的经验都表明消除贫困取决于贫困人口在项目决策制定和实施中的参与程度。因为:第一,贫困人口拥有的乡土知识使他们比扶贫项目的决策者和实施者在熟悉当地情况方面具有优势。只有贫困人口最了解自身的需求,最关注自身的利益,知道什么样的扶贫措施对他们最有帮助。第二,只有调动起贫困人口自己的积极性和主动性,才能使扶贫由被动接受扶助变为主动要求脱贫。第三,贫困人口参与决策环节能够保证瞄准的准确度和项目的可行性,贫困人口参与实施过程能够增加资源传递的透明度,提高扶贫项目的可持续性,贫困人口参与监督能够提高资金的使用效率,贫困人口参与评估能够更加真实地反映扶贫效果。第四,贫困人口在参与项目的同时能够提高自主脱贫、自我发展的能力。

因此在扶贫资源的传递过程中应该建立贫困人口的参与机制,变自上而下的资源传递方式为自上而下和自下而上相结合的双向互动传递方式。首先,认可贫困人口在扶贫中的作用,注重挖掘贫困主体自身的反贫困潜能,改变扶贫工作人员主观上轻视贫困人口的偏见,把贫困人口的主动性看作是一项重要的扶贫资源加以充分利用。其次,了解是参与的前提。基层组织应该加大扶贫宣传的力度,增加项目实施的透明度,从而增强群众的参与意识。可以采用印发宣传资料、刷写标语、召开群众大会、举办宣传培训班等行之有效的途径方法,对扶贫政策进行广泛宣传,将扶贫项目简要说明、资源的数额、分配情况、项目进展等相关内容在村里张贴公布,让农户了解项目,增加参与的可能性,激发参与的愿望。再次,在扶贫资源传递的各个环节上设计出可行的方法逐步引导贫困人口参与。例如在目标人口的选择上,云南社科院农经所学者探索出的矩阵分析法快速有效。在选定的村庄中,扶贫工作人员召集全体村社干部和随机抽样的该村庄不少于20%的村民,分别请他们列出本村社中贫困户的名单,并且让其从最贫困者开始排序,从而得出一个该选定村庄需要扶持的绝对贫困户的矩阵表,分析此表就可以得到需要扶持的绝对贫困户的名单。最后,提高农户的参与能力。农户的参与能力一方面取决于其自身素质,因此要加大其人力资本的开发,提高其整体素质;另一方面贫困人口的组织化程度和水平会影响贫困人口争取外部资源、信息和机会的能力。作为个体的农户无力承担对外参与的风险,也难以获得对外参与带来的效益。组织化程度低使贫困人口缺乏利益表达和利益实现的形式与渠道,因此政府需要引导和鼓励贫困人口以摆脱贫困为目标,以经济利益为纽带建立各种经济合作组织,如专业合作社、农民技术协会、互助联营社、扶贫社等等,通过组织内部的互助、合作提高贫困人口获取资源的能力。

四、创新扶贫资源传递渠道

对策之六:救济式扶贫与开发式扶贫并举。将目前政府扶贫中的扶贫资源针对不同的贫困人口和不同的致贫原因分为两大渠道进行传递,一部分由各级民政部门按照救济式扶贫模式对丧失劳动能力或无法通过正常劳动摆脱贫困的农村贫困人口传递农村最低生活保障资金;一部分由各级扶贫、银行部门按照开发式扶贫模式传递农村扶贫资金。

反贫困首先应该解决贫困人口的生活问题。中国目前农村的贫困形势发生了很大的变化,主要表现在:第一,在贫困人口规模不断缩减的同时,剩余贫困人口当中很多是残疾人和失去正常劳动能力的人、孤寡老人、病人等,这部分贫困人口显然难以分享开发式扶贫带来的成果。第二,在剩余的贫困人口中,相当一部分以"大分散、小集中"的方式分布在一些自然条件极为恶劣、交通极为不便的山区,在现有条件下,难以通过扶贫开发的办法使这些贫困人口迅速摆脱贫困。第三,因灾因病返贫现象严重。相当一部分暂时脱贫的贫困人口依然有着很大的脆弱性。在没有稳定的保障制度支持下,他们很难抵御各种风险。在这种形势下,单靠大规模的扶贫开发已经很难迅速缩减贫困人口了。

因此,对于上述贫困群体,需要政府先通过制度性的政策措施保障他们起码的生活需求,即建立农村最低生活保障制度,再辅助以其他开发式的扶贫措施使其走出贫困。具体做法是将现有的贫困人口根据致贫原因分为三大类:一类是那些无法通过自身劳动改变贫困状况,主要包括那些家庭成员不在劳动年龄段的(老年人或学龄人),或者虽在劳动年龄段;但是由于残疾或常年有病而基本丧失劳动能力的,或者家庭主要成员死亡子女不到劳动年龄或是在校学生的贫困家庭;第二类是那些短期内无法享受开发式扶贫成果,或者开发式扶贫方式短期内无法改变其贫困状况的贫困人口,主要包括虽有劳动能力,但是其所在地的自然条件过于险恶而基本丧失生存条件的贫困人口;第三类是其余的贫困人口。对于第一类贫困人口应该由当地民政部门登记造册后,参照贫困标准发放最低生活补助金和实物。对于第二类贫困人口要逐步采用易地搬迁、劳动力转移培训等开发式扶贫方式进行帮扶,但是在开发式扶贫措施采取之前以及对一些不愿意搬迁的居民应按照第一种方式由民政部门发放最低生活补助金。对于不属于上述情况的第三类农村贫困人口仍然要以开发式扶贫为主,由财政部门统一传递所有的财政扶贫资金,由各级农业银行传递信扶贷资金,各级扶贫开发领导小组负责扶贫项目的实施和管理。

之所以要将救济式和开发式两种扶贫方式中的资源传递渠道分开,是出于以下考虑:

第一,资金的来源和构成不同。前者作为一种制度,必然是一种稳定的预期。因此通常情况下,国家和各级政府应该将其作为刚性支出由财政预算全额拨付,而不可能通过募捐或其他不确定性的渠道筹集;而后者则应该拓宽渠道,多方筹集资金。换句话说,来源于其他途径的扶贫资金应该在开发式扶贫模式中发挥作用。因此,对于前者,关键在于发放渠道制度化;对于后者,关键在于筹措渠道多元化和实施手段多样化。

第二,便于扶贫资金的管理。两部分资金的使用目的不同,对传递过程的要求也不尽相同。对于前者,要求准确、及时、足额发放到被批准享受低保的贫困人口手中,其传递终点是确定的贫困人口,从发放到受益之间的渠道是直接的;对于后者,要求其传递过程中减少漏出、要求其所投入的领域与减缓贫困直接相关,要求对其传递过程进行监测、评估等等,其传递终点是各种类别不同的扶贫项目(有时也会是贫困人口,但比较少,也并不是确定的),从发放到受益之间的渠道是间接的。

第三,便于扶贫部门开展工作。两者分开以后,那些由于自身原因导致无法脱贫的贫困人口由民政部门依照国家贫困标准按时发放最低生活补助,扶贫部门可以集中精力解决剩余部分贫困人口的脱贫问题,开发式的扶贫手段更具有针对性。

第四,便于评估开发式扶贫工作的效益。由于救济式扶贫对象能否脱贫很大程度上并不取决于开发式扶贫工作做得如何,因此把这部分人口单列出去,能够更准确地分析目前扶贫工作产生的成效和存在的问题,及时调整扶贫政策。

对策之七:严格区分财政扶贫资金和信贷扶贫资金两类不同性质资金的使用范围。将财政扶贫中的各类资金合并起来,由财政部门统一传递,并制定统一的管理办法。明确整个财政扶贫资金的使用范围(而不是按资金类别分别规定投向),集中用于提供改善贫困人口生产生活条件和提高人口素质的公共服务,如基础设施建设、农田水利建设、小流域综合治理项目、实用技术培训以及农村基础教育、医疗卫生、广播电视事业等。减少信贷扶贫资金的比重,明确规定信贷扶贫资金必须集中用于农业项目。

目前虽然已经对各类扶贫资金的使用范围作出了明确规定,但是还是应该进一步划分和缩小财政扶贫资金和信贷扶贫资金这两类不同性质扶贫资金的使用范围。这样做是基于两方面的考虑。第一,越宽泛的使用范围越容易增加资源传递领域目标偏离的可能性。相反,越具体、越明确的规定则越能够保证扶贫资源按照政策的预期方向传递,也越能避免传递过程中由于资金投向不合理而导致的漏出。例如,信贷扶贫资金中规定了可以支持农村(包括小城镇)中小型基础设施建设项目,但在实际中难以清晰界定项目的规模,因而无法避免其投向大型基础设施。第二,两类资金的性质不同。财政扶贫资金是无偿提供的,属于转移支付性质,应该集中用于提供公共服务。如果用于生产性项目,一方面导致政府职能不清,同时也会增加贫困人口的依赖思想。信贷扶贫资金是有偿使用同时以扶贫为目的的。有偿使用要求资金应投向生产型企业等可以直接产生效益的领域,如果用于基础设施或等领域,难以在短期内还款;以扶贫为目的则要求投入行业应集中在农业项目上。由于贫困人口从农业项目上的受益程度远远大于工业项目,如果投入非农产业,即便能产生更大的经济效益,但是相对而言难以产生扶贫效益。综合起来,信贷扶贫资金应该集中投向农业产业化龙头企业、农产品加工企业等领域。同时加大小额信贷扶贫资金的投放比例,重点向小型的、分散的种养加项目及其他直接支持贫困农户解决温饱问题的项目上传递。

对于财政扶贫资金,无论是边境建设资金、发展资金、新增财政发展资金还是以工代赈资金,这些资金都是性质相同的扶贫资金,在使用上没有太大区别。国家的本意是希望通过明确各自的使用范围,以保证在传递的过程中目标不发生偏离。但是在实际中,各制定各的管理办法的做法人为地割裂了资金的使用范围,给资金的统筹使用增加了难度,因此,有必要将各项财政扶贫资金整合起来,合并同类项,划为统一的财政扶贫专项资金,纳入专项转移支付范围,按统一的办法分配和管理,这样既能减少工作量,又能使扶贫资源的传递走上制度化轨道。

值得一提的是以工代赈资金。以工代赈本身是一种扶贫方式,用这种方式扶贫所使用的资金称作以工代赈资金。以前之所以由各级计委系统单独传递是由于1996年以前以实物为主要传递内容,而这些实物多为国有企业的过剩产品,属于计委分配的范围。但1996年之后改为发放资金,这一理由已不存在。以工代赈资金应该和其他财政扶贫资金合并,以工代赈作为一种有效的扶贫方式,可以通过规定使用财政扶贫资金实施基础设施项目时以工代赈所占比例的方式来发挥其作用。

对策之八:积极发展同非政府组织的"伙伴"关系,加强双方合作,促进资源互补,探索两者共同传递扶贫资源的新机制。

在扶贫问题上政府主要是解决面上的普遍性问题,难以有更多的精力针对贫困个体的特殊需求来采取扶贫干预措施。而且单纯依靠计划行政手段传递扶贫资源导致了资源的大量漏出。规模小、亲和力强的非政府组织在微观领域和与扶贫对象的沟通能力上具有明显的优势,但是普遍存在着资源有限、整合能力不足的缺陷。可以说在扶贫工作中,非政府组织和政府各有长短,而且彼之所长恰恰是此之所短。因此今后应该加强两者间的合作,政府可以充分发挥其强大的资源动员能力,同时减少资金使用效益低下、贫困人口参与不足等问题;非政府组织则可以发挥其组织机制灵活,工作方式细致的优势,同时解决其资源动员能力有限的问题。两者的合作在一定程度上改变了政府"既当运动员又当裁判员"的局面,政府能够把更多的精力放在方向引导、过程监管和效果评估上。两者优势互补、相互配合、互相监督、分工合作,促进扶贫工作的深化。

目前国家已经将非政府组织扶贫纳入国家扶贫发展战略,从政策上明确了非政府组织参与扶贫事业的地位和作用。2001年在《农村扶贫开发纲要2001－2010年》中明确提出"要积极创造条件,引导非政府组织参与和执行政府扶贫开发项目",为非政府组织深入参与扶贫提供了更为广阔的公益市场空间和政策前瞻。各地在实践中也不断进行有益的尝试。2006年2月21日,6家非政府组织通过竞标获得了1100万政府扶贫资金,在江西省18个贫困村实施村级规划项目。这是我国政府扶贫资源首次公开向非政府组织开放。

从政府和非政府组织的合作模式上来看,目前这种由政府提供资源,非政府组织实施项目的方式只是迈出了双方合作的第一步。非政府组织在我国毕竟还是新生事物,和西方发达国家的非政府组织相比,主观上他们在独立性、自治能力和社会公益性等方面存在着先天性的不足,客观上也面临着不少政策困境,所以笔者主张应该抱着积极尝试,勇于探索,允许他们失败,大胆鼓励他们创新的态度,既反对对其抱有过高期望,认为非政府组织来管理扶贫资金就能解决一切政府管理中存在的问题,也反对一旦效果不够理想就全盘否定的态度。

合作的成败取决于多方面的因素,尤其取决于非政府组织自身发展的社会环境和制度环境。因此政府应该尽快制定出专门的非政府组织法律,明确非政府组织的地位、职能、作用和组织形式等,为非政府组织的运行提供规范化依据；切实维护非政府组织的一切合法权益，出台具体的、可供操作的税收减免政策，使扶贫基金能够扩充财政实力；进一步向非政府组织提供更多的扶贫资源，并通过政府购买服务和政策扶持等方式，建立政府对非政府组织的资助机制；扩大政府与非政府组织合作的试点范围及合作领域，不断探索两者合作的新形式。

同时非政府组织也应该从提高自身能力入手，从目前和政府的"契约"关系向"伙伴"关系发展。首先要加强制度建设，提高专业水准、服务水平和成员素质，完善自身的激励监督机制、财务管理机制，建立良好的社会公信力；其次，要对自身发挥作用的领域准确定位，关注政府力所不及的环节，真正地形成互补；最后，要增强对国家政策和法律法规的认识，一方面协助政府贯彻方针政策，一方面成为贫苦人口利益表达的渠道，成为政府和贫困人口沟通的桥梁和中介。随着非政府组织存在的整体环境的不断改善以及自身日益发展壮大和能力的不断提高，双方的合作从广度到深度将进一步拓宽，扶贫资源传递的效益也将不断提高。

五、扶贫资源以贫困人口为传递的终点

对策之九：完善瞄准机制，使扶贫资源传递的终点更多地从贫困地区转向贫困人群。

从中国20年来的扶贫实践来看，以发展带动减贫的扶贫政策对贫困地区的经济发展和贫困人口的减少起到了重要的促进作用。但是由于采用区域瞄准而不是直接针对贫困人口的方式，开发式扶贫的减贫效果随着贫困人口的减少而日益递减。20世纪90年代后期以来，由于贫困人口的比例大幅度降低、贫困成因的多样化以及扶贫项目在实施过程中存在的问题，绝对贫困人口从扶贫政策中受益的机会却越来越小了。目前的开发式扶贫政策更多地使贫困地区受益而非贫困人口受益，其作用更主要地体现在贫困地区的经济发展上，而不能保证剩余的贫困人口真正脱贫。

要改变这种状况，在地方政府的扶贫工作中有一个概念必须清晰，那就

是不能把扶贫政策等同于贫困地区发展政策,换句话说就是不能用不发达地区的区域发展政策来取代扶贫政策。虽然客观上贫困地区的经济发展在一定程度上能够缓解当地的贫困状况,但是从政策制定的角度而言,两者的目标取向是不同的。扶贫政策虽然不能脱离其他政策而单独存在,但是在政策导向上,必须有明确的目标群体,那就是贫困人口。贫困人口的受益程度是检验扶贫政策有效性和政策执行好坏的唯一标准。促进当地经济增长的政策当然是一个好的政策,但并不一定就是好的扶贫政策;利用扶贫资金实施的项目取得了经济效益但贫困人口无法或很少从中受益,这同样是扶贫资源的漏出;虽然在贫困农村建了学校和卫生所,但是贫困家庭的孩子还是无法入学,病人还是看不起病,扶贫资源传递的有效性仍然大打折扣。

尽管近十年来,区域瞄准的单位已经从贫困县进一步缩小为贫困村,但是贫困人口的分布并不完全是以村为单位分布的,而且随着反贫困的深入,贫困人口的分布会更加分散,因此在扶贫资源传递的终点上,应该更多地从区域瞄准转向家庭瞄准。

对策之十:在扶贫项目的选择上侧重于扶贫到户,资金到人的项目。在项目的设计和实施上要充分考虑保证资金到人的相应环节和细节。

目前扶贫资金传递的终点大部分是扶贫项目。"资金跟着项目走"从制度设计上是为了避免财政扶贫资金被截留和挪用,但是在实际操作上,扶贫项目往往把最贫困的农户排除在外。贫困地区的贫困人口没有能从扶贫开发中同等受益,扶贫开发带来的好处更多地被贫困地区内部的中等甚至高收入家庭享用。据中国人民大学农业和农村发展学院汪三贵教授调查发现,整村推进村中,富裕户的收入增长比非整村推进村富裕户的收入增长高6.6%~9.6%,而整村推进村中贫困户的收入和消费增长与非整村推进村中的贫困户没有显著差别。在我们的调研中也不乏这样的例子。有些村子里修好了路,一些买得起机动车的农户可以利用公路来增加收入,而这对贫困人口尤其是绝对贫困人口的帮助并不大。

因此在扶贫资源传递的终点上我们主张扶贫资源应该直接分配到贫困家庭、贫困人口手中。然而这并不意味着我们要把钱和实物直接发到每一个贫困人口手中,而是指在瞄准贫困家庭的前提下,选择扶贫项目的时候要更多地针对不同地区、不同致贫原因因地制宜地选择那些可以让贫困人口直接从中受益的项目。在审批扶贫项目、检查项目实施情况和评价扶贫政策时都把资金是否入户、贫困人口是否直接受益作为首要标准。例如办一个农产品加工厂好还是办一个木材厂好,审批者不应该考虑哪一个上规模、哪一个能给地方争取更多的扶贫资金、哪一个能产生更大的经济效益,而应该更多地考虑哪一个能直接增加贫困人口的收入。实施整村推进项目时,不要仅仅考虑修了多少公里的路,建立几所小学几个卫生所,培训了多少剩余劳动力,而是要把注意力放到贫困人口是否有饭吃、有衣穿、有学上、能看得起病这些问题上,更多地研究和关注哪些项目真正能够改善贫困人群的实际生活水平,真正解决贫困人口的实际问题,真正满足贫困人口的实际需求。

另一方面在项目的设计和实施上要把保证资金到人的相应环节和细节充分考虑进去,不要仅仅停留在完成了什么项目上,而要更多地关注这些项目能否给贫困人口真正带去实惠,或者怎样才能让这些项目派上用场、起到扶贫的作用。例如在教育扶贫的问题上,仅仅关注当地建了几所小学是远远不够的,更应该关注的是有多少贫困的失学儿童重新回到了校园。项目的设计和实施者可以考虑由扶贫部门向贫困家庭实名发放教育券,学生凭券入学,扶贫部门凭券到财政部门报账,财政部门从财政专户中将相应款项拨付学校及相关部门。总之不管采取什么样的方法,只要我们关注的角度变了,采取的措施也一定会随之变化。

对策之十一:进一步完善小额信贷扶贫方式,增加小额信贷资金在扶贫贷款中的比重,同时给予各种类型的小额信贷机构合法的地位。

所谓农村小额信贷扶贫,指的是通过直接为贫困农户或农户微型企业提供金融服务,帮助他们走上维持生存和谋求发展道路的扶贫方式。实践证明小额信贷扶贫方式是把扶贫资金直接送达贫困农户的有效形式。相对于现有的扶贫开发项目来看,小额信贷最突出的两大优势在于:

第一,小额信贷扶贫资金能够直接瞄准贫困人口。首先因为贷款额很小,非贫困人口不会因为一两千元而去设法获得贷款,这就保证了扶贫资金的传递目标是绝对贫困农户;其次,小额信贷操作简单,贫困农户向小额信贷组织提出申请,经本村社农户小组讨论认可即可得到贷款,免除了现行扶贫贷款需要担保、抵押等金融机构的繁琐做法,这使贫困人口不会因为制度设计原因被排除在项目之外,从而有了获得资金的可能性。

第二,小额信贷在传递扶贫资源的同时培育了农户通过发展商品经济、市场经济而脱贫致富的能力。小额信贷项目不像现有区域扶贫开发项目那样由政府确定项目,农户仅仅被动参与,也不像其他到户扶贫资金那样用于建沼气池,改善住房条件等等。农户使用小额信贷资金必须自己提出项目,自己组织实施,由于需要还贷,他们必须关注项目的成败,不断进行监测、评估、调整,并在此过程中不断学习管理、技术、市场等各个方面的知识。项目实施的过程也是贫困人口自身素质提高的过程。考虑到现有信贷扶贫资金中扶贫贴息贷款所占的比重最高,但目标偏离情况也最为严重的现状,建议目前在非政府小额信贷机构尚无明确法律地位的情况下,加大小额信贷扶贫资金在整个信贷扶贫资金中的比例,从而使信贷扶贫资金真正起到扶贫的作用。

但是仅仅依靠政府管理小额信贷机构存在政策属性和商业经营的体制性矛盾,责、权、利关系模糊,经营成本高,贷款回收率低等问题。因此近年来国家也一直在关注如何采取有效的办法解决这一矛盾。2004年,中央1号文件就要求"通过吸引社会资本和外资,积极兴办直接为'三农'服务的多种所有制的金融组织"。2005年的中央1号文件明确提出:"有条件的地方,可以探索建立更加贴近农民和农村需要、由自然人或企业发起的小额信贷组织"。2006年中央1号文件则进一步指出:"鼓励在县域内设立多种所有制的社区金融机构,允许私有资本、外资等参股。大力培育由自然人、企业法人或社团法人发起的小额贷款组织。引导农户发展资金互助组织。规范民间借贷。"

目前中国银监会和央行在5个省市共同推动小额贷款公司试点便是一个很好的尝试,其做法是大的商业银行吸收资金,做"批发商",把一部分资金"批发"给有能力了解客户、掌握客户情况的小额贷款公司,由小额贷款公司做"零售商"。但是由于目前的所有非国有金融机构都只能只贷不存,因此后续资金无法保证。从长期来看要真正使小额信贷在中国得到发展,需要进一步开放小额信贷市场。准许各个类型小额信贷机构进入并获得合法地位,通过鼓励竞争来保证小额信贷机构不断创新、降低成本和提高服务质量。同时政府应为其提供一系列配套的优惠政策,如免除小额信贷业务的营业税、降低所得税、发放低利率的政府再贷款、取消商业银行对小额贷款公司全额控股的限制、放宽对小额信贷机构的利率限制等等。待这些机构发展成熟以后,政府可以通过招标的方式将目前扶贫贴息贷款中小额信贷的部分转由小额信贷机构发放。

六、扶贫资源以人力资本开发为传递的重点

对策之十二:扶贫资源传递的领域从生产性开发向贫困人口的人力资本开发转移,通过推动基础教育、成人教育、职业技术培训和健康保障来提高贫困人口的自身素质和通过成功的劳动力迁移来获得非农就业机会的能力。

给予贫困人口一定的资金和物质扶持是必要的,但更重要的是要培育一个良好的内在动力源,从根本上提升贫困主体自我反贫困意识和能力。美国学者舒尔茨提出,改善穷人福利的决定性要素不是空间、能源和耕地,而是人口质量的提高和知识的进步。目前扶贫资源传递的领域以农村基础设施开发和生产型开发为主,而对教育、卫生等领域的投入严重不足,由此导致农村地区贫困人口普遍受教育程度低,劳动技能低下。中国发展研究基金会发布的《中国发展报告2007:在发展中消除贫困》中指出,健康和教育方面人力资本的缺失以及医疗、教育方面公共服务的缺失,已越来越成为导致农村贫困的重要原因。前文提到在资源传递过程中要建立起双向互动的传递模式,贫困人口作为这一过程中的重要一环,其自身素质较低和自我发展能力的不足从根本上制约着这一过程效率的提高。因此,在新时期的

扶贫战略中应该将扶贫资源传递的领域从生产性开发向贫困人口的人力资本开发转移,促进人力资本存量的积累,通过推动基础教育、成人教育、职业技术培训和健康保障,培育有文化、善经营、会技术的高素质新型农民,并通过成功的劳动力迁移提高贫困人口获得非农就业机会的能力。

首先,加大对贫困地区基础教育的投入,用制度化的手段保证投入教育领域的扶贫资金所占的比例。根据世界银行西南项目办统计,在贫困地区,受过基础教育的人与文盲相比人均收入要高出20%之多。各国的扶贫经验也都证明,教育是最为兼顾效率和公平的手段。但是目前我国在农村教育上的投入却严重不足。农村基础教育的投入主体是县乡政府,由于贫困地区地方政府的财政能力低下,加之税费改革后,农村教育费附加和教育集资这两大支撑农村教育经费的来源也被取消,使得教育经费短缺的情况雪上加霜。因此国家应该承担起农村地区基础教育的责任,在加大转移支付力度的同时,采取兴建寄宿制学校、吸引城市富余的师资力量、向贫困人口直接发放教育券等多种措施保证贫困人口能够完成九年义务教育。

其次,大力发展农业技术培训和职业教育。首先要加强农村先进实用技术的推广普及工作。围绕结构调整和优势特色产业开发,按照实际、实用、实效的原则搞好农业实用技术培训,在免费技术培训项目中实行贫困和低收入家庭优先的原则,培养一些精通种植业、水产养殖业、畜牧特产业等方面的技术能人,帮助贫困和低收入农户提高经济效益和增收能力。这是贫困人口提高农业收入的基础。与此同时要加强贫困人口的非农职业技能培训,如木工、瓦工、电工、修理工、汽车驾驶、家政服务、民间手工艺等这些能使贫困人口在较短时间内容易掌握的技能培训,培训的内容要体现贫困人口的真实需求,要和劳动力转移相结合。这是贫困人口增加非农就业机会的前提。此外还要培养贫困人口的市场经济意识、经营意识和法律意识,提高他们抵御市场风险的能力。

再次,要加快发展贫困地区医疗卫生事业。健康和教育一样是人力资本的重要组成部分。中国每年有1000多万农村人口因病致贫或返贫,疾病已经成为现阶段致贫的重要因素之一。因此第一,要通过各种活动对贫困地区的农民进行健康和卫生知识的教育和宣传,改变他们的卫生观念和卫生习惯,提高身体素质,预防疾病发生;第二,应该加大财政投入,建立农村三级卫生服务网络,由政府给农村基层的医生发工资,稳定医疗队伍,使农民的小病有地方看,改变过去小病不就医,拖成大病的状况;第三,尽快改变贫困地区农村初级医疗保健服务的现状,积极发展农村合作医疗,推行贫困人口重大疾病救助制度,切实解决贫困群众就医困难和负担过重的问题,努力控制因病致贫返贫的问题;第四,借鉴美国等发达国家的做法,逐步实行强制性的社会医疗保险制度。

最后,积极组织劳务输出。劳务输出是一项成本低、风险小、受益大、见效快的新兴产业,也是促进贫困人口增加收入的快捷有效途径。国家统计局的贫困监测报告显示劳务输出的经济报酬率为50%以上。通过发展劳务经济,一人打工,全家脱贫,不仅可以直接增加农民收入,还能够使贫困人口在外出打工的过程中增长见识,学习技能,培养才干,掌握信息,对当地群众起到带领和示范作用。但是由于贫困人口抗风险的能力低,单靠其自己单打独斗地外出打工,风险大而成功率低,因此政府要把劳务输出作为一种重要的扶贫措施有计划有组织地实施,同时"针对新生代农民工的特点,帮助贫困乡村建立起组织剩余劳动力有序输出的社会支撑网络"(白南生,2007)。第一,要扩大培训的规模,逐步做到使有转移就业条件和意愿的农村劳动者都有接受培训的机会;要扩大培训的领域,提高培训的质量,使贫困人口的就业技能得到明显提高;第二,要以市场为导向,结合当地、周边地区及对口帮扶省市的劳动力需求状况,有针对性地进行贫困人口的劳务技能培训,大力发展订单劳务、定向劳务,拓宽就业渠道,形成"培训—就业—跟踪服务"的一条龙服务管理机制。第三,鼓励民间资金投入到对已经入城的农民工的再培训之中,放低针对农民工培训的职业技能学校的准入门槛,使农民工能够提高竞争力,在用人单位呆得下去。

综上所述,在扶贫资源传递的过程中,我们的总体思路是:

三个主体,互为补充——政府、市场和社会共同成为传递扶贫资源的主体;

目标单一，终点明确——让最贫困的人享受扶贫资源，扶贫资源入户到人；

过程简单、渠道畅通——减少资源传递的中间环节，简化各种可能让扶贫资源漏出的程序；

四条渠道、相互配合——民政部门对丧失劳动能力的人传递最低生活保障资金，扶贫部门统一传递各类财政扶贫资金，银行和其他金融组织传递信贷资金，非政府组织及其他社会力量传递社会扶贫资金和部分政府扶贫资金；

穷人参与，双向互动——让贫困人口尽可能参与扶贫的决策、实施和监督过程，建立起扶贫资源自上而下和自下而上相结合的传递方式；

多重资源，多管齐下——在传递资金的同时，更多地关注制度、权力、组织、文化、信息等非物质资源的传递；

明确领域，注重教育——将资源传递的领域更密集地集中到教育培训领域。

结　语

本书从实证的角度出发，以中国西南某省 X 自治州为例，对中国农村扶贫资源的传递过程进行了尽可能客观的描述与分析。

写作之前，笔者去 X 州进行了 2 个月的调查研究，搜集了大量的第一手资料，为写作本文奠定了一定的基础。尽管如此，笔者在写作过程中随着对反贫困问题理解的深入，写作的视角与调研之初有了变换，因此在写作的过程中深深地感到，资料的收集仍然不够全面、不够深入，因而在文中很多部分出现了资料不新、数据不全、分析不够全面深入的问题。

为了尽可能客观、真实、准确地反映扶贫资源传递过程的现实状况，本书中使用了大量的案例。有些案例本身很琐碎、冗长，但或许唯有这种繁琐，才能直观地呈现出最真实的过程。

在本书中，资源被予以宽泛的界定，包括了资金、物质、政策、制度等。

但在现实的扶贫资源传递过程中,人们注重的仍然是资金、实物资源的传递(相应的这方面的数据资料也比较多),而忽视了政策、制度、文化、信息等资源的传递(相应的这方面的数据资料也比较少)。本书在分析资金、实物资源传递的同时,力图对政策、制度等资源的传递予以分析,从新的视角分析,希望能给人以点滴启迪。但是由于笔者能力有限,思路所及之处,尚难以透彻地加以分析与论述,因而留下了很多遗憾。这也是笔者下一步研究的重点与方向。尽管如此,笔者仍希望通过全书的描述与分析,能反映出 X 州乃至中国农村反贫困实践中扶贫资源传递的大致轮廓,并希望对今后农村扶贫工作的改进有所启发。

参考文献

1. 张岩松:《发展与中国农村反贫困》,中国财政经济出版社 2004 年版。

2. 刘冬梅:《中国农村反贫困与政府干预》,中国财政经济出版社 2003 年版。

3. 李兴江:《中国农村扶贫开发的伟大实践与创新》,中国社会科学出版社 2005 年版。

4. 赵昌文等:《贫困地区可持续扶贫战略模式及管理系统研究》,西南财经大学出版社 2001 年版。

5. 王大超:《转型期中国城乡反贫困问题研究》,人民出版社 2004 年版。

6. 樊怀玉等:《贫困论——贫困与反贫困的理论与实践》,民族出版社 2002 年版。

7. 中国改革发展研究院:《中国反贫困治理结构》,中国经济出版社 1998 年版。

8. 中国改革发展研究院:《中国承诺本世纪末消灭贫困》,中国经济出版社 1998 年版。

9. 汪三贵等:《中国反贫困政策评价》,《农业经济与科技发展研究》,中国农业出版社 1999 年版。

10. 李秉龙等:《中国农村贫困、公共财政与公共物品》,中国农业出版社 2004 年版。

11. 罗刚:《中国财政扶贫问题研究》,中国财政经济出版社 2000 年版。

12. 朱淑芳等:《西南扶贫资金之研究》,重庆出版社 2001 年版。

13. 赵曦:《中国西部农村反贫困战略研究》,人民出版社 2000 年版。

14. 赵曦:《中国西部贫困地区扶贫攻坚难点问题与战略选择研究》,西南财经大学出版社2001年版。

15. 康晓光:《中国贫困与反贫困理论》,广西人民出版社1995年版。

16. 朱玲等:《以工代赈与缓解贫困》,上海三联书店、上海人民出版社1994年版。

17. 周彬彬:《向贫困挑战——国外缓解贫困的理论与实践》,人民出版社1991年版。

18. 世界银行:《1990年世界发展报告》,中国财政经济出版社1990年版。

19. 世界银行:《中国:90年代的扶贫战略》,中国财政经济出版社1993年版。

20. 世界银行:《2000/2001年世界发展报告:与贫困作斗争》,中国财政经济出版社2001年版。

21. 黄承伟:《中国农村反贫困的实践与思考》,中国财政经济出版社2004年版。

22. 郑宝华、张兰英主编:《中国农村反贫困词汇释义》,中国发展出版社2004年版。

23. 匡远配:《贫困地区县乡财政体制对农村公共产品供给影响的研究》,中国农业出版社2006年版。

24. 焦国栋:《农村贫困问题研究》,中国经济出版社2004年版。

25. 吴国宝:《扶贫模式研究——中国小额信贷扶贫研究》,中国经济出版社2001年版。

26. 杜晓山、刘文璞:《小额信贷原理及运作》,上海财经大学出版社2001年版。

27. 联合国开发计划署驻华代表处编:《扶贫和小额信贷》,社会科学文献出版社2003年版。

28. 杜晓山等主编:《中国小额信贷十年》,社会科学文献出版社2005年版。

29. 孙若梅:《小额信贷与农民收入——理论与来自扶贫合作社的经验数据》,中国经济出版社2006年版。

30. [美]乔安娜·雷格伍德:《小额金融信贷手册》,马小丁、朱竞梅译,中华工商联合出版社 2000 年版。

31. [德]柯武刚、史漫飞:《制度经济学——社会秩序与公共政策》,韩朝华译,商务印书馆 2000 年版。

32. 洪大用:《转型时期中国社会救助》,辽宁教育出版社 2004 年版。

33. 周庆智:《中国县级行政结构及其运行——对 W 县的社会学考察》,贵州人民出版社 2004 年版。

34. 刘文璞等:《中国农村小额信贷扶贫的理论与实践》,中国财经出版社 1996 年版。

35. 俞可平:《中国农村的民间组织与治理的变迁——以福建省漳浦县长桥镇东升村为例治理与善治》,社会科学文献出版社 2000 年版。

36. 王绍光:《多元与统一——第三部门国际比较研究》,浙江人民出版社 1999 年版。

37. [法]托克维尔:《美国的民主》,董果良译,沈阳出版社 1999 年版。

38. 程同顺:《中国农民组织化研究初探》,天津人民出版社 2003 年版。

39. 朱新山:《乡村社会结构变动与组织重构》,上海大学出版社 2004 年版。

40. 中国改革发展研究院:《中国农民组织建设》,中国经济出版社 2005 年版。

41. [美]弗莱蒙特·E.卡斯特、詹姆斯·E.罗森茨韦克:《组织与管理—系统方法与权变方法》,傅严等译,中国社会科学出版社 2000 年版。

42. 王名等:《中国社团改革》,社会科学文献出版社 2001 年版。

43. 萧新煌:《非营利部门组织与运作》,巨流图书公司 2001 年版。

44. 屈锡华、左齐:《贫困与反贫困——定义、度量与目标》,《社会学研究》1997 年第 3 期。

45. 李享章、汪怡:《贫困理论的发展轨迹与层次结构》,《东岳论丛》1997 年第 1 期。

46. 周民良:《反贫困与中国的可持续发展》,《经济与管理论丛》1999 年第 6 期。

47. 盛来运:《新时期农村贫困标准研究》,《中国统计》2000 年第 12 期。

48. 郑功成:《论中国贫困问题的若干规律》,《社会工作》1997 年第 3 期。

49. 沈红:《中国贫困研究的社会学评述》,《社会学研究》2000 年第 2 期。

50. 李兴江等:《转型期我国贫困问题研究综述》,《河北学院学报》2003 年第 4 期。

51. 李甫春:《广西少数民族地区的十种扶贫开发模式》,《民族研究》2000 年第 4 期。

52. 张晋峰:《试析扶贫开发中的几个重要关系》,《甘肃农业》2001 年第 7 期。

53. 黄毅:《中国小额信贷研究》,《银行家》2004 年第 12 期。

54. 杨家才:《农户小额信用贷款实证研究》,《金融研究》2003 年第 3 期。

55. 于秀丽、姚建平:《中国转型期城镇贫困与完善社会救济制度》,《长江论坛》2005 年第 5 期。

56. 郭明奇:《小额信用贷款与农村信用体系建设》,《金融研究》2002 年第 10 期。

57. 钱小安:《金融民营化与金融基础设施建设——兼论发展民营金融的定位与对策》,《金融研究》2003 年第 2 期。

58. 杜晓山、孙若梅:《中国小额信贷:国际经验与国内扶贫试点》,《财贸经济》1997 年第 9 期。

59. 汪三贵、李莹星:《中国西部地区农村信用社的治理结构、行为与业绩研究》,《农业经济问题》2004 年第 6 期。

60. 汪三贵、毛建森、朴之水:《中国的小额信贷》,《农业经济问题》1998 年第 4 期。

61. 王景富:《农村信用社推广农户小额信用贷款的实证研究》,《金融研究》2002 年第 9 期。

62. 伍新木、熊明宝、王蓓:《小额信贷的可持续发展研究》,《中国农业银行武汉管理干部学院学报》1999 年第 5 期。

63. 苏小方:《中国小额信贷及其可持续性分析》,《江汉论坛》2002 年第 5

期。

64. 陆磊:《以行政资源和市场资源重塑三层次农村金融服务体系》,《金融研究》2003 年第 6 期。

65. 孙天琦:《转轨经济中的政府行为研究——以商洛小额信贷扶贫模式变迁为例的分析》,《当代经济科学》2001 年第 9 期。

66. 中国人民银行张家界中心支行课题组:《农户小额信用贷款推广难在何处》,《金融参考》2003 年第 3 期。

67. 汪三贵:《中国小额信贷可持续发展的障碍和前景》,《农业经济问题》2000 年第 12 期。

68. 沈红:《印度的乡村贫困和扶贫体制》,《社会学研究》1994 年第 5 期。

69. 马国芳:《国际非政府组织在云南发展状况研究》,《云南行政学院学报》2004 年第 2 期。

70. 张继红:《中国非政府组织法律规制问题研究》,载《政法论丛》2004 年第 4 期。

71. 杜晓山:《农村金融体系框架、农村信用社改革和小额信贷》,《中国农村经济》2002 年第 8 期。

72. 杜志雄、唐建华:《有关小额信贷几个主要问题的讨论的综述》,《中国农村观察》2001 年第 2 期。

73. 冯兴元、何梦笔、何广文:《试论中国农村金融组织机构的多元化》,载《中国农村发展研究报告》,社会科学文献出版社 2004 年版。

74. 高鸿宾等:《小额信贷的国际经验及其在中国的扶贫实践》,载万宝瑞主编《农村金融与信贷政策》,中国农业出版社 2001 年版。

75. 何广文:《合作金融发展模式及运行机制研究》,中国金融出版社 2001 年版。

76. 章春化、刘新平:《中国贫困与反贫困研究综述》,《开发研究》1997 年第 5 期。

77. 林乘东:《反贫困模式比较研究》,《中央民族大学学报:社科版》1997 年第 1 期。

78. 吴国宝：《农村小额信贷扶贫实验及其启示》，《改革》1998 年第 4 期。

79. 国务院扶贫办：《中国扶贫开发的伟大历史进程》，《人民日报》2000 年
　　10 月 16 日。

80. 孔祥智、马九杰：《中西部地区农民贫困的机理分析》，《中国农村观察》
　　1998 年第 2 期。

81. 石友金：《脱贫致富与制度创新》，《中国农村观察》1998 年第 5 期。

82. 崔宗汉：《正确处理六个关系 有效投放扶贫信贷资金》，《农村金融研
　　究》1999 年第 8 期。

83. 农业银行总行信贷管理三部课题组：《完善小额信贷扶贫管理的建议》，
　　《农村金融研究》1999 年第 9 期。

84. 刘冬梅：《对中国二十一世纪反贫困目标瞄准机制的思考》，《农业技术
　　经济》2001 年第 5 期。

85. 谢培秀：《中国扶贫战略讨论及"十五"对策思考》，《中国软科学》2001
　　年第 7 期。

86. 张新伟：《扶贫政策低效性与市场化反贫困思路探寻》，《中国农村经济》
　　1999 年第 2 期。

87. 陈凡：《中国反贫困战略的矛盾分析与重新构建》，《中国农村经济》1998
　　年第 9 期。

88. 黄季等：《中国的扶贫问题和对策》，《改革》1998 年第 4 期。

89. 张新伟：《反贫困进程中的博弈现象与贫困陷阱分析》，《中国农村经济》
　　1998 年第 9 期。